2020 年度江苏省高校哲学社会科学研究重大项目"高职院校服务新型职业农民培育研究"（2020SJZDA104）研究成果

高职院校服务
新型职业农民培育研究

吴海东 ◎ 著

吉林人民出版社

图书在版编目 (CIP) 数据

高职院校服务新型职业农民培育研究 / 吴海东著 . --
长春 : 吉林人民出版社 , 2022.2
ISBN 978-7-206-18902-9

Ⅰ . ①高… Ⅱ . ①吴… Ⅲ . ①农民教育 – 高等职业教
育 – 研究 – 中国 Ⅳ . ① G725

中国版本图书馆 CIP 数据核字 (2022) 第 028273 号

高职院校服务新型职业农民培育研究

GAOZHI YUANXIAO FUWU XINXING ZHIYE NONGMIN PEIYU YANJIU

著　　者：吴海东

责任编辑：赵梁爽　　　　　　　　　封面设计：袁丽静

吉林人民出版社出版发行（长春市人民大街 7548 号）　邮政编码：130022

印　　刷：石家庄汇展印刷有限公司

开　　本：710mm × 1000mm　　1/16

印　　张：13.25　　　　　　　　　字　　数：250 千字

标准书号：ISBN 978-7-206-18902-9

版　　次：2022 年 2 月第 1 版　　　印　　次：2022 年 2 月第 1 次印刷

定　　价：68.00 元

如发现印装质量问题，影响阅读，请与印刷厂联系调换。

　　在漫长的农业社会，中国的劳动人民创造了悠久辉煌的农业文明，取得了举世瞩目的伟大成就，为子孙后代留下了丰富的传统文化资源。农业是国民经济的基础，粮食是基础中的基础，吃饭始终是人们最重要、最基础的刚性需求，这在任何社会形态中都不会发生变化。民以食为天，农为邦之本。中国是一个人口大国。在大多数人口是农民的国度中，农民的命运就是国家的命运，农业的重要性不言而喻。新型职业农民以农业作为自己的稳定甚至终身职业，农业成为他们最主要的收入来源，他们对土地充满感情。土地是财富的源头，在充分保护的基础上可以做到永续使用。新型职业农民，是解决"谁来种地、如何种好地"难题的主要破解人，是中国未来农产品的主要提供者，是保护粮食安全的捍卫者，是推动农业供给侧结构性改革的内生力量，会成为民众眼中令人羡慕和尊敬的职业。新型职业农民的兴起和发展壮大，是中国农业的希望，是中国由农业大国走向农业强国的推动者，可以为国家长治久安和社会和谐奠定坚实的基础。

　　本书就是基于这样的背景，对新型职业农民及高职院校对新型职业农民的培育问题进行了全面、系统的阐述。第一章对新型职业农民培育做了概述；第二章论述了国外新型职业农民培育；第三章对新型职业农民培育的供需理论做了分析；第四章全面阐述了新型职业农民培育的基本框架；第五章就高等职业院校开展新型职业农民培育的必要性进行了分析；第六章论述了高等职业院校开展新型职业农民培育的路径；第七章对江苏省高职院校参与新型职业农民培育的典型案例进行了分析。

　　本书内容翔实，逻辑清晰，理论性较强，力图深入浅出地对新型职业农民的培育做全面的论述，同时列举了一些典型案例，以开阔读者的学习思维。由于时间仓促，本书难免存在不足之处，恳请广大读者批评、指正。

吴海东
2021 年 11 月

目 录

第一章　新型职业农民培育概述 / 001

　　第一节　新型职业农民的内涵与特征 / 001

　　第二节　新型职业农民相关概念辨析 / 006

　　第三节　新型职业农民培育的理论基础 / 011

　　第四节　新型职业农民培育的意义 / 017

　　第五节　新时代职业农民培育的发展趋势 / 019

第二章　国外新型职业农民培育 / 022

　　第一节　国外新型职业农民培育的典型国家 / 022

　　第二节　国外新型职业农民培育经验与借鉴 / 027

第三章　新型职业农民培育供需理论 / 031

　　第一节　教育供给与需求理论 / 031

　　第二节　新型职业农民培育供给与需求的特征 / 035

　　第三节　新型职业农民培育供给与需求的理论架构 / 045

　　第四节　职业农民培育需求体系设计 / 055

第四章　新型职业农民培育基本框架 / 061

　　第一节　构建多元化主体 / 061

　　第二节　构建新型职业农民培育的良性运行机制 / 085

　　第三节　构建新型职业农民培育的模式 / 106

　　第四节　构建新型职业农民培育的体系 / 122

　　第五节　设计与建设新型职业农民培育的平台 / 134

　　第六节　构建终身学习机制 / 141

第五章　高等职业院校开展新型职业农民培育的必要性研究 / 158

第一节　高等职业院校开展新型职业农民培育的优势 / 158
第二节　高等职业院校开展新型职业农民培育的意义 / 162

第六章　高等职业院校服务新型职业农民培育路径研究 / 164

第一节　明确供给目标　更新培育理念 / 164
第二节　提升供给质量　创新内部工作机制 / 166
第三节　改善供给设施　创新教学方式 / 175
第四节　优化供给结构　改革课程体系 / 178
第五节　建设供给环境　健全保障机制 / 184

第七章　高职院校参与新型职业农民培育的典型案例 / 193

第一节　江苏农林职业技术学院新型职业农民培育 / 193
第二节　江苏农牧科技职业学院新型职业农民培育 / 197
第三节　苏州农业职业技术学院专业链对接产业链 / 202

参考文献 / 204

第一章 新型职业农民培育概述

第一节 新型职业农民的内涵与特征

2012年，"中央一号文件"首次提出了"新型职业农民"的概念，体现了未来农民从身份向职业的转变、从兼业向专业的转变、从传统生产方式向现代生产经营方式的转变。

一、新型职业农民的概念与内涵

（一）新型职业农民的概念

目前，我国的"农民"概念从广义上理解多指"农业人口"，即一种身份。1958年以后，随着户籍制度的实施，我国开始将持有农村户口的农村人口统称为"农业人口"，与此相对应的是"非农业人口"。在这种定义下，不同语境中的"农民"这一词汇往往代表的不是一种职业，更多的是一种社会等级、个人身份、社会资源占有状况、生存状态、社会组织形式，甚至是一种文化模式和社会心理结构。因此，我们把这种按身份划分的农民称为"身份农民"。"身份农民"反映了我国城乡二元社会结构的现状。

关于新型职业农民的概念，在2012年中华人民共和国农业农村部（今中华人民共和国农业农村部）办公厅印发的《关于新型职业农民培育试点工作的指导意见》中有确切的表述，即"从我国农村基本经营制度和农业生产经营现状及发展趋势看，新型职业农民是指以农业为职业、具有一定的专业技能、收入主要来自农业的现代农业从业者"。

著名经济学者厉以宁曾表示，将来中国农民不再是身份，而是一种职业，将来的农业从业者将是真正懂得农业技术的农场主、农民合作社、农业企业等。

（二）新型职业农民的内涵

从新型职业农民的概念表述中可以看出其基本内涵：一是从业者的职业性；二是从业要素的现代性。

1. 职业性

从职业分类意义上看，农民是一种职业。农民是指长期居住在农村或集镇社区，以土地等农业生产资料为资产，长期和专门从事农、林、牧、副、渔业的生产劳动者。同职业分类中的工人、教师、公务员、商人等一样，农民指的是人们所从事的一种职业。因此，职业农民要符合四个条件；一是使用（或长期使用）一定数量的生产性耕地或其他农业生产资源要素；二是大部分时间从事农业生产；三是经济收入主要来源于农业生产和农业经营；四是长期居住在农村或集镇社区。

需要指出的是，不是所有农民都是职业农民。职业农民是相对于传统农民而言的，他们是新农村建设的中坚力量，他们的经营理念、资金技术和抗风险能力要较传统农民强很多。职业农民不是那些传统的以种地为生的农民，而是以土地为资本，走进市场、参与市场竞争的经营者。职业农民把农业当成职业，他们懂经营，具有较高的收入和社会地位，受到社会的尊重。当然，城市居民符合上述特征的也应被列入职业农民的范畴。

职业农民与传统农民最大的区别在于职业农民是建立在一定的契约基础之上的，且其职业变化是其自主选择而不是天然继承的（见表 1-1）。职业农民可以是种植能手、养殖行家，也可以是农产品经纪人，他们有一定的从业条件，但不受户籍制度、生活区域等限制。从现代企业管理制度的角度看，传统农业相当于个体工商业，而现代农业相当于现代公司制；传统农民相当于个体工商业者（经理人），而职业农民相当于现代企业制度中的职业经理人。

表 1-1　传统农民与职业农民的对比

要素	传统农民	职业农民
身份属性	职业与身份统一	职业不受身份影响
职业流动性	差，一般靠继承获得，相对封闭	强，自愿选择，符合一定条件即可自由进入和退出
生产目标	维持家庭基本生产和生活需要	获取社会平均劳动收益

要素	传统农民	职业农民
经营方式	小而全、小生产、小交易	专业化、精细化、产业化

2. 现代性

新型职业农民与非农民、传统农民、兼业农民均存在差别。新型职业农民除了符合农民的一般条件，还必须具备以下四个条件。

（1）新型职业农民是市场主体。传统农民只是身份有别于市民的群体，他们主要是为了维持生计；新型职业农民则充分地进入市场，将农业作为产业，并利用一切可能的选择使报酬最大化，一般具有较高的收入。

（2）新型职业农民具有高度的稳定性，把务农作为终身职业，而且后继有人。稳定性是农业对从业者的基本要求，以区别于对农业的短期行为。

（3）新型职业农民具有高度的社会责任感和现代观念，其不仅要有文化、懂技术、会经营，还要对生态、环境、社会和后人承担责任。

（4）新型职业农民在经营上既保留了传统农业经营的优点，又避免了小农户的弊端；既有家庭经营的优势，又融入了现代农业的要素。

（三）新型职业农民的分类

1. 生产经营型职业农民

生产经营型职业农民是指以农业为职业、占有一定的资源、具有一定的专业技能、有一定的资金投入能力、收入主要来自农业的农业劳动力，主要包括种养大户、家庭农场主、农民合作社骨干等。

2. 专业技能型职业农民

专业技能型职业农民是指在农民合作社、家庭农场、专业大户、农业企业等新型生产经营主体中较为稳定地从事农业劳动，并以此为主要收入来源，具有一定专业技能的农业劳动力，主要包括农业工人、农业雇员等。

3. 社会服务型职业农民

社会服务型职业农民是指在社会化组织中或个体直接从事农业产前、产中和产后服务，并以此为主要收入来源，具有相应服务能力的农业社会化服务人员，主要包括农机农业信息员、农产品经纪人、农机手、代耕手、机防手、动物防疫员等。

4. 新生代型职业农民

新生代型职业农民是指经过农科专业教育和实训培育的具备一定农业生产经

营管理能力的年轻化、专业化、知识化的新生代群体，主要包括农科大中专毕业生、返乡青年农民工、复转军人等。

（四）对新型职业农民释义的案例

在中华人民共和国农业农村部（以下简称农业农村部）对新型职业农民的权威概念引导下，全国各地多个省市结合当地情况，对新型职业农民的内涵进行了不同的延伸理解。比如，作为 2014 年农业农村部确定的新型职业农民培育整省推进省份，陕西省发布的《陕西省新型职业农民培育认定管理办法》（以下简称《办法》）将新型职业农民定义如下：新型职业农民是指以农业为职业、具有一定的专业技能、收入主要来自农业的现代农业从业者。同时，《办法》规定新型职业农民应具备以下基本条件：一是年龄在 16 ~ 55 岁；二是职业特征鲜明，经营规模大，主体地位明确，从业稳定性高，是名副其实的农业继承者；三是初级职业农民应具备初中以上文化程度，中级职业农民原则上具备高中或农科中专以上文化程度，高级职业农民原则上具备大专或相当于大专以上的文化程度；四是收入主要来源于农业，初级职业农民收入应达到当地农民人均纯收入的 5 ~ 10 倍，中级达到当地农民人均纯收入的 10 ~ 20 倍，高级农民收入应达到 20 倍以上；五是有较强的经营管理能力，具备现代农业理念知识和专业技能，应对市场变化能力强，实践经验丰富，能够合理配置农业资源，掌握先进生产经营模式，具有示范带动效应，带动当地农民致富；六是从业稳定性强，有创业投资激情。

二、新型职业农民的时代特征

从新型职业农民的概念界定和内涵中可概括出新型职业农民的基本特征。新型职业农民以"新"字区别于一般农民，而"新"主要体现在农民自身文化素质的提高上，体现在由以前纯体力致富到脑力致富的转变上。具体来说，新型职业农民的本质特征体现在以下几个方面。

（一）新型职业农民是有文化、有技术、会经营的知识技能型农民

从经济学角度看，知识技能型农民就是"农商"，而传统的农民是农夫。农夫与自然经济相契合，日出而作，日落而息，生产的产品主要用于自己消费，是一种典型的自给自足的自然经济形式。农商则不同，它是一个全新的范畴，是现代农民的经济学意义表述，它反映了一个新的经济关系，一个通过市场配置资源，以需求指导农业生产，以新产品引导市场，并以商业活动为舞台的新型农副产品生产者和市场经济的参与者。

有文化是指新型农民必须具备一定的文化知识和通过接受教育提高接受新知识和各种信息的能力。农民知识化进程的快慢，在很大程度上决定着现代农业和

新农村发展步伐的快慢，决定着我国经济社会发展第三步战略目标的实现速度。农民的整体文化素质决定了农民对新技术、新思想的接受程度，决定了农民对农产品新品种、环保意识、食品安全意识、无公害农产品、标准化知识的接受能力，对农民市场经济知识与技能、经营能力和转岗能力有重大影响。

懂技术是指新型农民必须具备一定的农业科学技术知识，接受过技能培训，有提高自身吸收和运用新技术的能力。只有大量的农业科技成果最终被农民掌握，才能转化为现实生产力，才能使更多的农民适应农业专业化、规模化和科技化发展的要求。

会经营是指新型农民必须具备一定的适应市场经济发展的经营管理基础，以及通过参与市场提高自身经营管理水平和适应市场经济的能力。新型职业农民除了是生产者，还是投资者、经营者、决策者，也是市场风险和自然风险的承担者。农民只有会经营，不断提高经营现代农业的水平，全方位拓展增收渠道，用工业的理念发展农业，推进农业生产经营向集约化、专业化、机械化发展，向标准化、信息化、产业化发展，才能实现致富的目标。

（二）新型职业农民是思想道德素质较高的文明型农民

在思想方面，新型职业农民树立起了集体主义观念和现代思想观念，具有市场意识、竞争意识和创新意识，拥有一定的理想信念；在道德方面，新型职业农民符合社会公德、家庭美德等道德规范要求，能够继承和发扬尊老爱幼、勤劳朴实等传统美德。文明型农民是实现城乡一体化目标的必然要求。

（三）新型职业农民是民主法治意识强的民主型农民

在民主方面，新型职业农民树立起了民主观念，具有较强的政治参与意识、自我表达意识、自我管理意识及主人翁意识，积极主动地参与民主选举、民主决策、民主管理和民主监督；在法治方面，新型职业农民树立起了法治观念，自觉地学法、懂法、守法，并能主动拿起法律武器维护自身的合法权益。

（四）新型职业农民是把务农作为终身职业的全职农民

在从农业社会走向工业社会的过程中，很多家庭都有人在城市打工或就业。但随着农业生产的不断发展，更需要有将务农作为终身职业的全职农民，他们以从事农业再生产为主，并以此为生计来源。

（五）新型职业农民是具备较大经营规模，具有较高收入，具有较高的社会地位并受到社会尊重的职业型农民

现代市场经济规模化种植模式慢慢应运而生。在北方适合机械化耕种与收割的平原地区，大部分地区早就实现了粮食作物生产的现代化，其实那些以出租农业机械为人耕种的人也算是职业农民的雏形。在未来的农业生产中，新型职业农

民将带领大家了解规模经营带来的高效率、高收入且低成本的农业经营模式，并让大家看到由此带来的高收入，进而使自己赢得较高的社会地位、受到社会的尊重。

第二节　新型职业农民相关概念辨析

我国是一个农业大国，人口众多，当前农民的状况使我们必须深思将来靠谁种地、靠谁推动农业发展、粮食安全何以保障等重大现实问题。"中央一号文件"适时提出了培育职业农民的概念，成为破解这一问题的关键。

一、农业现代化与新型职业农民培育

现代农业发展与新型职业农民培育密不可分。培育新型职业农民，是推进现代农业转型升级的迫切需要。

（一）发展现代农业需要大批新型职业农民

现代农业是现代科技集约，是具有现代产业组织特征的农业，其要求从业者具有较高的文化素质和技术能力；现代农业与农业产业化、规模经营、激烈市场竞争相联系，要求农民会经营、善管理，具备市场竞争意识。

培育新型职业农民就是培育现代农业的现实和未来。随着传统小农生产加快向社会化大生产转变，现代农业对能够掌握应用现代农业科技、能够操作和使用现代农业物资装备的新型职业农民的需求更加迫切。随着较大规模生产的种养大户和家庭农场逐渐增多，农业生产加快向产前、产后延伸，分工、分业成为发展趋势，具有先进耕作技术和经营管理技术、拥有较强市场经营能力、善于学习先进科学文化知识的新型职业农民成为发展现代农业的现实需要。因此，培育新型职业农民就是培育现代农业的现实和未来。

现阶段，我国正处于传统农业向现代农业转变的关键时期，大量先进农业科学技术、高效率农业设施装备、现代化经营管理理念越来越多地被引入农业生产的各个领域，迫切需要高素质的职业化农民。因此，我们必须未雨绸缪，真正进行一系列制度安排和政策跟进：一方面吸引优秀的人才进入农村，另一方面大力发展农民教育事业，培养新型职业农民。

（二）农业发展方式转变与传统农民转型

1.转变农业发展方式的内涵

（1）转变农业发展方式是一项系统工程，需要不断运用现代的发展理念、经

营主体、科学技术、设施装备、体制机制改造传统农业，具体来说，就是要紧紧围绕保障主要农产品有效供给、促进农民持续增收和实现农业可持续发展，加快推动农业主导产业发展由主要追求数量扩张向注重品质效益转变，由小规模分散经营向规模化、集约化、产业化经营转变，由主要依靠物质资源投入向依靠科技进步、劳动者素质提高和管理创新转变，不断提高资源利用率、土地产出率和劳动生产率，加快建设优势凸显、经营集约、功能多元、发展持续、经济社会生态效益相统一的现代农业。

（2）转变农业发展方式就是要加快推进产业转型升级，推动产业结构从以生产为主向生产、加工、流通、服务联动发展转变。坚持一手抓农业生产发展，一手抓产业链延伸和农业功能拓展，加快构建战略产业与主导产业协调发展，生产、加工、流通、服务有机融合的现代农业产业体系；既要大力推进粮食生产功能区建设，又要加快推进现代农业园区建设，还要积极拓展农业功能；加快发展农产品加工业，提高农产品精深加工水平；推进农产品批发市场升级，鼓励发展物流配送、连锁经营等新型业态，促进农产品流通。

（3）转变农业发展方式最核心的方面是要加快培育农业新型主体，推动经营方式从小规模分散经营向合作化、产业化转变。今后中国农业的从业主体，从组织形态看就是龙头企业、家庭农场、合作社等，从个体形态看就是新型职业农民。因此，培育新型职业农民就是培育各类新型经营主体的基本构成单元和细胞，对加快构建集约化、专业化、组织化、社会化相结合的新型农业的经营体系，将发挥重要的主体性、基础性作用。

2. 改造传统农业必须先改造传统农民

从转变农业发展方式的上述目标可以清晰地发现，新型农业的经营主体是农民、农户，因而改造传统农业必须先改造传统农民。因此，转变农业发展方式的首要任务是劳动力统筹，一是必须提高农业、农村吸引力，在让一批农村劳动力尽快真正融入城市的同时，让一部分高素质劳动力留在农村务农；二是全面提高劳动者素质，尽快使农村现有的有知识、懂技术、会经营的传统农民转型为新型职业农民；三是农业生产经营方式在从单一农户、种养为主、手工劳动为主，向主体多元、领域拓宽、广泛采用农业机械和现代科技转化的过渡阶段，努力提高广大农民的科技文化水平，使之成为积极发展现代农业的支持者、参与者、贡献者。

（三）城乡发展一体化与新型职业农民培育

发展农民专业合作和股份合作，培育新型经营主体，发展多种形式规模经营，构建集约化、专业化、组织化、社会化相结合的新型农业经营体系，是缩小城乡差距，促进农村生产发展和生活富裕，促进城乡一体化的重要途径。

1. 培育新型职业农民是城乡一体化发展的必然要求

培育大批新型职业农民，既是农业产业化、规模化、现代化的重要条件，又是实现城乡一体化的具体象征。农民职业化了，农民就如同城镇的居民，务农如同上班，其生活也就市民化了。

城乡经济社会发展的主体是人，而农民职业化程度的高低，既是衡量城乡一体化进程的重要指标，又决定着城乡经济社会发展的速度和效益。"新型职业农民"是榜样，是目标。为了实现这个目标，国家和社会要在"化"上大做文章、多下功夫，让更多的农民成为行家里手，成为"新型职业农民"。

2. 培育新型职业农民是建设城乡一体化社会的根本动力

从人类社会发展的历史来看，人们最关心的生产要素，在农业社会是土地，在工业社会是资本，而在现代文明社会应是人力资源的开发。新型职业农民是生活在知识经济时代、新科技革命时代和社会主义市场经济条件下的新型职业农民，是有文化、懂技术、会经营的新型职业农民。新型职业农民与城乡一体化建设的要求相适应，是城乡一体化建设的主体和根本动力。首先，培育新型职业农民是促进农村"生产发展"和"生活宽裕"的必然要求。其次，发展生产是城乡一体化建设的首要任务，通过转变农业增长方式、调整和优化农业结构来发展农村经济，实现农业现代化。这一任务的实现最终要靠农民，农民是建设城乡一体化的主体，是城乡一体化建设的出发点和落脚点。农业的现代化和农村的发展，要想把现代工业技术和高科技运用于农业生产与加工中，归根结底还要靠人去落实，要靠农民去掌握、运用新的生产技术，操作先进的机器设备。科技素质高的农民，一方面能够将新技术、新成果迅速应用到农业生产中，发展技术密集型农业，推动农业产业升级；另一方面，农民科技素质越高，从事非农产业就业能力越强，就业机会就越多，获取的收入也越多。

3. 让农民成为更体面的职业是城乡一体化的重要标志

生活富裕是城乡一体化建设的核心目标。只有农民生活宽裕、生活质量改善了，城乡一体化建设才是取得实实在在的成果，其核心是要解决好人的问题，通过富裕农民、提高农民、扶持农民，让农业经营有效益，让农业成为有奔头的产业，让农民成为体面的职业，让农村成为安居乐业的美丽家园。

怎样理解体面的职业？这里的体面的职业即体面劳动。"体面劳动"这个概念是由时任国际劳工组织总干事索马维亚于1999年6月在第87届国际劳工大会上首次提出的。所谓体面，大致应当包括劳动者的权利得到保护、足够的收入、充分的社会保护、比较容易接受的工作辛苦程度和足够的工作岗位。传统农民在这几个方面都是达不到的，他们收入较低，劳动强度大，财产权益不能得到有效维护。因此，传统农民绝不是人人都向往的体面职业。

让农民成为体面的职业，让广大农民实现体面劳动，最根本的是要保障他们的权益，特别是要致力改善广大农民的劳动条件、劳动收入、劳动保障、生活质量，让广大农民分享更多的农民改革和发展的成果。2013 年 12 月举行的中央农村工作会议提出，要提高种地集约经营、规模经营、社会化服务水平，增加农民务农收入。农业生产率相对较低，而且有几亿农民困在耕地上，规模上不去，农民收入不可能上来。因此会议提出，鼓励发展、大力扶持家庭农场、专业大户、农民合作社、产业化龙头企业等新型主体，不断探索农村土地集体所有制的有效实现形式，落实集体所有权，稳定农户承包权，放活土地经营权，加快构建以农户家庭经营为基础、以合作与联合为纽带、以社会化服务为支撑的立体式复合型现代农业经营体系。

农业的繁荣就是国家的繁荣，农村的文明就是国家的文明，农民的体面就是国家的体面。无论从实现城乡一体化考量，还是从实现小康社会思考，让农民更体面地生活、更体面地劳动，让农民成为更体面的职业，都是需要全社会持续关注和长期努力的。

二、农民继续教育与新型职业农民培育

1. 农民继续教育的概念

所谓农民继续教育，是指对农村完成九年制义务教育在校生以外的全体青少年农民和成年农民进行由基础到提高的思想品德、科学文化、职业技能、生活常识等多方面的综合教育。

2. 开展农民继续教育的必要性

开展农民继续教育的必要性主要体现在以下四个方面。

（1）开展农民继续教育是社会文明进步的需要。农民继续教育应是没有时限、没有终点的终身教育，其目的是全面提高农民各方面的素质，使农民文明化。在当今社会生产力发展迅速、人类文明不断进步、科学技术日新月异的情况下，农民抓住机遇、迎接挑战，成为能适应现代化生产方式的劳动力，成为享受现代文明的文明化农民，这不仅关系到他们的切身利益，还直接影响中国未来的发展和中华民族的振兴。中国 14 亿多人口中，9 亿多人在农村，因此不实现农民的文明化，便不能实现中国的现代文明。

（2）开展农民继续教育是构建和谐社会的需要。"民为邦本，本固邦宁"，农民的继续教育问题事关中国构建和谐社会的大局。

其一，有利于实现社会公平。和谐社会是公平、正义的社会，而教育公平是社会公平的起点和核心环节。只有实现教育公平，赋予每位受教育者平等的教育机会，才能使社会成员的潜能、积极性和创造性得到最大限度的发挥。

其二，有利于缓解就业压力。近几年是中国就业的高峰期，每年有1000多万人不能就业。城市容纳农村剩余劳动力毕竟有限，大量的农村剩余劳动力需要在"农"字上做文章。如果农业劳动生产率有较大提高，农业产业链得到延伸，那么农业所提供的就业岗位必将增加。

其三，有利于推进农村精神文明建设。积极组织和实施农民继续教育，不仅能使农民适应现代农业，还能有效遏制农村中的陋习和歪风邪气，因为教育本身就具有"化民成俗"的功能。

其四，有利于社会稳定。中国作为世界上人口较多的国家，粮食问题始终是中国政府最重视的问题。只有重视农业，保持农村稳定、农民增收和农业可持续发展，中国社会的稳定才会有根本保障。

（3）发展农业是解决农民增收和自身发展的需要。继续教育决定着农民的基本素质和生活质量的提高。据美国农业经济学家 D. Gale Johson 的分析，中国农民在校时间每增加一年，其收入就会增长 3.6% ～ 5.5%。有研究表明：物力资本增加4.5倍，利润只增长3.6倍；人力资本增加3.5倍，利润增长却高达17.5倍。[①]由此可见，教育与农民收入的增长是成正比例关系的。相比而言，农民继续教育比义务教育更贴近农业生活与生产，而且农业科技给一部分农户带来了丰厚收入，农民已逐渐认识到知识对他们的重大意义。因此，开展继续教育符合农民的利益需求，必将使他们自身的潜力得到充分、自由地发挥。

（4）开展农民继续教育是提升农业现代化生产水平、增强农业竞争力的需要。农业是中国经济的基础和重要组成部分，没有农业经济的快速、健康发展，中国整个国民经济就难以有稳定的发展和质的飞跃。中国农业要想与世界市场现代经济全面接轨，就必须提升农业现代化生产水平，增强农业的竞争力。而要实现此目标，必须对全体农民进行继续教育，不断提高农民的文化素质。

3.农民继续教育与新型职业农民培育的关系

实施农民继续教育工程，是我国新型职业农民培育体系的重要组成部分。

（1）对农民实施继续教育的目的在于培育新型职业农民。农民继续教育不同于传统的农民培训，其实施的是三位一体的培训制度，即以培育新型职业农民为目的，在课程实施上具有很强的针对性、规范性。继续教育的方式可分为学历教

---

① 刘志明 . 农村人力资源开发与教育培训 [J]. 四川农业科技，2004（8）：4—5.

育和技能教育；继续教育的模式由培训向培育转变，通过智慧农民云平台，如空中课堂、固定课堂、流动课堂、田间课堂，新型职业农民培育实训基地实行全过程培养，以适应成人学习的特点和农业生产规律，具有分段式、重实训、参与式、互动式、启发式的特点；在继续教育的内容上，实施分类指导，分级分类培训，对全产业链技能进行培训，侧重生产管理和市场营销，侧重实际操作技能；在继续教育的手段上，充分利用现代化、信息化手段开展远程在线教育培训。

（2）新型职业农民的认定以农民继续教育为基础。认定新型职业农民，必须有农民科学文化素质和技能的要求，特别是在探索建立中国职业农民资格证书制度，并且将新型职业农民资格证书分为初、中、高级时，其认定标准应包括文化素质、技能水平、经营规模、经营水平、收入等，且经农民继续教育培训并达到一定的标准，经认定后，才颁发由农业农村部统一监制、地方政府盖章的相应证书。

第三节 新型职业农民培育的理论基础

新型职业农民培育是农民教育极其重要的组成部分。如何培育新型职业农民，先要从理论上做出回答，如此才能在这些理论指导下有效地组织新型职业农民教育与培训活动，并构建相应的培育模式。

一、人的全面发展理论

在马克思看来，人的发展的实质是人的能力的发展，它既包括一个人所拥有的自然力，也包括作为主体的人在实践活动中通过锻炼、培养与学习而形成并积淀的知识、经验、情感意志等精神因素。然而，在旧式分工存在的社会条件下，人们不得不在狭窄的领域和职业上发展自己的能力。马克思曾一针见血地指出："现代社会内部分工的特点，在于它产生了特长和专业，同时也产生了职业的痴呆。"马克思认为，人的发展是相对于社会的发展的，是"人的本质的发展"，而人的本质并非个人所固有的抽象物，在现实性上，它是一切社会关系的总和。他进一步指出，人的类特性恰恰是自由的自觉的活动，而异化劳动使"动物的东西成为人的东西，而人的东西成为动物的东西"。因此，人的类本质既不是神赋予的，也不是自然界生成的，而是内在于人的自身实践活动中。人只有通过实践和生产这种能动的类生活才能创造出自身的类本质，人的根本不是别的什么，只是人自身。

二、马斯洛需求层次理论

在马斯洛看来，人类价值体系存在两类不同的需要，一类是沿生物谱系上升方向逐渐变弱的本能或冲动，被称为低级需要和生理需要；一类是随生物进化而逐渐显现的潜能或需要，被称为高级需要。低层次的需要基本得到满足以后，它的激励作用就会降低，其优势地位将不再保持下去，而高层次的需要会取代它成为推动行为的主要原因。有的需要一经满足，便不能成为激发人们行为的起因，于是被其他需要取而代之。高层次的需要比低层次的需要具有更大的价值。热情是由高层次的需要激发的。人的最高需要即自我实现，就是以最有效和最完整的方式表现自己的潜力，唯有如此，才能使人得到高峰体验。人的五种基本需要在一般人身上往往是无意识的。对于个体来说，无意识的动机比有意识的动机更重要。有丰富经验的人，通过适当的技巧，可以把无意识的需要转变为有意识的需要。马斯洛还认为，人在自我实现的创造性过程中，会产生出一种所谓的"高峰体验"的情感。这个时候，人处于最激荡人心的时刻，是人所存在的最高、最完美、最和谐的状态，这时的人具有一种欣喜若狂、如醉如痴、销魂的感觉。

三、增能理论

增能理论（也叫赋权理论或者激发权能）旨在通过挖掘或激发能力等培养手段，减少服务对象的无力感，使其重拾信心，拥有更多的责任感，以及改善现有的生活状态并获取资源。20 世纪 70 年代，美国学者所罗门在其出版的著作《黑人的增能：被压迫社区的社会工作》中提出了增能理论，目的是对美国非裔黑人进行赋权增能，从而使他们有能力去做他们要做的事情。自此，增能理论成为社会工作的重要指导理论。

现今，人们对增能的理解主要从个体层面、人际关系层面、社会层面三个层面来进行理解和掌握：从个体层面上看，增能是为了个人有能力获得他所需要的东西；从人际关系层面上看，增能是为了让个人有影响他人思维、行为的能力；从社会层面上看，增能主要是为了让人有分配、组织各个系统中资源的能力。增能的途径主要从三个方面来考虑：个人层面上的增能主要在于个人自我意识的提升、个人能力和生活技巧的掌握；人际关系层面的增能主要是通过人与人之间的互动来互相影响，以达到互相间的自我能力和权利提升；社会层面的增能主要是对社会环境有正确的认识，能够适应社会和利用资源。增能理论坚持每个个体都是有潜力的个体，要以平等的心态对待弱势群体，并及时给予关注，激发他们的潜能。

乡村振兴战略的实施需要一批"生产经营型""专业技能型""专业服务型"的高素质的新型职业农民。为了使传统农民跟上时代步伐，促进农民增收，使农民过上更加美好的生活，同时为了将中国数以亿计的传统农民培养为新型职业农民、乡村振兴战略的主力军，高职院校必须主动承担起时代赋予的责任。

首先，高职院校必须加强对新型职业农民培育对象的职业教育与培训，发掘他们的潜能，向他们传授最新的农业生产知识与技术，以促进农业生产效率的提升，继而增加农民收入；其次，向农民讲授最新的时事政策、国际大事，尤其是与农业、农村建设有关的时事新闻，如乡村振兴战略，以此开阔他们的眼界，提升新型职业农民的个人意识与个人能力；最后，通过向农民宣传、讲解乡村振兴战略，帮助新型职业农民培育对象正确认识乡村振兴战略的实施与自己的关系，使农民产生对乡村振兴战略的极大认同，继而帮助他们认识到自己身上所担负的重要使命，将自己个人的发展与农村经济社会的发展、国家的发展紧密地联系起来。

四、主体教育理论

（一）主体教育理论的基本观点

教师与学生是教育系统中的两个基本要素，是教育活动中的一对重要主体。围绕教师与学生在教育活动中的地位、作用及相互关系的不同认识形成了不同的教师观和学生观。其中，对学生的本质属性及其在教育过程中的地位、作用的看法，是近现代教育争论的辩题之一，形成了截然不同的"教师中心论"和"学生中心论"。在讨论过程中，这两种观点日趋融合。20 世纪 80 年代，中国教育界关于教育主体性的争论可以说是此辩题的延续与拓展。在讨论过程中，出现了以培养学生主体性为教育旨归的一种理论学说，即"主体性是指学生在教学过程中的主观能动性"。该学说由认识论发展到本体论，关注人的特性、作用、价值及其发展，完善与教育、社会的互动关系，并由理论的探讨发展为教育改革与实验研究，吸引了越来越多的教育基层领导和教师的参与，形成了引人注目的教育热点和蓬勃发展的教育思潮。

（二）主体教育理论对新型职业农民培育的意义与价值

将主体教育理论作为新型职业农民培育的理论依据，对新型职业农民培育具有重要意义。作为新型职业农民培育的对象，农民是一个独立的个体，其有对农业发展的思考，有农业生产经营的主观意识，有较为丰富的农业实践经验与能力。在培育过程中，在主观意识的支配下，农民不是消极、被动地完全接受培育的影响与作用，而是具有一定的主动性、能动性和创造性，对教育目的的接受、教育内容的选择、教学方式的偏好、师生关系的建设及自我发展的结果，会有自己的分析、理解和判断，会选择性地接受与吸纳，并通过教学交往反馈给教育者，从而对新型职业农民培育活动产生影响。新型职业农民在教育培育过程中所表现出来的主体性、能动性和创造性，对于教育者而言，只能尊重，而不能忽视，这既是人成长发展的基本规律，也是教育的规律。从根本上说，农民是推动现代农业发展的主体。农民在现代农业发展过程中主体性发挥得如何，直接关系我国传统农业的转型与现代农业的进程。因此，回到新型职业农民培育本身，培育过程中如何彰显新型职业农民的价值、地位与作用，如何培育新型职业农民的主体性，成为与发展新型职业农民态度、知识、技能与素养等教育目标同等重要，甚至是影响新型职业农民培育理念与方向，决定新型职业农民培育活动效果和现代农业发展效果的关键性问题。新型职业农民培育促进农民的成长是有条件的，只有符合人的成长发展规律的教育才是有效的教育。因而，主体教育理论理应成为值得新型职业农民培育研究、实践与借鉴的教育学思想。

五、心理发展理论

（一）心理发展理论的基本观点

教育是一种以促进人的身心发展为直接目的的社会活动。人的身心发展与教育之间存在着相互依存的辩证关系；人的身心发展是教育的前提与依据，教育则对人的身心发展起主导与促进作用。虽然教育对身心发展起主导作用，但人的身心发展规律又制约着教育主导作用的发挥，并影响着教育的效果。因此，有效教育必须以掌握人的身心发展规律为起点。

心理学中关于人的身心发展实质的讨论，围绕着个体身心发展是先天生理成熟的表现还是后天环境影响的结果，形成了不同的身心发展观，包括心理发展内发论、心理发展外铄论、心理发展文化历史发展论等，其中，最有影响力的当数瑞士心理学家皮亚杰的相互作用论。皮亚杰心理发展观认为，心理发展的实质是个体与环境相互作用后的一种主动适应过程。适应是心理发展的实质，适应的本质在于通过同化和顺应两种形式实现个体与环境的平衡。同化是个体把环境因素纳入个体已有的图式中，以改变和丰富原有的图式。与同化相反，顺应是个体为适应环境，改变原有图式的过程。图式是一种心理结构，是个体对外界的知觉、理解和思考的方式。图式形成和变化的过程就是心理发展的过程，通过同化和顺应而导致的不断发展着的平衡状态，实际就是心理的发展。皮亚杰心理发展理论充分肯定了个体在心理发展中的积极能动性，强调了在与环境相互作用的过程中，个体通过同化和顺应两种机制对心理结构（图式）的主动建构，而心理建构的过程也即个体的主观能动的反映过程。

（二）心理发展理论对新型职业农民培育的意义与价值

新型职业农民培育从本质上讲是一种改造传统农民、塑造现代农民的活动，其最终效应体现在农民以"现代性"为标志的成长发展上，即通过培育促进农民的变化、发展。如前所述，有效的新型职业农民培育要以掌握农民成长发展的规律为背景与前提。皮亚杰心理发展理论指出的个体身心发展的实质，为新型职业农民培育分析农民成长发展的本质，其遵循农民成长发展的教育规律。

农民参加新型职业农民培育，面临着接受现代农业发展理念、掌握现代农业知识与职业技能、按照现代农业要求自我改造与塑造的多重任务。农民通过同化与顺应两种心理发展机制完成"现代性"成长的任务，最终实现由传统农民向现代农民的转型。新型职业农民培育过程中，农民通过同化机制把现代农业发展所需要的农业生产经营理念、农业现代化要求、农业知识与职业技能纳入原有经验系统（图式／心理结构），用以加强和丰富现代农业生产经营的经验与行为；通过顺应机制改变并调整原有对农业发展阶段、农业生产经营方式及农民的职业角色的传统认知，适应农业的转型与现代农业的发展。农民通过同化和顺应两种机制而导致的不断发展的平衡状态，就是适应现代农业发展的农民的成长历程，而主动对新型职业农民培育目的和要求的接受，则是农民发展的根本原因。农民只有把新型职业农民培育的目的转化为自我发展的目的，把新型职业农民培育所施加的影响构成自我发展的手段和对象，培育才能发挥它的价值与功效。因此，在强调新型职业农民培育作用的同时，需要更多关注农民本身的发展机制，并通过新型职业农民培育的主导作用最大限度地调动和发挥农民发展的主体作用。

六、成人学习理论

（一）成人学习理论的基本观点

"成人教育之父"、美国成人教育学家马尔科姆·诺尔斯于20世纪60年代至80年代创立了成人教育学理论，构建了完整的成人教育学理论体系。"对于成人来说，教育是一个提高能力以应付生活中面临的问题的过程。"问题成为成人学习的主要驱动。成人参加学习的主要目的在于提高自身水平以解决当下遇到的现实问题，学以致用是成人学习的基本诉求。

（二）成人学习理论对新型职业农民培育的意义与价值

新型职业农民培育的有效性以遵循成人学习规律为基础。农民参加新型职业教育农民培育的目的非常明确，就是提高自身的文化水平、农业技能和市场经营能力。在长期的农业生产经营过程中，农民积累了丰富的农事实践经验，这是新型职业农民培育的起点，也是与现代农业思想、技术等对接的基础。解决农业转型过程中自身知识、技能和素质与现代农业发展不匹配的问题，用以提高现代农业生产经营能力和农业生产效益，是驱动农民参加新型职业农民培育的关键。依据自己农事实践的需要，农民会主动选择新型职业农民培育的主题、内容，调适学习的参与程度。由此可见，农民学习与诺尔斯提出的成人学习特征基本吻合。

七、参与式发展理论

（一）参与式发展理论的基本观点

"参与"概念最早出现于 20 世纪 40 年代末期，并于 20 世纪 50 年代至 60 年代逐步发展成为具有实践意义的方法。参与式发展理论起源于国际发展援助机构对农村发展援助的反思。第二次世界大战后，发展中国家贫困地区的农村发展严重停滞，呈现出一片衰败的景象。在解决农村地区贫困和发展问题上，最早出现了外援式社区发展模式，即由外来企业或委托政府援助开发。随着时间的推移，这种开发的弊端也逐渐显露，不仅导致农村经济、文化的独立性丧失，也使环境和资源陷入危机之中。20 世纪 70 年代，参与式发展替代外援式发展，成为农村贫困地区发展的主要模式，并在众多国际援助项目中得到修正与完善，进一步推动了农村社区的发展。20 世纪 80 年代末，参与式发展理念进入中国，被运用于世界银行、联合国等国际组织在云南、贵州、四川等地区的农村扶贫及生态保护等合作项目中，随后从农业、林业发展扩展到农村能源、卫生保健、供水、妇女、教育等领域。在农业领域，诸多国际援助发展项目计划的制订、实施、监测与评估均渗透和体现了受益主体参与的思想。海南、贵州、内蒙古等地已在一些参与式扶贫项目上获得成功，如农民参与式木薯研究与推广项目、农民参与式种养业发展研究项目等。

与外援式发展的理念、实践对比，参与式发展实现了三方面的突破：在对农村社区居民的价值认定上，认为农村社区居民对参与当地农村发展有积极期待，具有内生的主动性和创造性，可以与外部援助专家一同判断社区发展需求、探寻社区发展障碍、制定社区发展规划及参与方案付诸实施上；在社区发展内容上，除了关注农村经济维度的发展外，彰显社区与居民发展价值、社区参与决策及居民自治、尊重社区传统文化、适应原有自然生态环境等政治、文化、生态等维度的综合性发展也在参与式发展涉及的领域之内；在发展方式上，参与式发展认为，农村社区发展不仅仅是一个"自上而下"的援助机构干预、介入和发动社区的过程，更重视社区"自下而上"的参与和外部援助机构"赋权社区"的过程，注重增加社区成员在社区发展中的发言权和决策权，培植社区自组织和自我发展能力，从而促进社区的可持续、有益发展。

（二）参与式发展理论对新型职业农民培育的意义与价值

从参与式发展理念、主旨及实践来看，参与式发展不仅实现了发展范式的转型与创新，也形成了一套行之有效的方法与程序来保障成员参与社区发展的权益。将参与式发展理念置于农业发展中，对解决目前我国农业发展的主体问题和实现农业现代化发展有着直接的、现实的意义。新型职业农民是农业现代化发展的核心力量和主导因素。农业科技只有经过农民的应用，才能真正转化为现实生产力。科技创新驱动现代农业的发展，一方面，要推进农业科技创新，在资源环境约束下，遵循农业科技规律，通过"实施科教兴农战略，增加农业科技投入，构建农业科技创新体系，完善农业技术推广体系，培育农业农村人才队伍，创新农业科技体制机制"等措施，激发农业科技系统创新发展动力，依托农业科技推动现代农业内生能力生长；另一方面，激活新型职业农民参与现代农业发展的主动性与参与能力，重点发展农民积极应对现代农业发展挑战的能力、学习创新的能力、农业生产经营能力及农民主体性和现代性等人格特质。我们要通过以上两种途径，全面增强现代农业自身发展能力和可持续发展能力。回归到农民发展本身，将参与式发展理念纳入新型职业农民培育，对激发新型职业农民融入现代农业发展的主动性和能动性具有重要作用，因而参与式发展理念应该作为新型职业农民培育的理论基础。

第四节　新型职业农民培育的意义

一、有利于培养和稳定现代农业生产经营者队伍

培育新型职业农民的过程，也是农民由"身份"属性向"职业"属性转变的过程。当前，推进"四化同步"和城乡一体化发展，就是要统筹城乡经济社会发展，推动城乡公共服务均等化，让广大农民获得足够的职业收入、得到平等的社会保障、赢得社会尊重和个人尊严。只有培养出适应现代农业产业发展的职业化新型农民，才能加快剥离"农民"的身份属性，使发展起来的新型农民逐步走上具有相应社会保障和社会地位的职业化路子。开展新型职业农民培育，提高他们的综合素质、生产技能和经营水平，并通过政策支持调动他们从事农业生产经营的积极性，可以留下一部分素质较高的农村劳动力继续务农，吸引一批进城务工人员返乡务农创业，引导一批有志青年学生投身农业，稳定农业生产经营队伍，确保现代农业建设有序推进。

产业兴旺是乡村振兴的重点。职业农民培育是带动产业发展、实现"农业强"的重要载体。职业农民是围绕"三产融合"、农业转型升级为目标对传统农业进行改造升级的主力军。在乡村振兴背景下，农业由粗放型、封闭型、随意化的落后小农生产方式向集约型、开放型、科学化的先进生产经营方式转变，职业农民逐步参与到市场活动中。未来现代农业的发展离不开科技与创新，数字农业、智慧农业兴起，逐步向着绿色化、优质化、特色化、品牌化发展；第一、第二、第三产业深度融合发展，并以休闲观光园区、森林之家、康养基地、乡村民宿、特色小镇为重要展现形式。农产品国际贸易不断加强，尤其以"一带一路"沿线国家为主线，我国农产品的国际竞争力逐步提升。现代农业的全方位发展需要职业农民培育为其提供优质的从业者，为产业积累强大的人力资本，即知识型、技能型、创新型农业经营者队伍。

二、有利于壮大新型农业经营主体

加快培育新型农业经营主体是推进现代农业发展的核心和基础。随着我国农业发展形态多元化和农业市场化程度加深，农业产业结构、生产经营方式也将产生深刻变化。农村土地流转速度加快，农业规模经营比例明显上升，专业大户、家庭农场、农民合作社、农业产业化龙头企业、农业社会化服务组织等新型农业经营主体大量涌现，逐步成为发展现代农业的领军力量。可以说，今后中国农业的从业主体，从组织形态来看就是专业大户、家庭农场、龙头企业、合作社等；从个体形态来看就是新型职业农民。新型职业农民是家庭经营的基石，是合作组织的骨干，是社会化服务的中坚力量，是连接"家庭经营""合作组织"和"社会化服务"的纽带，是构建新型农业经营体系的基础。新型职业农民的数量和质量决定着新型农业经营体系构建的进程和运行的质量。

三、有利于提升农业质量、效益和竞争力

我国农业通过提升农民综合素质和生产经营技能提升农业科技对产业发展贡献度，这仍存在很大的空间和潜力。第一，加快培育新型职业农民，能够有效强化农业科技最新成果的推广和应用，面向亿万农民普及新品种、新技术、新模式，提高农民质量品质创建能力和务农种地效益，让农业成为有吸引力、有竞争力的产业。第二，随着休闲农业、乡村旅游、电子商务等新产业新业态快速发展，加大对农民企业家、农业职业经理人、服务人员等的培养力度，开展创业孵化和延伸服务，能够进一步激发农村创业创新热情，促进农村第一、第二、第三产业的深度融合，打造农业、农村发展新动能；第三，通过加快培育一批具有绿

色发展理念、践行绿色生产要求的新型职业农民，能够引领农业绿色发展，推进农村生产、生态、生活"三生"共赢，带广大农民走上绿色发展之路。

四、有利于进一步增强农业、农村发展活力

农民是农村社会进步的推动者，是乡村振兴的主体力量。没有现代化的新型职业农民，就不可能建成社会主义新农村，不可能实现农业、农村的快速发展。一个充满创造活力的农村，是由农民自己主导的。人际关系的和睦、利益关系的调整、权利诉求的表达都是受农民的价值观念与认知水平影响并决定的。个体之间、群体之间的互动取决于参与者的知识结构、教育水平和信息加工能力，而这一切都是建立在农民接受教育培训的数量和质量的基础之上的。农村政治、经济、文化建设与广大农民群众的科学文化素质、对科学技术的理解和掌握、对经济行为的意识及精神领域的需求水平紧密相关。村民自治、民主管理能否真正落实，取决于农民的权利意识及正确行使权利和维护利益的途径、手段，取决于农民的社会责任意识和国家公民意识。农民素质越高，追求的精神境界也就越高，对文化产品的需求就越旺盛。只有用先进文化占据农村文化阵地，才能使农民养成科学精神，才能使乡风民俗健康向上，从而为乡村发展带来活力。开展新型职业农民培育，不仅有利于推进物质文明、政治文明、精神文明建设，还能充分调动农民建设美好家园，创造美好生活的积极性，增强农业、农村的发展活力。

第五节　新时代职业农民培育的发展趋势

进入中国特色社会主义新时代，随着农业内部的横向分化和纵向发展，农民职业化性质逐步强化，从事农业生产经营的劳动者开始逐步恢复并体现出劳动、报酬、发展、保障四个职业化特征，成为不受地域和户籍约束，以农业为职业的职业农民。职业农民是现代农业的主力军。职业农民的定义应回归职业属性，加入工作时间和年龄因素。结合其他学者的研究成果，本书将"职业农民"定义为，在农业或农业关联产业进行生产、经营或服务，年龄在 16 至 60 周岁，每年工作时间不少于 120 天，利用市场机制和规则来获取收入且主要来源于农业及关联产业（应占 50% 以上）的劳动者。在准确定义"职业农民"概念后，本书对未来职业农民培育制度发展趋势进行展望，认为其向着规范化、组织化，与小农户和新型经营主体双向耦合的趋势发展。

一、职业农民培育走向组织化

职业农民的组织化是以土地流转、适度规模为前提的。第三次全国农业普查数据显示，截至 2016 年年末，在工商部门注册的农民合作社总数达到 179 万个，入社农户近 1 亿户，农民组织化程度明显提升。近年来，新型职业农民组织在新型职业农民队伍不断壮大的同时逐渐发展起来。随着现代农业的不断发展，职业农民组织化程度加深，谋求、维护和改善其共同的经营活动，互相协作的发展目标逐渐趋同，组织功能由最初的成员之间的信息交流转变为同业合作、跨行业互补、抱团发展，既提高了抗风险能力，又有利于推动农业要素的有效配置。职业农民借助组织达到了更高的层次、更大的平台、更广的范围上的合作与联合，实现了与产业紧密的联结度，既具稳定性，又具灵活性。

二、职业农民培育走向市场化

目前，政府在开展职业农民培育方面已经采取了众多积极举措。基于职业农民培育开展的现状，未来对职业农民培育的探索应充分考虑市场在资源配置中的决定性作用，强调农民培育这一行为通过市场机制和规则来达到效用最大化，以实现帕累托最优状态。我国农业正处于转型升级的关键时期，农民对培育各方面的需求都是动态变化的，如果仅仅依靠政府，很难解决发展中遇到的实际问题，无法实现资源的优化配置，因此要通过政府的引导，借助市场机制集成培训资源，并在整合培训资源中发挥基础性配置作用，使其成为职业农民培育可持续发展的内在动力。

三、职业农民培育走向规范化

2018 年中央一号文件提出强化乡村振兴人才支撑，全面建立职业农民制度，完善配套政策体系。建立职业农民制度已经超越了原有的新型职业农民培育工程的范畴，因此需要在深入研究、构建制度、创设政策、完善体系等多个方面进行系统研究和深入探索。职业农民制度是对农村基本经营制度的补充与完善，是畅通城乡间人才要素双向流动的制度性安排，是一项指导性而非法规性的制度设计。对职业农民进行注册认定不是单纯地设置务农创业门槛，而是为了留下、吸引、储备更多高素质劳动者，实现劳动力资源在更大范围内的优化配置。未来"农民"是一种自由选择的职业，制度是一种有效的保障，涵盖职业农民发现、培养、发展全过程，贯穿职业农民培育始终，是系统性制度设计，充分体现了国家重农、强农、惠农的政策导向。2019 年，中华人民共和国人力资源和社会保障部将农业（职业）经理人正式纳入新增职业中，农民职业属性得以增强。未来，国家将探索如何赋予职业农民与城镇职工享受同等的养老保险、医疗保险等待遇，如何给予一定的补贴，如何建立失业救助及保险制度。

四、职业农民与小农户、新型经营主体双向耦合发展

在乡村振兴战略中，为培育乡村发展新动能，国家明确提出促进小农户和现代农业发展有机衔接的要求。我国小农户数量庞大且在一定时期内长期存在，但其并没有很好地被纳入现代农业发展轨道，处在农业发展的"边缘地带"，并且会对实现农业现代化产生制约。职业农民是联系小农户与新型经营主体的重要纽带，即职业农民通过新型经营主体与小农户形成带动扶持，从而形成三方"利益共同体"。"利益共同体"奉行利益共享原则，在参与市场行为中，各方均能享受到应有的价值增值，实现利润最大化，从而达到资源最优配置及市场良性运行。新型经营主体通过打造区域公用品牌，开展农超对接、农社对接，帮助小农户对接市场，享受农产品价值增值。新型经营主体、新型职业农民在提高经营能力、充分发挥示范带动作用的同时，会扶持与帮助更多小农户。未来，政府在大力培育职业农民的同时，会逐步建立起与小农户、新型经营主体的双向耦合发展机制，使小农户转变为职业农民或加入新型农业经营主体的渠道。新时代下的职业农民培育是使小农户、新型农业经营主体通过职业农民与现代农业实现有效衔接的新路径。

第二章 国外新型职业农民培育

第一节 国外新型职业农民培育的典型国家

一、美国

美国的农业一直是国家的重要经济支柱。美国的农民培育体系是通过一系列法案、法律、法规。以及优惠政策的建立、实施逐步完善起来的。1857 年由佛蒙特州参议员莫里尔（Justin S. Mrrill）向国会提案并于 1862 年 5 月立法通过了著名的《莫里尔法案》，依据该法案，各州可以利用出售赠地的所得，创办至少一所农业与机械学院；1887 年美国国会通过《哈奇法案》，仍以出售公用土地的方式支持试验研究，明确建立农业教育、科研、推广相结合的体系，由此农业试验站在各州得以普遍建立；1914 年美国通过《史密斯·利弗农业推广法》，在全国开展农业职业教育和技术推广工作，并给予巨大的政策和经费支持。随后一百多年中，美国先后制定并颁布了有关职业教育法律、法案数十部，为美国农民培育的顺利实施和发展提供了法制保障。

美国职业农民培育的核心是其完善的农业教育、科研与推广三位一体的农业科教体系，农民教育培训主要由公立学校、社区大学、农学院及农场协会负责，各州也会在农闲时间安排相应的培训课程；培训方式一般包括课堂教学、田间实践指导、辅助农业经验培训、FFA 培训等；教育培训对象主要为成年农民、青年农民及即将从事农业的青年学生等。农业科研由农学院及各州、县建立的试验站共同负责，并在各地区设立分支机构，结合当地的生产课题进行研究。美国的科研和农业技术推广经费都由美国联邦和州政府承担和资助。美国各级政府建立了数量庞大的农业科研机构，并配备了高素质的农业科技人才队伍，为农业科研提供了有力的智力支撑；另外，通过建立完善的农业技术推广机构，可以使农业科技成果及时、有效地向农民传递和推广，使其受益。

（一）政府通过立法大力支持农民培育

1862年颁布的《莫里尔法案》规定，在5年之内至少建立一所"讲授与农业和机械工业有关的知识"的学校。此后美国政府又陆续颁布了数十部法案，包括《哈奇法案》《帕金斯职业教育法案》等。这些法案的通过，以法律的形式规范、落实了农民职业化教育的地位、内容、责任和义务，使职业化农民培育步入规范化和制度化。

（二）职业化农民培育的模式及运行机制

农业教育主要分为公立学校内、外进行的培训教育。公立学校的对象主要是主修农业类专业的中学生、大学生和准备务农的青壮年。美国农村地区在高中开设农业课程是为他们传授有关种植、养殖技术和农业机械工具使用等技能，进行专业化、系统化的学习，并进行实习，增强实践技能。对于在公立学校之外进行的培训，成年农民是培训的重点对象；鉴于对象工作性质的特殊性，培训工作一般会选择在夜校进行，由当地高中教师教授，安排的时间大多在农闲的秋冬季节。

（三）美国职业化农民培育体系的优点

美国的这种职业化农民培育模式，走的是培育"知识化农民"的路子，有其自身的特色和优点。第一，建立了一套比较完善和健全的职业化农民教育培训体系，且对职业化农民培育有相当丰富的经验，本着适应性和综合性的原则，对文化水平不同、经济基础不同的农民，提供不同的、多层次的职业化技术培训。第二，形成了比较系统的职业化农民培育课程体系。除美国的高中、大学和公立大学之外的一些培训机构开设了很多农业类专业的职业教育课程，为想从事务农行业的年轻人提供了很好的学习机会，其能够科学、合理地安排关于农业生产经营管理等方面知识的学习，也为职业化农民培育工作做好了铺垫。第三，美国职业化农民的培育对网络的依赖程度很高，农民可以根据自身的实际需求，更自由地选择培训时间和培训内容。

美国的这种完善的农业科教体系，以更快的速度将研究成果转化为现实生产力。新的研究成果通过教育、培训与推广很快为农民所掌握，使农民成长并发展为美国农业机械化作业的主力军和现代高素质人才。

二、德国

德国是一个高度发达的工业国，农业效率也非常高。德国政府及社会各界十分重视农民培育工作，把农民的职业教育当成事关国家和民族兴衰的根本大事。政府承诺要使每个人都有受到培训的机会，提出"培训所有人"的发展目标，形成了一个专业化、个性化、颇具特色的高质量职业教育体系。

首先，"双元制"是德国农民培育中的经典模式。所谓"双元制"，即两个培育主体，两个培训地点：一个是学校，另一个是企业。农民在职业培育中，既要在学校接受农业理论知识的学习，又要在企业接受农业技能培训。培训内容按照企业和学校的不同特点制定，培训经费由企业和学校共同负担，双元有机地结合完成对学员的培训。在培训中，理论教学的内容和课时会随着年级的升高而下降，而学员参与农业实践技能培训的部分将相应增加。这种灵活的模式在德国农业职业教育中发挥了重要作用，德国农业劳动者素质、产品质量及德国农业竞争力都获得了显著提高。

其次，农民需持证上岗也是德国农民教育培训的主要特点。德国对"农民"的标准有严格的规定，即任何期望从事农业工作的人必须接受专业的农业技术培训和教育，经过资格考试，通过考核，获得相应的农民从业资格证书，即"绿色证书"，才能当农民。根据德国的联邦教育法和就业法，期望从事农业的人员必须经过不少于3年的正规农业职业教育才可获得入职的机会，正式上岗之后，每个学徒都必须按规定参加职业培训，期限为3年，满3年之后要参加行业统一的资格考试，最终拿到"绿色证书"才能被允许独立经营农场。"绿色证书"不仅是农民执业的资格，也代表了农业从业者的专业性和规范性。德国的"绿色证书"已经在很多欧洲国家得到认可和仿效。

此外，政府与非政府部门合作是德国农民教育的另一特点。联邦政府和地方教育局对农民教育培训工作进行统一领导和协调，政府也积极鼓励民间社会组织，如德国农业青年协会和私人企业组织参与培训工作。此外，政府还批准了2万多个私人农业培训企业对农民开展教育和培训，这使德国受农业技能培训的人员大大增加。

三、韩国

由于韩国的气候、自然环境和地理条件与我国有相似之处，韩国农民培训的经验对推进我国的新型职业农民培育有重要的借鉴意义。

20世纪60年代末，韩国农业发展严重落后，城乡居民收入差距较大，农民大量涌入城市，引发了诸多城市问题。20世纪70年代，韩国政府组织实施"新村运动"，大力倡导"勤勉、自助、合作"的理念来振奋农民精神。当前，韩国农业在有限的土地资源上实现了飞速发展，基本实现了农业现代化，其中重要的原因就是韩国政府非常重视农业职业教育和后备劳动力教育，构建了适合韩国的农民教育培训体系。

韩国的农民教育培训体系最主要的特点体现在层次分明且适应时代要求上。韩国政府为了使农民培训适应农村市场化、农民主体个性化、农村多元化的发展需要，摆脱农业后继无人的现状，构建了层次分明、分类明确的农民职业教育培训体系。该体系包括三个层次，分别为青少年农民的教育（也称"4H"教育）、农民后继者教育和专业农民教育。韩国农民教育培训体系包括国家及地方政府负责的公共职业培训、企业举办的面向内部职工的职业培训、各种培训机构举办的各类认定培训。韩国的农民教育培训都是由国家统筹规划的，并由具体部门负责，如农协、农业大学和农村振兴厅，以立法作为保障，并且各个部门之间有统一的领导部门，教育培训分工明确，实施过程积极协调、共同合作，同时积极吸收社会力量共同参与农民培训，形成了上下贯通、一体化的指导体系。此外，农民培训内容新颖。讲求实效。日趋专业化。在培训前，韩国的培训机构先对农民需求进行调查，在培训过程中，除了教授与农业相关的知识和技术，还向农民提供最新的市场信息，在乡村开办"村民会馆"。村民会馆采取引导式的方式向农民灌输正直、诚实的价值观，培养农民勤勉、自强、奉献的人生观，加强农民思想道德教育，同时成立各种村民组织，充分发挥每位村民的主体性和能动性，发挥民主决策、广泛参与的作用，调动了广大农民的积极性。在培训的整个过程中，韩国政府制定了相关法律、法规，如《农村振兴法》《农渔民后继者育成基金法》《农渔民发展特别措施法》等，为农民有效接受农业培训营造了良好的法律保障环境。

四、日本

日本现代化农业的发展过程与我国的农业发展有极大的相似之处。日本能够在较短的时间内成功地走出一条农业现代化之路，对我国的农业发展有很大的启发。日本农业现代化的过程也是建立在小规模分散经营的基础之上的。在日本政府的引导下，农民协会把大大小小的农户组织起来，建立了金融、技术、生产、流通等领域系统的、全方位的社会服务体系，使日本的农业生产形成了商品化、专业化、现代化的集约型家庭农业经营模式。日本的农业发展水平纵身跃入世界前列。对此，思考日本农业的发展经验，特别是对职业化农民的培育，对我国农业发展方式的转变过程中产生的一些问题具有非常重要的借鉴意义。

日本开始重视农民素质的培养是在明治维新之后，其实施的是内外兼修的"农民知识化"模式。1961年颁布的《农业基本法》提出培养个体农户是农业政策的基础。目前，日本已形成了多种层次的农民教育培训体系，如开设农业高中、建立国内外留学制度、加强农业技术普及教育，构建了较为完善的职业化农民培育体系。

（一）农民培育体系

日本的农业教育分为五个层次，包括大学本科教育、农业大学校教育、农业高等学校教育、就农准备校教育和农业指导士教育。大学本科教育主要培养农业高端人才和科研人员；农业大学校教育相当于中国农业大中专教育，主要培养农业行业的新进者；农业高等学校教育相当于中国农业职业高中，主要针对青年农民进行培育；就农准备校教育主要是转岗培训，一般期限较短。

（二）开设农业高中

设立农业高中是日本现代化农业的特色之一。在农业高中对职业化农民进行专业培育，也是农业知识和技术进行系统教育的开端。在日本，农民如果有继续接受教育和深造的需求，可根据自身的条件，申请到农业大学、农业高等学校等教育机构继续学习。此外，日本成立的诸多民间团体也为农民提供了进修机会。在日本，培训组织的培训对象涉及学生、农民及其子女。高中学生通过课堂或是函授讲座，真实地体验和感受农业经营的过程。农民通过农民夜校、农民补习学校、农民培训班学习农业知识。此外，培训组织还对农家子女进行各个方面的专门教育和培训。

（三）建立国内外留学制度

建立国内外留学制度也是日本对职业化农民培育的一大特色，其主要的负责机构是全国农村青少年教育振兴会和社团法人国际农业者交流协会，设立的两个机构的首要职责是安排青少年到国内外先进农家或团体去学习、进修，开展留学项目的所有经费支出主要来自政府的补助。国内外留学制度开拓了准备务农的青年的视野，使他们学习到了农业方面比较先进的知识和技术，以及科学的经营管理方法。

五、英国

英国是一个农业发展高度现代化的国家，其农业劳动生产率和农业经济效益在欧洲各国中位于前列，而发达的农业是建立在规范的农业职业教育的基础之上的。英国政府财政为农民培训负担了70%的经费开支，可见政府对职业化农民培育的重视程度之高。英国基本建立了一套比较健全的农业职业教育体系，形成了独具特色的农民培育模式及运行机制。

在长期的农业经济发展过程中，英国农业形成了独具特色的农业教育体系，拥有适合英国的职业化农民培育的方法，其农民职业教育呈现出的特点值得研究和探讨。

（一）健全的农业职业教育体系

"英国的农业职业教育已基本形成比较完备的教育体系，高等、中等、初等三个教育层次依次衔接，学位证、毕业证、技术证等各种教育目标相互配合，正式教育与业余培训相互渗透和补充。"[①] 培育机构主要有大学中的农业院系及地区农学院、县农学院、农业中学等。而对农民的职业化培训，形式非常多样灵活，学制长短也不同，可以全日制就读，也可以半农半读，只要考核合格，都会获得国家农业证书。

（二）农业教育办学自主权下放给地方

英国的农业教育还有一个特点，即办学自主权下放。开办的学校会考虑地理位置和经济的综合因素，因为英国的西部以畜牧业为主，东部以大小麦等绿色作物生产为主。这样，西部开办的农业类院校主要与畜牧业相关，而东部开设的农业学校主要与农粮管理、农业机械等专业相关。英国以"教学、科研、生产一体化"为原则，根据农业发展的实际需求开设农业教育的科目。

（三）多样化的农业教育经费筹措渠道

教育经费的来源主要有两个途径：一是政府拨款，二是自筹经费。政府拨款既有国家预算拨款，又有地方政府拨款。国家拨款通过"教育拨款委员会"分配到农业院校，有专门的权威机构评估测定经费数额。地方政府拨款是从地方税收中抽出，约有1/3用于初等、中等农业教育。

（四）有效的农业教育质量监控机制

英国较高的农业培育质量得益于农业教育质量监控。英国政府并不直接参与对农业职业教育的监督和评估工作，但会对农业职业教育的办学条件、师资力量和教育效益等方面进行定期或不定期的监督、评估。此外，英国还设有严格的国家职业资格证书制度，为农业职业教育提供了统一的标准。

第二节　国外新型职业农民培育经验与借鉴

前文所述的是国外颇具代表性的职业农民培育情况，虽然它们的发展历程、表现形式和实施区域有所差异，但均有值得我国借鉴的成功经验。

[①] 黄日强，黄勇明.英国农业职业教育 [J].世界农业，2004（3）：36—38.

一、完备的培育法制

通过立法为农民培训和教育提供保障是许多国家的普遍做法。立法贯穿农民职业教育的始终，涉及农民培训的各个领域。比如，韩国政府为给予农民后继者和专业农户培养工作提供法律保障，制定了《农渔民后继者育成基金法》和《农渔民发展特别措施法》，并通过 1993 年 12 月修改的《兵役法》规定的"农业后继者产业技术要员免征兵役"来支持农民积极参与培训；德国为推动职业教育的发展，联邦议院于 1969 年通过《职业教育法》，把职业教育作为国家制度确定下来，1976 年又通过《职业训练促进法》，这两部法律对农民职业教育的标准、考核制度、领导机构等都做出了明确的规定，违者将依法究责；美国自 1862 年起，先后通过《莫里尔法案》《哈奇法案》《史密斯·利弗农业推广法》等法律，不断完善和保障了美国农业科教体系。此外，其他国家如日本的《专门学校令》《农业改良助长法》，英国的《农业培训局法》等都对本国职业农民培育发挥着保障作用。

二、系统的培育体系

国外对职业农民培育的选拔、培养和扶持建立了比较科学、系统的体系机制，具有以下特点。一是国家统一管理并科学制定农民培育规划。比如，韩国从业 2 年以上、未满 40 岁的产业技能要员可申报农业后继者；经营 3 年以上农业、未满 55 岁的专业农户，在拥有专业农机设备等政府要求的资格条件下可申报专业农户。二是职业农民培育系统化。比如，美国已逐步形成了农业教育、科研、推广相结合的三位一体的农民培育体制。三是职业农民培育体系与时俱进。发达国家在农民培育中大力推进培训体制的改革，以适应农业技术培训的多样化需求和农业现代化发展中的新情况。德国近年来又出台了加强农业教育的新计划，强调要全面更新农民掌握的专业知识和生产技能，培养高级专门人才和农业实用型人才。

从中央到地方，必须建立完整的农民培育体系，使农民教育逐步走向系统化和制度化，实现农民培育体系的多层次、多元化目标；根据我国各地的特色，开展普及农业知识的农业扫盲活动，创新培训模式，增强培训实效。

各级政府应对现有的农业机构进行资源整合，把农业科研、农业教育与农业推广机构构建成层次清晰、分工明确的农业教育机构框架。要形成一张新的农业教育培训网络，就必须以农业院校、科学研究院所为基地，以农技推广单位为依托，以县、乡、村农技推广站为基层组织的、严密有序的教育层次；同时，要力求形成以农业院校为基本落脚点，以社会培训机构为辅助的农业教育、科研、推广相融合的农民培训体系。

　　为保证培训质量，政府必须严格把关培训教师的质量。授课的教师要从在农业大学接受过系统化农业教育的毕业生中选择，或由经验丰富的一线农民兼任，也可以聘请一些农业专家来讲授。农业培训机构的设置要有实际意义，与农业院校、一线农民保持联系，随时了解农业的发展动态，切实具有解决实际问题的作用。对农民的培训可以根据实际情况，确定其时间的长短，培训内容要结合当地实际，及时更新。

三、多样的培育形式

　　随着农业与经济社会的不断发展，各国农民培育的课程设置及授课方式日益灵活，呈现出多样化趋势。韩国农民的学券制度：农民在接受培育时根据自身需要使用培训券来支付培训费用，而不是由政府统筹安排培育课程；英国的"夹心面包式"农民培育法：学员入学后多实行"一年学院全日制＋一年农场实践＋一年学院全日制"的分段式教学，强调实践教学。此外，现代远程教育已成为多数发达国家的农民培育形式，网络教学在美国、德国等发达国家已相对成熟。远程教育通过网络平台开设丰富多彩的农业课程，不仅为农业劳动力的基础理论教育提供方便，还广泛传播农业信息，如农产品交易价格、农业市场供求等，促使农民接受新市场观念、提高信息灵敏度、更快地融入市场。

四、充沛的培育资金

　　从国外农民培育投资渠道来看，许多发达国家的职业农民培育经费主要由政府承担。政府通过"间接"拨款和优惠贷款等方式，鼓励、引导、支持企业开展农民培训和农民参与培训；还通过制定学杂费用减免和伙食补助等优惠政策，鼓励青年学生报考农业职业学校。对农业科研和推广机构提供充足的经费，也是许多国家的做法。例如，美国财政每年用于农民教育的经费达600亿美元，各级政府对农业科研和推广公共开支的支出每年都在不断增加，充足的资金和人才优势推动了美国农民整体素质的提高和农业的发展。再如，德国将农民培训经费列入财政预算，其农民教育投资占国家教育投资的15.3%。此外，德国政府通过各种途径为农民培训提供资金支持和费用减免，如德国以立法的形式明确规定由企业和个人以缴税形式支付培训费用，对于企业所支出的培训费用，政府可在收税时给予适当减免；农民参加培训时，也可免交杂费并获得伙食补贴，这样极大地调动了企业组织培训和农民参与培训的积极性。

五、规范的培育标准

农民培育也是国民教育中的一项重要内容，只有规范的培育标准才能保证农民培育达到良好的效果。许多发达国家对农民培育的师资标准、学员考核标准都制定了严格的规范。在德国，只有取得相当于中国硕士学位的农业工程师资格，才能从事农民培育工作。在美国，从事农民培育的教师，除了要取得相当于农业教育的本科学位，还要有一定的农业专业知识和实践经验。此外，建立严格的考核制度、颁发相应的农业资格证也是国外许多国家的普遍做法。在德国，接受完义务教育后，年轻人若想从事农业劳动、经营农场，必须接受严格的农业职业教育，获得"绿色证书"，才有资格去经营农场和获得银行贷款。在英国，有关部门对参加各类农业职业资格培训的农民经过严格考核之后，颁发"国家职业资格证书"，同时设立专门机构审查、监督职业资格证书颁发和投予情况，并对农业技术培训工作中业绩突出的单位给予"国家培训奖"的奖励。

六、保证培训质量

增强理论的实际应用性，针对不同地区、不同产业及不同需求的农民，要相应地采取合适的培训方法和培训形式，使培训切实对农民起到作用，增强实用性。农民的培育不能局限于实用性技术教育培训，还应注重全面提高农民的素质，进而促进农村经济的发展。比如，为满足农业产业链不断延伸的需要，要及时调整农民培训的内容，相应拉伸农民培训链，做好农民对农业产前和产后的培训，同时引导并增强农民的职业和综合能力，包括创业和合作相结合的能力；对培训对象要自上而下地全面覆盖，不仅包括农村干部、农业农村部门领导，还要对涉及农业加工、流通、生产经营等环节的相关农业专业科技人员、从业人员等进行培训。

职业化农民培育的关键在于师资队伍。政府要设定严格的准入制度、激励制度、考核制度，确保职业农民培育拥有优质的师资队伍；对于培训机构，要引入市场竞争机制，以确保培训机构的高效和优质。

第三章 新型职业农民培育供需理论

第一节 教育供给与需求理论

教育供给是指国家和地区各级各类教育机构所能提供给受教育者的机会。教育需求是指社会和个体对教育机会有支付能力的需要。教育培养和供给的各种劳动力、专门人才作为一种现实的生产要素，是构成国家经济运行的前提条件，是国家和地区生产力配置的基本条件。因此，教育的供给状况决定着各方面人才的数量、质量和结构，进而决定着国家和地区的经济效益水平乃至经济活动状况。由于教育供应与需求不是由相同的主体承担的，两者并不是一直保持稳定的，于是，这里涉及两个概念：教育供求平衡和教育供求矛盾。教育供求平衡是指教育供求双方的愿望都得到满足，教育的供给量和需求量相等；教育供求矛盾是指教育供给与教育需求其中一项或多或少，两者不能相互匹配。而对教育供求矛盾的调节主要是从教育供求总量、质量和结构的矛盾等方面进行的。由此，在教育供给与需求的理论指导下，新型职业农民培育的供给与需求具有以下特征。

首先，在传统农业向现代农业转型的过程中，农民作为现代农业转型的主体，其固有的传统农业知识和技能已经无法满足其农业生产和经营的需要。因为传统农业具有农业技术长期停滞、生产率低下、市场化程度低、农民有很强的回避风险的倾向等特征，所以，农民必须克服传统农业中的弊端，成为能够适应现代农业发展需求的新型职业农民。

其次，农村社会发展需求对农民的自身学习需求也产生了影响。在现代农业转型的背景下，农村社会发展需要不同类型的农民，以促进农业生产、经营管理的提升。例如，主要从事农业大规模种植的农民需要而且应当学习最新的农业技能和农业知识；从事农业经销的经纪人需要学习市场营销等方面的知识与技能，以此来满足自身学习需求和农村社会经济各方面的发展要求。

最后，新型职业农民培育供给主要是指各级政府、社会力量为培养新型职业农民所提供的受教育机会。新型职业农民培育的供给决定着农村劳动力的数量、质量和结构，进而决定着国家和农村地区的经济活动状况。自从国家在中央一号文件中多次强调培育新型职业农民，全国各地也逐步尝试开展培训活动，但是在培育过程中还需要新型职业农民培育活动在培训的总量、质量和结构上进行调节。

一、教育有效供给

一般来说，教育供给是指社会为培养各种熟练劳动力和专门人才，促进经济、社会和个体的发展，而由各级各类教育机构在一定时期内提供给学生受教育的机会。[①] 从更广泛的意义上说，教育供给还包括成人教育、在职培训等教育机构所提供的教育机会。农民教育供给是为社会和农民提供受教育的机会。西方经济学对有效供给的定义如下：与消费需求和消费能力相适应的供给，即供需平衡，其内容涉及品种品质与成本价格两个主要方面。总的来说，经济学范畴内的有效供给关注使用价值、产品价格、产品质量与购买者的支付能力，而教育作为典型的准公共产品，其有效供给有自身的特点。

史宏协认为，教育有效供给包括总量均衡及供求结构均衡两个方面，具体表现为教育产品在供给总量上与总需求达到均衡，或者是各类别产品的供给与各类别的市场需求相均衡。[②] 吴锦程认为，教育有效供给的实质即能最大限度地满足、适应与引导各种教育需求，简言之，就是适应当前经济社会发展水平且高效的教育供给，并概括了三种有效供给不足的情况：能满足有效需求的教育供给不足，不良供给，供给过剩。第一类情况较为容易理解，也是很多学者概括出的有效供给不足的共同特征——数量上供不应求，表现为教育机构提供的教育机会少于学生的入学需求，或者是教育机构培育的各种人才满足不了社会的实际需要；第二类情况是质量与效率有待提升；第三类情况又细分为绝对过剩与相对过剩，前者表现为所提供的受教育机会超过有效需求，是数量上的过剩，后者表现为教育供给与社会需求不匹配，无法满足社会需求，呈现结构性剩余。[③] 结合多名学者对

---

① 周雪娟.基于需求层面的高等教育供给分类比较 [J].教育与职业，2014（36）：13—16.
② 史宏协.论我国农村教育的有效供给 [J].经济体制改革，2005（1）：80.
③ 吴锦程.农民教育供给制度研究 [D].福州：福建农林大学，2011.

教育有效供给的概念界定，虽无法给出完全统一的定义，但能够得出教育有效供给不是绝对的，其实质上是资源的有效配置，并不存在能够完全满足和适应各种教育需求的情况，其主体更关注的是最优方案的制订或选择的结论。

本书将新型职业农民教育有效供给定义如下：农业农村部等教育供给主体在一定成本范围内，以新型职业农民的培训需求为基础，所提供的各类具有较高质量、较高效率的新型职业农民培育活动。其目的是提高农业从业人员的知识技能，实现整体新型职业农民教育供给在数量、结构、质量三个维度上与农民需求相匹配。

二、公共产品供给理论

公共产品供给理论是当代西方财政学的核心理论，其系统地分析了多种供给主体在配置公共资源时的效用，重点论述了政府供给产生的社会效益，是指导各国在公共资源配置领域的重要依据。1954 年，萨缪尔森在其发表的《公共支出的纯理论》一文中提出了公共产品的定义，即"每个人消费这种产品不会导致别人对该产品消费的减少"。根据定义可知，公共产品有三个主要特征：效用的不可分割性、消费的非竞争性、受益的非排他性，并以此来区别私人产品。[①] 其中，非排他性是指公共产品一旦被提供，就无法排除任何人对它的消费或使用；受益的非竞争性意味着消费者人数的增加不会造成生产成本相应地上涨，即多一个消费者引起的社会边际成本为零。1965 年，布坎南在其著作中指出，萨缪尔森关于公共产品的定义只单纯地界定了"纯公共产品"，而现实社会中的产品更多的是介于公共物品和私人物品之间，大量存在的并非纯公共产品，而是"混合产品"或"准公共产品"，这也导致了人们在具体分析供给行为时无法完全匹配之前的假设条件。[②] 学术界将公共产品的供给问题视为公共产品理论的中心问题。公共产品容易导致"搭便车"问题。以萨缪尔森为代表的福利经济学派认为，政府供给公共产品比市场供给公共产品更具有效率，皆是因为公共产品自身所具有的非排他性和非竞争性的特征。教育因其自身特性，是一种重要的准公共产品。一方面，教育具有明显的外部性，社会效益明显；另一方面，教育产品作为稀缺资源被消耗，又具有一定的排他性。整体而言，教育产品本质上属于具有正外部性的准公共产品的范畴，并非纯公

---

① 周义程，闫娟. 什么是公共产品：一个文献评述 [J]. 学海，2008（1）：101.

② 张宏军. 西方公共产品理论溯源与前瞻——兼论我国公共产品供给的制度设计 [J]. 贵州社会科学，2010（6）：120—124.

共产品。[①] 为此，可以适当地引入市场机制来优化教育资源的配置，通过市场调节供给和需求，补充办学经费，促进教育系统的完善。

政府、市场和私人部门是农民教育三种常见的供给主体，其中又以政府供给为中心。从供给这个角度看，新型职业农民教育具备了非竞争性的特征。新型职业农民教育不仅能为职业农民带来技能的提升和一定的收益，还会在很大程度上创造更大的社会整体效益，如职业农民自身创新能力的提升，会间接带来农业技术的革新，进而提高农业现代化水平，促使农业整体工作效率大幅提高，这又突出了新型职业农民教育明显的外部性。因此，新型职业农民教育符合公共产品的定义，但又不属于纯公共产品的范畴，而是正外部性的准公共产品。对新型职业农民教育的公共产品定性，为之后进一步开展有效供给分析做了铺垫。新型职业农民教育作为农村准公共产品，对其供给的分析需要依据公共产品供给理论，最终的供给效率提升策略或政策建议，同样要考虑供给主体——政府发挥的主要作用。总之，公共产品供给理论对提升新型职业农民教育的有效供给、完善相应的供给制度具有重要的指导意义。

三、供需均衡理论

供需均衡分析是经济学中常用的分析方法之一，反映的是供给与需求之间的博弈。当所有人的"公共"边际替代率总和等于边际转换率时，公共物品就能实现帕累托最优，但是由于公共物品自身所具有的特殊性，市场机制所决定的现实供给量只能远小于帕累托最优状态。因此，学术界在对公共物品的供给问题进行研究的过程中，先后出现了包括庇古均衡、林达尔均衡、萨缪尔森均衡和马斯格雷夫均衡四种主要公共物品均衡模型。其中，萨缪尔森一般均衡模型主要是基于两个假设条件进行分析的：一是社会上所有的产品都可以划分为纯粹的私人产品和公共产品；二是信息完全对称，即社会产品供给和需求的信息公开，且每个消费者真实、准确表达需求偏好和愿意支付的价格。该均衡模型推导得出公共产品最优供给的一般均衡条件，即当公共物品与每一种私人物品的边际转换率等于所有家庭关于这两种物品的边际替代率的总和时，公共物品就实现了最优供给。庇古均衡模型分析基于基数效用论，并假设在消费公共产品时，每个人都能得到一定的正效用；与此同时，对于生产该公共产品，每个人都有纳税的义务，从而催生出税收的负效用。该模型最终推导出公共产品有效供给提供的最优条件，即公共产品消费的边际效用等于税收的边际负效用。

---

① 苏晓艳，范兆斌. 农民收入增长与农村公共产品供给机制创新 [J]. 管理现代化，2004（4）：47.

从上述均衡模型可以发现，无论是学者庇古还是萨缪尔森，都凸显出个人需求偏好在公共产品均衡供给过程中的重要性，而这一理论成果自然也为我们研究新型职业农民教育有效供给及优化供给制度提供了思路。有需求，才有供给，单独强调需求和供给都不能完全地体现有效供给的内涵。结合新型职业农民教育的准公共产品属性和自身特点，其有效供给离不开需求，既要符合需求，又要高于需求、指导需求。新型职业农民教育的对象是传统职业农民。公共产品的供给内容，即教育内容和形式的选择，都应该基于教育对象的需求。供给主体应在尽可能迎合需求的基础上，在宏观方向上给予一定程度的引领，以此确保供需均衡，若要结合供需均衡理论实际操作运用，就要抓住供给和需求两个主线同时进行，从中找到问题的所在，探究相关影响因素。因此，基于供需均衡理论的农民教育有效供给分析是可行的，是综合考量样本数据和理论基础得出的，后续的研究将重点对数量、结构、质量三个方面进行比较分析。

第二节　新型职业农民培育供给与需求的特征

一、新型职业农民培育需求的特征

（一）培训主体多元化

新型职业农民培育是一项复杂的重大工程。国外很多发达国家是通过立法的形式来规定农民职业教育的地位的，以保障农民职业化培育的有效实施。如果仅靠某个主体来进行职业化农民培育，无论是培育过程中需要的资金和人力、物力，还是培育内容和培训形式，都不能满足职业农民培育的需求。比如，贵州省的农村和农民具有自身的特点，农村区域广，农业人口多，更需要实现培育主体多元化。一是义务教育学校。由于农民普遍受教育程度低，很多农民只有小学文化，甚至是文盲，需要从根源上增加他们的文化知识，使他们有接受其他技术知识的能力，提高综合素质。二是职业教育主体。职业教育主体包括中等职业教育学校、高等职业教育院校。《中华人民共和国职业教育法》《国务院关于大力发展职业教育的决定》的出台，为我国职业教育的发展提供了法律、法规的支持。特别是县级的职业教育中心，和农村在区域上接近，所以要大力发挥县级职业教育中心的作用，增强县级职业教育中心的师资力量。高等职业教育机构可以采取全日制的培训形式，主要针对有一定文化基础的年轻人，通过对这批人进行培训将知识传递出去；也可以采取半工半读和集中培训等形式，方便农民参与培训。三是政府机构。政府机构在职业农民培育过程中发挥的是引导作用。各级教育机构、农业机构可以组织农民进行短期的技术培训，通过各种媒介向农民传授农业技术，例如，可以采取发放宣传资料、广播等形式。四是农业科研机构。农业科研机构是先进技术的研发主体，科研人员深入农村，亲自教导和示范农业技术，是职业农民培育的一个途径。五是企业。职业农民培育是为现代化农业服务的，旨在实现农业发展的规范化和市场化。企业作为培育主体，可以对农民进行市场理论知识的指导，如果是大型的农场企业，则可以通过让农民参与实践学习技术。各个培育主体在职业农民培育过程中都发挥着不可或缺的作用，只有各个主体相互配合，职业农民培育工程才能顺利进行。

（二）培训内容需求多元化

职业农民培育不仅是让农民学会如何利用现代化技术、操作现代化机器，更重要的是提高农民的文化素质，丰富农民的精神文化，引导农民主动地把握市场动态，利用市场来实现自主创收。职业农民培育的内容主要包括思想道德教育、科学文化素质、劳动技能素质、民主法制、健康知识、市场理论等。但是，对不同地区、不同个体，培育内容应该具有针对性和实用性，培育的知识是农民迫切需要的，是能够用于实践过程中的。因此，职业农民培育的内容需要在农民自身的情况和市场需求之间找到均衡点。只有在了解该地区农业发展情况的基础上，有针对性地指定培育内容，才能不浪费资源。农民个体由于受文化程度、兴趣爱好、年龄大小、个人价值观等因素的影响，对培育内容的需求也有区别，如有的人希望做专业的农业生产者，有的人希望做专业的农业经营者，有的人希望做非农产业的生产者和经营者。新型职业农民培育内容的制定应该符合当地农业发展的需求，而只有农民本人感兴趣的知识，才有可能被他们接受。

随着现代农业的快速发展，农民观念也在逐步转变，他们对培训内容的需求涵盖了文化基础知识、农业技能、农业新品种、农业市场经商技能和营销技能等，可见，他们对培训内容的需求是多样和全面的。另外，不同职业类型人群对培训内容的需求存在差异。农民注重培训内容的实用性和全面性，他们逐渐意识到终身教育的重要性，学习积极性有所增强，希望通过学习农业技能和经商技能来提高自己，从而更好地从事农业生产和经营活动。

（三）培训方式需求多元化

农民对培训方式的需求呈现多样化特征。调查显示，样本群体愿意接受定点培训、发放学习资料、看农民教育专题片、宣传活动和参观示范园基地等培训形式。其中，农民、打工者、经商者和村干部更愿意接受定点培训的方式，但也有一部分经商人员、村干部希望通过参观示范园的方式进行培训。可见，由于受到学习习惯和兴趣的影响，农民更倾向于选择传统的定点培训方式。同时，农民希望到示范园区进行参观学习，原因在于他们希望通过直接体验、观察来学习新技能和经营管理方式。

（四）培训时间及培训频率需求多元化

农民对培训频率和培训时间的需求呈现多元化趋势。从培训时间上分析，调查样本群体更愿意接受一周以内的培训。数据调查显示，调查样本愿意接受一周以内、一月以内、一季度以内和一年以内培训的比例分别为39.2%、33.3%、19.7%和7.7%。此外，务农者、打工者、经商者和村干部选择培训时间为一周以内的比例分别占各自样本群体的34.1%、31.3%、41.7%和16.7%。从培训频率上看，调查群体中有43.5%的人愿意每隔一季度接受一次培训，35.4%的人愿意每隔半年参加一次培训，而21.2%的人愿意一年参加一次职业培训。务农者、打工者、经商者和村干部选择培训频率为一季度一次的比例，分别占各自样本群体的43.5%、39.1%、54.3%和50.0%。由此可看出，短期培训可以减少机会成本，不影响正常的农业生产和经营管理；人们更倾向于接受频率为一季度维持一周的短期培训。

（五）培训地点及费用需求多元化

由于农民在职业类型、经济条件、文化水平等方面存在诸多差异，他们对培训地点及费用的需求也呈现多元化的特征。首先，从培训地点分析，农民更倾向于将培训地点设在自己村庄所在地。与村庄相比，乡镇政府和县市一级政府作为培训地点分别排在第二位和第三位，其原因是，农民在自己村庄接受培训可以节省食宿、交通等成本，更加便于他们接受培训。

其次，从培训费用需求分析，样本群体更愿意接受100～300元的培训费用。可见，农民更愿意接受成本较低的培训。从不同职业上看，务农者、打工者和村干部愿意接受100～300元培训费用的比例均较高，这说明上述三类群体对培训成本更加在意，原因是他们的经济收入相对较低。

（六）培育需求渐进性

马斯洛需求层次理论把人的需求由低到高依次排列为生理需求、安全需求、社会需求、尊重需求和自我实现需求五类。农民需求也处于这种由低层次到高层次的发展走向中。传统农民对培训的需求多集中于农业实用技术，期望通过培训提高农业产量、增加农业收入。随着城乡一体化发展进入新阶段，农技推广服务已经不能充分满足农民的需求，农民产生了更高层次、更加多样化的需求。现代农民的需求不再仅仅局限于生存和生产需求。农民对农村信贷资金的需求、生活保障的需求、文化娱乐的需求、精神及情感的需求，日益成为新型职业农民培育面临的新课题。

（七）培育工作层次性

农民培育工作的基础是以人为本。目前，我国新型职业农民按照类别可划分为生产经营型、专业技能型和社会服务型。培育工作的展开应依据农民需求的不同层次进行有针对性的规划、设计和实施，达到形式多样、覆盖面广泛、全方位的培训强度。一方面，把农业实用技术培训作为农业生产和农民发展的重要方面，在互联网大环境下通过电视、网络等途径大范围地推广和普及，发挥媒体的即时性和共享性，将政策红利、最新农业技术送到千家万户；将专家学者的最新科技成果具体化、简单化，并采取开班、入户、田间实操等多种方式来普及，整体提升职业农民的知识积累和专业素养。另一方面，要把与农业相关的标准化、专业化、规模性的生产技术和涵盖农业管理方面的市场营销、经营管理的知识技能纳入新型职业农民技能培训的体系中。培训组织者要顺应市场需求，充分发挥农民的主观能动性，以政策谈改革、以技术带创新、以技能促创收，吸引并壮大新型职业农民的队伍。

（八）培育对象多样性

受年龄层次、性别因素、文化程度、学历背景、经济水平、地域限制等多重因素的影响，农民对新型职业农民培育目的、培育内容、培育形式、培育时间等有着不同的需求。农业职业教育的实施要根据新型职业农民的自身特点，量身定制培训主题，生产经营型以产业为切入点，专业技能型按照工种细分，社会服务型则以岗位区分，多角度、多层次、广范围、重复性地开展农业系统化培训。

二、新型职业农民培育供给的特征

（一）农民概念精准化

我国传统意义上的农民多被定义为生在农村、长在农村、以农业生产为生的人。自 1958 年颁布实施《中华人民共和国户口管理条例》后，人们普遍认为只要是农村户口的居民就是农民。就职业意义而言，农民指长期居住在农村，并占有一定数量的耕地，大部分时间从事农业劳动，以农业生产经营为主要经济来源的人。与传统农民相对应，"新型农民"是充分参与市场竞争、参与商业活动的"农商"；"职业农民"是"充分进入市场，将农业作为产业，并利用一切可能的选择使报酬极大化"的群体。当今社会，许多早已不再种田而移居城镇的人也被认为具有"农民"身份，即使部分已经脱离了农业产业的劳动者从事了非农产业，仍被称为"农民工"。这导致当代"农民"的概念存在诸多含义，也导致"职业农民"的具体数量难以准确统计。2012 年"中央一号文件"指出要"大力培育新型职业农民""将其视为具有较高素质，主要从事农业生产经营，有一定生产经营规模，并以此为主要收入来源的从业者"。2013年农业农村部（今农业农村部）办公厅发布的《农业农村部办公厅关于新型职业农民培育试点工作的指导意见》提出，新型职业农民包括生产经营型、专业技能型和社会服务型职业农民三种类型，使新型职业农民的概念更加精准化，有关新型职业农民的人口学特征研究必将更加深入。

（二）培训概念多样化

我国农民经历了从"培训"到"培养"，再由"培养"到"培育"的变化，不断拓展了职业农民培训的内涵。就原意而言，"培训"是有组织地向受训者传递知识、技能、信息和管理、训诫的行为，是人力资源开发的重要方法，主要功能在于传递知识和技能。改革开放以后，随着家庭联产承包责任制的推行，我国提出了培养一大批农村实用人才，将农民"培训"提升到"培养"层次，更加注重农民长期的教育和训练，并开始关注教育对象的人口学特征。"培育"更加注重通过"环境"和"扶持"，使农民接受全方面教育，实现综合素质的持续提升。在这种情况下，研究当代职业农民的人口学特征与培训需求的关系尤为迫切，因为这直接关联到职业农民"自然人"与"社会人""经济人"等若干特征，关系到职业教育与培训方法的确定、内容的选择及质量的提升等多个方面。

（三）培训方法现代化

随着社会的进步和时代的发展，农民培训方法呈现出多元化趋势，演示法、体验法、现场参观法等逐步得以运用，"田间地头"成为职业农民培训的主要场地。各级涉农职业院校、培训机构在运用传统培训方法的同时，广泛采用了多媒体、计算机辅助教学等现代培训方法。此外，E-learning、M-learning等现代培训方式也得到了广泛应用。各级农业技术推广部门开设了专门网站，可及时为农民答疑解惑；一批现代农业示范基地、现代农业产业园相继建立，在促进农业相关产业聚集发展的同时，发挥了科技引领与示范作用；各级政府相继出台了支持新型农民培育的具体扶持政策，农民培训环境建设逐步得以强化；建设"农村书屋"、实施"互联网到村"等系列举措有效提升了农民的自我学习意识，激发了农民的培训需求。但是，具体选择何种培训方法、安排什么培训内容，还与职业农民的人口学特征相关，因此探究不同人口学特征的职业农民培育需求显得更为重要。

（四）培训内容综合化

国外经验表明，不同人口学特征的职业农民具有不同的培训需求。我国农民培训内容经历了从初级到高级、从简单到复杂、从单一到多元、从技术到经营的不断变化过程，具有强烈的时代背景。随着社会的进步，农民基础文化素质不断提高，农民培训内容的层次也在不断提高。此后，随着家庭联产承包责任制的推行，农民的经营主体意识开始增强，急需获取农业经营管理知识及一些市场知识指导生产，农民培训内容也随之进一步拓展和丰富。在社会主义市场经济体制逐步完善的新形势下，农业生产经营方式将逐步发生变革。特别是面对传统农业向现代农业转变的现实，农民需要充分了解市场、进入市场参与竞争，以获取最大的经济报酬。因此，农民培训内容在原有技能培训的基础上，不断增加经营管理知识、市场知识、农产品营销知识等。基于以上内容，依据职业农民的人口学特征与培训需求的关联性确定不同的培训内容显得尤为重要，既可有效节约培训资源，也可大幅度提升职业教育与培训的效率。

（五）环境支撑系统化

就政策环境而言，我国实施了农业税负减免政策及种粮补贴、农资综合补贴等政策，促进了土地流转制度的逐步实施及农业经营规模的逐步扩大，有效激发了农民的从业积极性；就管理环境而言，农民培训从最初的由农业农村部门负责转变为由中央直接安排，各种培训资金补贴能够及时到位，大大提高农民参加职业培训的热情；就金融环境而言，国家将农业作为财政、信贷投入的优先领域，为农业发展提供了重要支持，为农民增收提供了有效保障；就科技环境而言，国家充分发挥了高校、科研机构在农技推广中的作用，并积极动员社会各界科技力量帮扶农业，使得农民学科技、用科技的热情空前高涨；就社会环境而言，中央逐步推行城乡一体的社会保障制度，使农民的福利待遇逐步提升，"乐业"逐步成为现实；就学习环境而言，农业教育与培训体系逐步完善，为农民提高自身素质提供了有效的培训与教育服务。充分利用当前的优越环境，确定不同区域当代职业农民的人口学特征，明确其培训需求，进而因地制宜地制定相关措施，可有效加快新型职业农民培育的进程。

三、基于供给侧改革的新型职业农民培育的理性思考

在教育经济学中，教育供给是指由各级各类教育机构在一定时期内提供给学生受教育的机会。教育需求是指国家、社会、企业或个人对教育有支付能力的需要。教育活动变化发展的过程就是教育供求不断趋于均衡的过程，也是教育资源趋于最优配置的过程。因此，从教育经济学的角度分析新型职业农民培育，必须构建一个新型职业农民培育供给和需求的理论模型，这是研究新型职业农民培育供给和需求相关问题的重要前提。根据新型职业农民培育工作的实际情况，本研究提出明确"一个基本定位"、把握"两端动态均衡"、基于"三个维度分析"的培育思路，试图构建供给侧改革视角下新型职业农民培育的理论框架（见图3-1）。

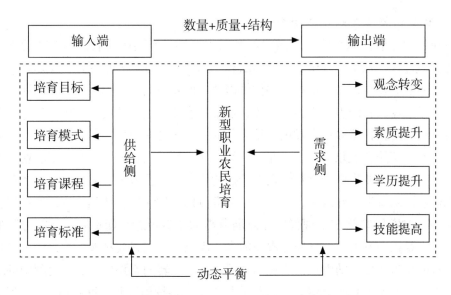

图 3-1　供给侧改革视角下新型职业农民培育的理论框架

（一）明确"一个基本定位"

在教育经济学中，整个教育活动，尤其是专业教育活动，可以归结为三个基本问题：第一，生产什么样的教育产品，即要培养何种层次和类别的专业人才与劳动力；第二，以何种方式来生产教育产品，即怎样培养这些专业人才和劳动力；第三，如何分配教育产品，即专业人才和劳动力的分配归属问题。其中，关于"培养何种层次和类别的专业人才与劳动力"是整个教育活动开展的前提和基础。在新型职业农民培育活动的开展过程中，培训组织者必须明确"培养什么层次和类别"的新型职业农民，只有明确这一"基本定位"，才能有效配置教育资源，进而提高教育供给能力，满足教育需求。在传统的农业经济社会中，农民是指拥有农村户籍、生活在农村地域的人，无论是否从事农业生产活动，只要具备这两个显性条件，就可以被认定为"农民"。此外，农民还包括这一概念衍生出来的涵盖文化素质、观念价值、行为方式、心理素质等在内的隐性特征。本研究认为，新型职业农民的时代特征主要表现在四个方面：首先，要实现农民身份上的双重转变，即从"户籍农民"转变为"职业农民"、从"传统农民"转变为"新型农民"；其次，要着力提升其综合素质，主要包括文化素质、技能素质、身体素质和道德素质；再次，要重点提高其农业生产经营能力，主要包括农业实用技术、经营能力、管理能力和辐射带动能力；最后，从社会发展层面而言，要培养他们的职业素养、职业道德和职业心态，推动其职业化进程，使他们从思想观念上真正转变为新型职业农民。

（二）把握"两端动态均衡"

新型职业农民培育活动涉及供给和需求两端。新型职业农民培育活动不断发展变化的过程，就是培育供需两端不断趋于均衡的过程。若想保障新型职业农民培育活动的长效发展，必须把握、协调供需两端的相互均衡。第一，新型职业农民培育是农村职业教育的重要创新，因此，在培育农业实用人才的过程中必须时刻关注社会发展的变化，培养社会发展真正需要的人才。现有新型职业农民培育过于侧重单一的农民实用技能培育，多数是"一事一训"，仅仅是为了应对当下农业生产需求，并未考虑农业生产经营长足发展所需的全方位素质教育。因此，我们要开展新型职业农民培育供给侧改革，重新定位培育目标，优化培育课程结构，升级培育评价体系，对农民则侧重于现代农业发展所需的"新观念、新素质、新能力"的培育，以满足社会发展对新型职业农民的真正需求。第二，要把握供给侧改革时代农民自身的需求变化。随着现代农业的发展，农民在转向新型职业农民过程中的动机和需求也在不断变化与升级，从最初的只想要"多种田"到"种好田"，再到如今的"有收益""有尊严"。农民对培育的需求从单纯追求眼前利益到追求个人身心的全面和谐发展，最终到达追求未来有尊严的幸福生活上。因此，培训组织者在培育过程中要调节供需两端的要素配置，寻求供需两端的相对均衡。

（三）基于"三个维度分析"

教育供求矛盾是指教育供求失衡，即教育处于供给小于需求或者需求小于供给的状态，具体表现为供给在数量、质量、结构上是否能够满足教育需求。教育供求矛盾的调节，既要着眼于数量的均衡，更要着眼于质量、结构上的均衡，这是因为教育供求问题不仅仅是看能够为个人和社会提供多少教育的问题，还需要考虑能够为个人和社会提供什么样的教育的问题。新型职业农民培育活动具有一切教育活动的同质性。动态地看，新型职业农民培育供给和需求都在随着各项要素的配置变化而不断地发生变化，而这一运动过程会出现供不应求、供过于求或者趋于平衡的状态。因此，培训组织者必须对培育供需两端进行准确、合理、适时的调整，保障新型职业农民培育活动的健康、长效发展。

四、基于供给侧改革的新型职业农民培育的理论模型

为了进一步分析供给侧改革视角下新型职业农民培育的路径，本研究在上面构建的供给和需求分析框架的基础上，统筹培育过程中的要素结构，满足新型职业农民个人发展的需求和社会经济发展的需求，以期达到提高培育的供给水平和质量的目的。新型职业农民培育供给模型是指根据新型职业农民培育的目标，将新型职业农民培育过程视为供给侧和需求侧的动态均衡过程，强调培育过程中各

个要素的结构、功能、属性等的优化配置，并且不断调试和协调外部保障机制，使培育效果不断发展与完善的一个过程。基于此，本研究构建出"两位一体、两侧发力、四维联动"的新型职业农民培育模型（见图3-2）。

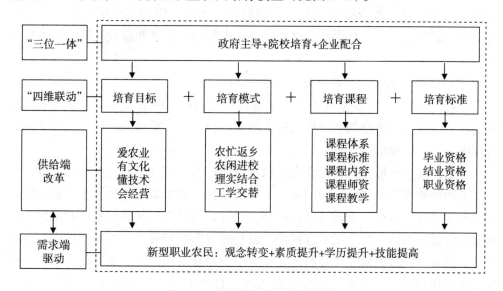

图3-2　新型职业农民培育模型

（一）"三位一体"：充分发挥政校合力

"三位一体"是指作为承担新型职业农民培育载体的职业农民培育学院，要充分发挥其重要地位，联合多种社会力量，在政府相关职能部门的指导和统筹下，共同探索出适应某地区实际情况的培育活动，实现培育目标。政府在新型职业农民培育过程中一直处于主导地位，从中央政府的各项政策扶持和投入力度，到各级政府的相互协助和组织落实。因此，当前培育工作既要发挥好政府的宏观调控能力，又要利用好职业院校培育新型职业农民的天然优势，在优化培育资源配置的同时，保证培育的质量和效率。

（二）"两侧发力"：重点突出供给体系

"两侧发力"即协同培育活动的需求侧和供给侧，综合考量培育过程中各个要素的配置，把好培育的"入口"和"出口"。供给和需求作为经济学中的矛盾体，引申到教育经济学中，一个对应着教育供给，另一个对应着教育需求。同时，我国的供给侧改革强调供给端和需求端必须相互配合、相互促进，着重从供给端入手，保持两端发力、动态平衡。新型职业农民培育工作同样存在着供给端和需求端的应然逻辑，在这一过程中，需求侧对应着其培育的"入口"，即社会及个人的培育需求；供给侧对应着培育的"出口"，即培育产品和服务的供给。

新型职业农民培育的逻辑起点在于培育需求。供给是否真正有效，取决于它对应的教育需求的满足程度。新型职业农民培育必须扭转以往侧重短期管理和调控的需求侧管理，从单一的需求管理转向供给和需求共同配合管理，着眼于供给侧的改革，优化培育要素配置，实现数量、质量、结构三个维度上的供需均衡，持续提供高质量、高水平的供给服务，不断提升新型职业农民培育的质量和效率。

（三）"四维联动"：着力优化要素结构

"四维联动"是指要整合、利用培育过程中目标、课程、评价、保障四个重要因素，提升培育供给的实效性。这是培育过程中最为重要的一环，直接关系到培育供给的质量和水平。

首先，要明确培育的目标理念，激发供给活力。理念是教育变革的先导。教育变革的第一步就是要确定新的理念、新的目标。新型职业农民培育要践行以农民需求为基础、以社会需求为导向的培育目标，为社会经济转型发展和农民个人全面发展提供高效、优质的培育供给。新型职业农民培育的目标是建设一支具有较高文化素质、较强农业生产技术、良好农业产业经营能力、高度的务农情感和社会责任感的现代高素质实用型农业人才。自 2012 年"中央一号文件"提出要培育新型职业农民以来，全国各地的培育工作全面开花、有序开展，先后设立了 100 处新型职业农民培育试点，制定和下发了一系列的政策文件和培育规章。新型职业农民培育供给端的改革必须要以转变培育理念为关键，以优化供给结构为要义，以提升供给质量为核心，以建设供给环境为基础，以加强供给创新为突破口，厘清新型职业农民培育的内涵和实质，构建新型职业农民培育供给体系，最终实现有效供给、精准供给。

其次，要提升课程管理水平，确保供给质量。新型职业农民培育要深刻认识到课程管理的重要地位，正确处理教学管理各要素之间的互相影响、互相促进的关系，努力提升培育课程内容与当前社会、农民需求的契合度，创新符合农业和农民特点的教学方式，打造一批理论知识和实践能力都过硬的师资队伍，构建多层次、多形式、广覆盖的新型职业农民培育师资队伍，建立覆盖全产业的师资资源库，以便满足农民长期性、经常性、多样性的培育需求。新型职业农民培育供给的课程体系要以培育应用型、复合型、高技能型人才为总体目标，并且按照能力导向，划分为不同级别、不同类型的课程。根据新型职业农民的培育目标，课程内容要涵盖公共基础课、专业技能课、实训操作课、能力拓展课，并且根据不同的课程和内容采取不同的教学方式，配备相应的师资，最终实现培育目标。

再次，要确立认定考核标准，优化供给质量。教育的评价管理关系到教育活动现实价值的实现程度。新型职业农民的认定管理工作是培育过程中的重要一环，只有明确认定评价的管理标准，建立清晰的资格认证准入制度，才能有效提升培育工作的指向性、目的性，有助于设计更符合农业经济发展需求、农民自身发展需求的培育内容和方式，便于检验培育工作的实际效果。本研究试图构建出培育认定标准。其中，课程学分为学员所学课程考核合格的学分，认定学分是学员具备的生产经营技能、学习培训经历、职业资格、表彰奖励等经过培育载体认定后折合的学分。

最后，要完善保障体系，拓展供给空间。保障体系是指保证某件事物可持续发展的外部支撑体系。新型职业农民培育保障体系涉及的内容非常广泛，涵盖农业土地流转制度、农业生产补贴制度、农业保险和金融信贷制度、农民教育和技术服务制度等。因此，在培育过程中，培训组织者要注重构建保障扶持体系，整合、利用现有的保障扶持体系，探索新的保障制度，加强建设培育外部环境，不断拓展其职业化、专业化发展空间，具体来讲，有以下几个方面。第一，资金保障。由于农业具有投入多、收入低、风险大的特点，为了使农民能够持续从事农业生产活动，政府应该提供资金保障。比如，对职业农民实行补贴保障制度。补贴制度不仅针对农业生产经营补贴，还包括农民培训补贴。对参加职业农民教育的农民实行免费或减少收费的制度，提高农民参加培训的积极性。生产经营补贴应该加大对持有职业农民证书的从业者的补贴力度，一方面鼓励持有证书的农民的积极性，另一方面刺激其他农民参加职业农民培训。第二，组织保障。农民居住分散使得农民在市场交易中利益受到损害。借鉴国外经验建立农协、农会等组织，把分散的农民团结起来，减少农民交易成本，提高农民议价能力，使农民在市场交易中的权利得到保障。第三，法律保障。政府成立职业农民管理机构，制定专门服务新型职业农民培育的相关法律、法规，及时为培育工作提供相应的法律服务。

第三节　新型职业农民培育供给与需求的理论架构

职业教育是实现新型职业农民素质提升的重要途径，其在新型职业农民培育中具有不可替代的作用。可以说，职业教育与培训发展如何，从根本上制约和影响着新型职业农民的培育。因此，厘清职业院校在新型职业农民培育中的职责，有助于其更好地开展新型职业农民的培育工作。

一、研究农民需求，给予农民参与职业教育培训积极的心理预期

需求调研是开展新型职业农民培育工作的前提，其直接影响着培育目标、课程体系、教学方式、师资配置等要素的制订和设置，对新型职业农民培育的质量和效率影响甚大。我国新型职业农民培育工作应对培育对象需求进行前期调研，强化培育供给和农民需求。首先，培训组织者在开展新型职业农民培育工作之前要进行负责范围内的调查摸底工作，全面、客观地调研当地农业产业结构、农业劳动力结构、农业生产活动情况，真实了解农业发展和农民群体的整体需求，整体把握农业转型升级发展对农业实用人才素质结构的要求，从而进行宏观的统一供给。其次，在新型职业农民培育过程中，培训组织者要注重将培育目标、任务和农民个体需求结合起来，按照参与对象性别、文化程度、职业身份、经济水平等因素差异，确定适合不同层次农民的个性化需求，实现因人制宜、因材施教；除此之外，还要构建良好的沟通反馈通道，实时把握农民培育需求的变化，根据实际情况进行及时调整，提高培育的精准性，保障培育的有效性。最后，在新型职业农民培育后期的认定考核中，培训组织者要在遵照相关认定标准的前提下，充分考虑当地农业生产实际，制定不同类型、不同层次的考核制度。比如，针对生产经营型农民，主要进行生产规模、承包土地数量、农业生产收益和辐射带动能力等方面的考察；针对专业技能型农民，则主要开展农业实用技术、良种良法、农机服务等方面能力的认证。总之，新型职业农民培育要积极适应农民的个性需求，为农民群体的全面发展搭建良好的平台。

综上，培训组织者要根据时代要求和农民特点，以市场需求为导向，创新职业教育培训内容，突出教育培训的针对性和前瞻性，从而满足农民求实、求知、求富的需求，能实现其参加职业教育培训的心理预期的培训必然会受到农民的欢迎。所谓农民的需求，按农民朋友的话说，就是"最直接的教育模式，农民与教师面对面；最有力的教育形式，农民与职业面对面；最有效的教育方式，职业与收入面对面"。

（一）依据农民需求的特点，开展农民职业教育培训

1.开展农民培训，必须研究职业农民的愿望

课题组调查表明：88.59%的农民"强烈希望"或者"比较希望"成为新型职业农民，而且这些有意愿成为新型职业农民的农民都对作为现代农民必须具备的素质以及具备这些素质的实现路径有清楚的认识（见表3-1），这在一定程度上反映了农民对职业教育培训的潜在需求。

表3-1 农民对于成为新型职业农民必须具备条件的看法

选 项	小计（人）	比例（%）
有知识，有技术，会经营	843	78.79
必须通过正规的系统培训提升职业素质	442	41.31
舍得投资	318	29.72
参加培训	388	36.26
有优质的职业教育与培训机构	351	32.80
政府高度重视新型职业农民教育培训，并给予政策支持	500	46.73
提高职业农民从事农业生产的收益	363	33.93
其他	29	2.71
（空）	36	3.36
本题有效填写人次	1070	

2. 分析职业农民培训意愿及影响因素

根据调查结果，准新型职业农民中愿意接受相关职业培训的占93.98%，不愿意接受相关职业培训的仅占6.02%。运用SPSS 13.0统计软件对样本数据进行Logistic回归处理，将所有的变量引入回归方程，对回归系数进行显著性检验，得到模型一；然后采用后向筛选法，逐渐剔除不显著的变量，直到所有的变量都在$p=0.05$及以上的水平上统计显著，得到模型二（见表3-2），以了解农民参与职业教育培训意愿的影响因素。回归结果表明，多种因素影响着农民参加培训的意愿。

表3-2 影响农民参与职业教育培训意愿的Logistic模型回归分析

模型变量系数		模型一			模型二		
		Wald 值	Exp（B）	系数	Wald 值	Exp（B）	系数
截距 a		2.116**	10.489	8.256	1.165**	15.544	3.219
个体特征	年龄（×1）	0.293**	4.865	1.612	0.382**	5.559	1.529
	性别（×2）	0.015	0.008	1.016	—	—	—
	婚姻状况（×3）	0.291	0.762	1.328	—	—	—
	是否接受过培训（×5）	0.385**	4.456	1.475	0.401	5.392	1.125
	受教育年限（×4）	−0.003	0.013	0.919	—	—	—

模型变量 系数		模型一			模型二		
		Wald 值	Exp（B）	系数	Wald 值	Exp（B）	系数
个体 特征	是否担任过 村干部（×6）	0.304	0.857	1.259	—	—	—
家庭 特征	家庭人数（×7）	−0.125*	3.303	0.872	—	—	—
	家庭劳动力人数 （×8）	0.321**	7.920	1.378	0.249**	5.572	1.281
	家庭土地经营 规模（×9）	1.041**	37.102	0.353	1.064**	40.493	0.345
	家庭人均年收入 （×10）	−0.082	1.135	0.915	—	—	—
农民 对培 训要 素的 选择	对培训信息 的需求（×11）	0.475**	6.238	2.618	0.401**	7.909	2.412
	对培训地点 的选择（×12）	0.628**	12.213	2.147	0.741**	13.256	2.271
	对培训时间 的选择（×13）	0.981**	18.754	6.784	0.956**	20.854	7.013
	对培训费用 的选择（×14）	0.309**	5.841	1.255	0.315**	6.954	1.357
预测准确值		81.9%			81.8%		
−2 对数似然值		1186.589			1191.356		
NagelkerkeR		0.085			0.079		
显著性 F 值		0.000			0.000		

注：*、**、*** 分别表示在 10%、5% 和 1% 水平下显著。

首先，从个体特征变量上说，年龄与培训意愿呈显著负相关。年龄越小的劳动力越愿意通过培训提升自己的人力资本。曾经是否接受过培训与培训的意愿呈显著正相关。一般而言，曾经接受过培训的人，一方面对自己学习新技能的能力有信心，另一方面自己曾经从参加培训中获得收益，进一步强化了他们参加培训的意愿。"性别""婚姻状况""受教育年限""是否担任过村干部"对参与意愿的影响在统计上呈现不显著。

其次，从家庭特征变量上说，家庭劳动力人数、家庭土地经营规模与农民参与培训的意愿呈显著正相关。家庭土地经营规模大户更需要获取相关的知识与技能，而且有获取技能与知识的意愿和适当的经济实力，所以参加培训的积极性非常高。

最后，从培训要素的选择上说，农民对培训信息的需求、培训地点与参与培训的意愿呈正相关。农民对所提供信息的需求越高，培训地点离农民居住地越近，农民就越倾向于愿意参与培训。

培训时间与参与培训的意愿呈负相关。农民对培训需求以短期为主，主要原因如下：一是农民最希望学习的内容是农业新技术，而单项农业新技术的学习时间不需要太长；二是从农民自身来说，其除了工作，还要照顾家庭，难以抽出更多时间来参加培训，即农民参加培训存在一定的机会成本。因此，合理、有效地安排培训时间是培训机构在实施培训过程中要充分考虑的问题。培训机构要根据职业农民的不同层次、不同类型的需求，在时间安排上做到灵活机动。

培训费用与培训意愿呈负相关，承担的费用越少，农民就有越多的可支配的收入用于家庭生活，这样他们就越愿意参加培训。

（二）研究农民参加培训的动机与目的

要想取得富有成效的农民培训效果，除政府、培训机构的大力投入外，农民参与培训的积极性也是一个重要的因素，因此，培训组织者必须真正了解农民的培训动机。

农民参与职业教育培训动机强弱的排序是，提高技能、增加收入、提升素质、获得现代农业技术、获得政策扶持、获得职业资格证书、提高学历。由此看出，提高技能和增加收入对农民参与职业教育培训的影响最大。所以，政府和其他培训机构应该重视农民培训的结果与内容，且要因地制宜地制订培训策略与奖励机制，不断提高农民参与的积极性，满足农民对培训的需求。

（三）尊重与反思农民对职业教育培训要素的选择

1.对培训组织者的选择

调查表明，64.94%的农民愿意接受社区教育中心组织的培训，48.05%的农民愿意接受由社会培训机构组织的培训，30.26%的农民愿意参加乡村自行组织的培训，仅有21%的农民愿意参加职业院校的培训。因此，对于培训的组织者来说，在组织农民培训时应将农民所关心的问题予以统筹考虑并提供满意的服务培训，才能收到良好的培训效果。

2. 对培训内容的选择

调查发现，65.96%的农民参加职业教育培训的主要目的是增加收入，因此他们在选择培训内容的时候也是选择增收快的项目。农民希望参加培训的项目主要是蔬菜种植、粮食生产、水果种植、水产养殖、特色农产品营销等，主要内容倾向于实用技术培训与职业技能培训，培训内容需求多样化。

3. 对培训方式的选择

调查表明，46.03%的农民表示最喜欢现场教学，其次是面对面授课、多方式结合，而电视、广播等教学方式不太受欢迎。现场教学指导的方式之所以最受农民的认可，主要是因为现场指导可以将理论与实践相结合，针对性强，能及时解决问题，并且授课内容具有较强的可操作性。

实践表明，要提高职业教育培训的效率，需要采取灵活多样的培训方式。例如，针对农业技术人员，可以聘请教授、专家通过课堂讲授、知识讲座、实际辅导等方式指导培训，也可分期、分批选派农业技术骨干到各类农业大中专学校进行脱产培训学习；针对农村实用技术骨干的培训，一方面采取课堂讲授的方式，另一方面让他们走到田间地头举办生产实际讲座，以现场教学的方式实际指导农民；针对普通农民，可以充分利用农广校、农民夜校等培训机构组织培训，同时通过以师带徒、结对子等方式进行。

（四）不同个体特征的农民对培训内容选择的差异对比

1. 年龄与培训内容选择分析

年龄与培训内容选择分析如表3-3所示。

表3-3　年龄与培训内容选择分析

年　龄	种植、养殖知识（%）	他人的成功经验（%）	经营管理知识（%）	法律知识（%）	涉农政策（%）	文化知识（%）	农业机械的使用与维护知识（%）	创业渠道与经验（%）	其他（%）	小计（人）
24岁以下	51.95	44.16	41.56	22.08	19.48	28.57	36.36	32.47	11.69	77
25～34岁	65.05	41.40	46.77	32.80	40.86	24.73	25.27	33.33	3.76	186
35～44岁	58.62	47.89	40.61	29.89	35.25	21.46	21.84	35.63	5.75	261
45～54岁	82.84	50.00	33.82	38.24	46.57	27.94	24.51	25.98	8.33	204
55岁以上	70.37	44.44	28.40	32.10	30.86	9.88	19.75	20.99	9.88	81

从表 3-3 可以看出，24 岁以下和 25 ～ 34 岁的农民在培训内容方面选择"农业机械的使用与维护知识""创业渠道与经验"的比较多，45 岁以上的农民更倾向于选择"种植、养殖知识"。这表明年龄越大，越容易对农业生产产生依赖，而年轻人更容易接受新事物，愿意对人力资本进行自我投资。

2. 性别与培训内容选择分析

性别与培训内容选择分析如表 3-4 所示。

表 3-4　性别与培训内容选择分析

性　别	种植、养殖知识（%）	他人的成功经验（%）	经营管理知识（%）	法律知识（%）	涉农政策（%）	文化知识（%）	农业机械的使用与维护知识（%）	创业渠道与经验（%）	其他（%）	小计（人）
男	73.97	47.94	40.13	30.37	40.78	16.49	29.07	30.80	5.42	461
女	57.60	43.86	38.01	34.80	33.33	33.63	18.42	31.58	9.06	342

从表 3-4 可以看出，男性农民较女性农民更多地选择"种植、养殖知识""涉农政策""农业机械的使用与维护知识"；女性农民更多地选择"文化知识"。在"他人的成功经验""经营管理知识""法律知识"等方面，男性农民与女性农民的选择比例相当。

3. 受教育程度与培训内容选择分析

受教育程度与培训内容选择分析如表 3-5 所示。

表 3-5　受教育程度与培训内容选择分析

学　历	种植、养殖知识（%）	他人的成功经验（%）	经营管理知识（%）	法律知识（%）	涉农政策（%）	文化知识（%）	农业机械的使用与维护知识（%）	创业渠道与经验（%）	其他（%）	小计（人）
小学及以下	78.46	56.92	18.46	15.38	24.62	18.46	15.38	12.31	7.69	65
初中	71.98	44.40	33.19	32.33	40.09	17.24	21.55	24.14	6.90	232
高中/中专	67.23	46.96	41.22	30.74	36.82	23.99	24.32	32.09	6.08	296
大专	58.21	44.78	47.76	40.30	42.54	28.36	32.84	40.30	8.96	134
本科及以上	56.96	44.30	51.90	36.71	35.44	32.91	30.38	45.57	6.33	79

从表 3-5 可以看出，小学及以下学历的农民更多地选择"种植、养殖知识""他人的成功经验"，在"法律知识""农业机械的使用与维护知识""创业渠道与经验"方面选择较少；初、高中学历的农民在选择"法律知识""农业机械的使用与维护知识""创业渠道与经验"方面的比例有所上升；大专与本科及以上学历的农民除了选择"种植、养殖知识"之外，相对更偏重"经营管理知识"和"创业渠道与经验"。因此，农民文化程度越高，选择职业教育培训内容的技术含量也越高，越容易接受新事物，学习能力也越强。

（五）职业教育培训必须反映新型职业农民趋势性的需求特点

随着农业现代化的发展和新型城镇化的快速推进，我国农村经营主体正在悄悄地发生着变化，而这些变化将对未来新型职业农民的培育提出更多、更高、更新的要求。比如，在我国农村，一类新的农业经营主体——家庭农场主正在快速发展中，因此如何通过职业教育培训，培育家庭农场主，是我们面临的新课题，亟须进行相关的研究和行动。江苏淮安市洪泽区素有"淮上明珠""鱼米之乡"的美称，全区建成农村经济合作组织 499 家，入社农户达 5 万户，占全县农户总数的 62%，注册成立家庭农场 297 个。近年来，江苏泰州市姜堰区俞垛镇加大了土地流转的宣传力度，加大了农田基本建设改造的投入，农村能人、骨干农民承包土地的积极性空前高涨，土地流转速度加快。比如，种粮大户得到较快发展，大户数量逐渐增加，6 个村的农田全部实现了流转；大户规模逐步扩大，最多的承包 124 万平方米。该镇现有耕地近 4000 万平方米，实现土地流转的有 2533 万平方米，占 63% 左右，其中农场 1800 万平方米，另外进行特种养殖 733 万平方米，家庭农场数量正在快速增加。这些农村经营主体的变化及需求特点是我们进行新型职业农民培育的重要依据。

二、根据农民特点，选择和提供合适的培训内容与方式

（一）培训内容必须符合农民需求

农民参加培训的目的决定着其对培训内容的需求，因此，组织者在明确农民参加培训的目的后，必须进一步考察农民对职业教育培训内容的需求特点。根据课题组问卷调查及座谈会了解到的情况可知，现代农民对职业教育培训内容的需求特点主要可以概括为以下几个方面：一是必须设置多个可以选择的专业，以满足农民从事种植、养殖各业及向其他行业转移的需求；二是必须增加投入少、见效快、收益高的项目技术培训；三是必须对农民培训内容进行分层，并在生产过程中对农民进行分类指导；四是培训内容要有针对性和实效性，如科学育苗、合

理施肥和适时治虫等。另外，茶叶栽培、水草种植、螃蟹饲养、蔬菜栽培、大棚搭建与维护等课程都是现阶段农民喜闻乐见的培训题材。

　　一些地区的培训经验表明，农民参加培训以实效为出发点，培训机构要坚持将各类培训结合起来。例如，"菜单式培训"是结合地域特色，"安排式培训"是针对文化素质，"任务式培训"是学校常态化的表现方式。只要将各种培训方式结合起来，就一定会收到相应的效果。农民对培训内容的需求特点的具体数据如表3-6所示。

表3-6　农民对培训内容的需求特点

选　项	小计（人）	比例（%）
种植、养殖知识	738	68.97
他人的成功经验	488	45.61
经营管理知识	392	36.64
法律知识	334	31.21
涉农政策	413	38.60
文化知识	235	21.96
农业机械的使用与维护知识	277	25.89
创业渠道与经验	319	29.81
其他	61	5.70
（空）	49	4.58
本题有效填写人次	1070	

　　从表3-6可看出，农民对培训内容的需求具有多样性、层次性等特点。而对于留守农民来说，他们急需获得有关种植、养殖的新知识、新技术及经营管理知识，这些分别占68.97%和36.64%。此外，他们对他人取得的成功经验也尤为感兴趣（45.61%）。

　　（二）培训组织形式要方便农民

　　农民教育培训要尊重农民意愿，在保证培训质量的前提下，尽可能做到送培训下乡，方便农户，对农民的培训要尽可能做到培训进村。第一，推进培训师资进村，组织培训教师进村开展技术咨询和服务，现场帮助农民解决生产和生活中的实际问题。第二，推进媒体资源进村，综合利用广播、电视、互联网、农民培训直通车、农村"大喇叭"和农民科技书屋等载体，将农民急需的技术、信息及时送进农村，交给农民。第三，推进人才培养进村，尽可能把涉农专业等各类培训班办在村里，以村为培训单位，培育一批实用技术人才，形成一个主导产业，让每家每户都有一个生产明白人。

（三）培训方式要符合农民特点

在农民喜欢的培训方式和授课者（见表3-7和表3-8）中，现场教学（占45.70%）、农业专家（占48.13%）和农民骨干（占33.83%）最受农民欢迎。现场教学这种实践性教学组织形式最容易被农民接受；而农业专家、农民能人讲课能够做到理论与实践结合，内容也最贴近实际，做到了使农民易学易懂。有培训者提出开设"四合一"课堂，就是使课堂教学、生产实践指导、科研技术服务、信息服务四种教学手段共同为同一门课程的教学服务。

此外，我们还要重视发挥现代媒介在农民培训中的作用。目前，网上学习正受到越来越多农民的推崇。网上有许多农业科技知识，如果培训组织者能根据广大农民的学习需求，收集、组织一些内容，制成微视频，有文字、有图片、有讲解，或根据农作物生长的各个环节制作成多个短片，农民就可以利用空闲时间来学习。特别要注意推进远教富民培训，利用在农村建立远程教育网络平台的优势，组织实施"远教培训富民工程"，实现远程教育、科技培训和信息咨询一体化，降低农民教育培训成本。

表3-7 农民最喜欢的培训方式

选 项	小计（人）	比例（%）
面对面授课	259	24.21
现场教学	489	45.70
电视、广播教学	39	3.64
VCD学习	14	1.31
多方式结合	215	20.09
其他	11	1.03
（空）	43	4.02
本题有效填写人次	1070	

表3-8 农民最喜欢的讲课教师（专家）

选 项	小计（人）	比例（%）
农业专家	515	48.13
农民骨干（农民能人）	362	33.83
职业院校专业教师	108	10.09
创业大学生	33	3.08

选　项	小计（人）	比例（%）
（空）	52	4.86
本题有效填写人次	1070	

（四）培训时间契合农业生产特点

由于农业生产具有季节性，农民一般也只有在相对农闲的时候才有参加培训的机会，而且每次培训的时间不宜太长。调查显示，近一半种养大户希望接受"一事一训"，77.94% 的农民希望接受一周以内的短期培训，每期培训班最好分 2 次组织，以每年 3 月至 4 月和 9 月下旬至 11 月上旬各培训 1 次为宜。大部分农民在村头田间开展现场培训，时间上以种植前或病虫防治（防疫）前开展培训最好。

三、强化正规职业院校培育新型职业农民的职责

在"新四化"背景下，有关职业院校应对自身定位尤其是功能发挥与拓展进行研讨和反思。作为正规的职业院校，其办学条件如师资队伍、教学设施、政府投入等，较之于社区教育中心优势明显，但为什么其在新型职业农民培育中发挥的作用微乎其微，难以成为最受农民欢迎的教育呢？毫无疑问，职业院校应该是真正立足区域、服务区域发展的应用型教育。在未来，职业院校一方面要将职业教育培训作为其发展的重要一翼；另一方面要根据区域第一产业发展的需求与特点，将新型职业农民培育作为自身的重要职责，特别是要担当起培育高层次新型职业农民的重任。农村是广阔的天地，现代农业大有作为，有关职业院校应该而且完全可以在新型职业农民的培育中有所作为。

第四节　职业农民培育需求体系设计

需求体系设计是新型职业农民培育体系设计的开端，不仅是进行课程体系设计、师资体系设计、效果评估体系设计的基础，更是培训体系的关键环节。进行培训分析不仅可以为整个培训体系提供指导方案，更能够深入了解新型职业农民的培训需求，使整个培训工作规范、科学地进行。

一、需求体系设计模型的结构

需求体系设计模型主要分为需求产生、组织支持、需求分析、需求确定四个

部分。笔者分别从组织分析和农民培训意愿分析两个模块对需求分析进行阐述。需求分析是模型的主体，也是模型的关键，因此是本节研究的重点。

需求产生是构建培训需求模块的第一步。需求产生原因主要来自两个方面：一是环境变化的需求；二是人员变化的需求。环境变化需求产生的原因包括以下几方面：从农业增长方式的转变看，需要大批金融、技术人才；从现代消费观念看，需要了解市场、会经营、懂管理、善营销的农产品加工、营销人才；从农产品结构调整、优化组合看，需要农业专业人才。人员变化需求产生的原因主要包括提高技能、增加收入、获得政策支持、得到尊重、获得补贴、获得学历、获得证书等，这些问题都可能引起人们对培育的需求。

培训能不能顺利进行下去，与是否赢得组织支持有很大关系。组织支持包括政府支持、培训机构支持、农民支持。政府作为农民培训工作的发起者、组织管理者、主要的出资者和监督者，是投入、运行、资金、宣传、法律和政策的保障，对培训顺利开展起决定性作用。培训机构作为农民与政府机构之间的桥梁，它对培训态度是否认真，对培训方式、时间、地点的设计是否重视，培训师资力量、课程设计是否稳定和与时俱进，都将影响着农民培训的健康、有序发展。农民作为行为主体、接受培训的对象，是培训的产出者，更是培训效率的体现者，他们的参与动机与积极主动性很大程度上影响着培训的销量和效果。此外，培训能否达到预期目标，也与参与主体——农民有着密切的联系。

需求分析是模型的主体，也是模型的关键，它主要是通过调研的方式对影响农民培训需求的因素进行全面分析，从而确定培训的内容和目标。在这里，笔者主要从组织分析层面和农民培训意愿两个模块进行分析，其中组织分析模块是进行培训需求分析的首要步骤，主要通过对组织资源、组织气氛、外部环境等的宏观分析来确保培训的外部资源条件；农民培训意愿分析模块是组织分析的升华，主要是对农民的意愿需求进行调查，从而确定农民需要的培训内容、培训方式、培训模式及对培训机构的师资结构、培训能力和水平提出的要求等。这两大模块相互连接、不可分割，是培训需求有效性和培训满意度的必要保证。

二、需求体系设计模型的主要内容

需求分析部分是整个模型的核心和重点，因此，在对模型的主要内容进行研究时，笔者着重分析组织分析模块和农民培训意愿分析模块的主要内容。

（一）农民培训组织分析模块

1. 组织资源

组织资源的研究包括对组织的人力、时间、资金等资源的分析。由于农业具有公益性、弱质性和风险性，对新型职业农民的培育不仅要充分利用和组织可以利用的人力、物力、财力，更要加强培训资金、培训资源的整合，合理配置资源，提高培训质量。

农民培训工程庞大，充足的资金保障将是新型职业农民培育工作顺利进行的关键。政府出资是其职责所在，但单靠政府出资又很难使培训长久维持，应该由社会其他力量共同出资完成，包括个人出资，企业、非营利组织和金融组织融资等。另外，可利用资源的数量和质量也将影响各种培训需求。比如，组织内部有没有培训场地、实验基地及其规模大小、硬件设施是否齐全，师资力量是否雄厚等都将影响培训时间、培训方式等。结合农村的具体现状来看，关键是要有效整合农村教育资源，发挥科技特派员、农技推广员和农村大学生等培训教育资源的作用；要充分利用农村职业技术学校、农机推广中心、现代远程教育网络、各类培训机构提供的培训装备条件，充分发掘各类人才，积极促进农科教结合。此外，对组织人力状况的了解也非常重要。由于各种复杂因素的影响，组织者不可能准确确定培训人数，但可以通过实地调查使预测更加精确，这样可以节约培训成本，使培训工作更加有序地进行。当然，培训是需要一定时间的，合理的安排培训时间，也有可能获得事半功倍的效果。因此，在进行组织分析时，了解和充分利用组织资源条件是很有必要的。

2.组织氛围

组织氛围将直接影响农民培训效果的转化。一个好的组织氛围可以激发农民的学习兴趣，使他们发现自己传统的农业思维已经不能适应市场日益变化的需求，从而激发他们的内在需求，由被动学习变为主动学习。

对组织氛围的分析，可以使培训的组织者更深层次地了解组织的文化、农民的价值观、组织的凝聚力等。由于大部分农民从事农业生产活动，他们会受到传统农业思想和农村自然资源的制约，不愿接受新的技术知识，认为培训是浪费时间、浪费钱，学不会，也没用。这就需要组织者发现和挖掘农民的内在学习动力，给他们营造一个轻松的、积极的、富有凝聚力和创造力的学习氛围，而不是将需求分析仅仅停留在组织的表象上。比如，培训组织者可以通过调研、问卷、访问等形式，寻找农民参与培训的内在动力，使农民认识到要想增加收入，就必须改变传统的思维方式，优化调整农业内部结构，推进农业产业化；在农业经营中发现自身技术的落后，从而感觉自己需要学习新的知识和技能来适应现代市场需求。因此，在培训过程中，组织者要增加外部就业的吸引力，鼓励农民自主创业，增加培训的趣味性与可视性，激发他们的学习兴趣，从而有利于农民培训的有效进行。

3. 外部环境

任何一个组织都不是独立存在的，而是处于一个开放的、复杂的环境中，接受来自组织外部与内部各个方面因素的影响，通过不断的市场竞争，取得持久的发展。前面两点，笔者从组织内部对需求可能产生的影响进行了阐述。这里的外部环境主要指的是组织面对的法律、社会、政治和经济问题。一个组织目标的确立、计划的制订及方案的实施，都要考虑到外部环境的变化。一个良性发展的组织，对外部环境的需求都应该具有足够的敏感性与适用性，通过动态分析和利用现有资源，及时制订和调整培训计划，可以使其规模、结构及过程、方法都适应外部环境的变化与需求。

（二）农民培训意愿分析模块

农民培训意愿分析模块主要是从影响农民培训的制度因素、市场因素、自身因素和技术因素四个方面展开描述性分析的。其中，制度因素包括培训目的、培训层次、培训内容与农民期望的符合程度、对培训的满意度等；市场因素包括可接受的培训时间、可接受的培训费用等；自身因素包括年龄、文化程度、是否以务农为主、家庭收入等；技术因素包括培训的方式、培训的内容等。

1. 制度因素

（1）培训目的。对普通农民来说，培训目的就是掌握一门技术，增加收入。当然，培训还可以是为了获得学历和证书，从而得到应有的尊重，或者是为了获得政策支持和补贴。但对新型职业农民来说，他们不但要掌握农业技能，而且要善于农业生产和经营管理，学科学、靠科学，用科学的头脑来增加收入。

（2）培训层次。由于农民正逐步向新型职业农民的方向发展，培训层次的要求也逐步提高，他们希望得到系统、标准化的培训。另外，随着大专以上学历教育的市场要求，新型职业农民对学历教育培训的需求也在逐年增加。

（3）培训内容与农民期望的符合程度。一般情况下，培训内容应该是农民最想学的知识和技能，若培训内容与农民的实际需求相符，农民参与培训的意愿就会增强；若不相符，农民就没有兴趣参与培训，培训效果就会减弱。因此，在确定培训内容之前，组织者要事先征求农民的意愿。

2. 市场因素

（1）可接受的培训时间。可接受的培训时间对农民培训效果有很大影响。若时间太短，基础差的农民掌握不了所学内容，达不到培训效果；但若时间过长，势必会影响农民的正常生活。因此，农民培训的时间不能过短，也不能过长，应该根据农民实际需要进行合理安排。同时，对农民进行培训时，应该提前通知，使他们在培训前对所学的知识有所准备，以增强培训效果。当然，培训最好安排在农民生产可能会遇到问题的关键环节，这样农民也更愿意接受培训。

（2）可接受的培训费用。一般情况下，培训费用越高，农民的支出就越大，其成本就越大，农民的培训意愿就越弱。但费用高，培训的技术含量可能也越高，将来的预计收益也就越大。农民培训的现实是潜在需求巨大，但有效需求不足，农民对自己想掌握的致富技术在很大程度上受到了资金的限制。因此，在培训费用的分担上，应该考虑政府分担大部分、个人分担小部分的原则。

3. 自身因素

被调查者的自身特征对农民是否参加培训会有影响。本书选择了被调查者的年龄、文化程度、是否以务农为主、家庭收入共4个变量。

（1）年龄。对于农民来说，年龄不同，学习的能力和接受新鲜事物的能力就会不同。年龄较小的农民参与学习的积极性可能会更高，他们希望接受新鲜事物，希望能有一技之长，另外学习能力和创造能力也更强些，尤其是刚刚毕业的青年农民，他们更希望了解农村，也更希望将所学的理论知识应用于实践，参与培训的意愿较高；年龄较大的农民在接受新鲜事物方面可能就有些吃力，他们对农民培训的认知和理解也可能较低，因而参与培训的积极性不是很高。因此，年龄对农民参加培训行为的影响有负向的作用。

（2）文化程度。一般情况下，被调查者的文化程度越高，其接受培训的意愿就越强。文化程度高的人视野更开阔，接受新知识的速度也越快，他们的信息处理能力、机会把握能力、创新传授能力也相对较强，也更能理解参与培训的意义，清楚自己哪方面存在欠缺、需要哪方面的培训，因此参与培训的意愿也会更高。

（3）是否以务农为主。一直以来，农民的生产收入依然占很高的比重，如果农民缺少专业化的农业知识，缺少职业化的实用技术，就会限制剩余劳动力的转移。因此，新型职业农民通过参加培训获得相关技能的渴望更加强烈。

（4）家庭收入。家庭收入对农民参与培训的影响结果不明确，这一点可以从两个方面来理解：一方面是家庭收入越高，参与培训的机会就越多，因为其有足够的资金来支持，以求得到更大的收获；另一方面是家庭收入不是很高，为了获得更高的收入，参与培训的意愿可能就会强烈一些。

4. 技术因素

（1）培训的方式。目前，农民培训方式有多种，如实地培训、学校培训、政府培训、课堂讲授、模拟训练、网络培训等，但新型职业农民更需要针对性强、可操作性强的培训方式。经过调查，在众多培训方式中，最受农民欢迎的是现场实习和面对面授课，因为现场实习可以立即把所学内容应用于实践，面对面授课又可以当场解决一些问题。网络培训需要根据不同人群来评价其效果，如青年农民可能更容易接受网络技术与现代远程教育。

（2）培训的内容。培训内容一定要结合社会发展需要和当地农民的实际情况来确定。培训内容越贴近农民，与农民的经营活动越密切，想农民之所想，急农民之所急，农民就越有兴趣参与培训。当然，培训组织者也应该根据不同的培训客体进行分类培训，如针对从事农业服务体系的人员，要注重培训农机的使用和维修、农作物病虫害的专业化防治、旅游服务等相关内容；针对从事地方特色农业活动的职业农民，要注重规模种植、养殖场从业人员的培训；针对从事创业的农民，要注重创业实践、创业指导和创业服务等方面的培训。

第四章 新型职业农民培育基本框架

近年来，党中央、国务院非常重视新农村建设工作及广大农民的综合素质提高和教育培训工作，在农村劳动教育与培训方面做了很多努力，陆续出台了一系列与农民培训相关的政策法规和措施，取得了一些成果，有效推动了农村城镇化、农业现代化和农民专业化的进程。一般而言，新型职业农民和传统意义上的农民一样，长期居住在农村，大部分时间从事农业生产活动，其主要生产资料是土地，经济收入主要来自农业生产经营。除此以外，新型职业农民还是市场的主体，能够充分进入市场，并利用一切可以利用的资源使收益或报酬最大化。新型职业农民具有高度的社会责任感，对发展现代农业、改善生态环境、实现自然与社会和谐承担责任。简言之，新型职业农民有文化、懂技术、会经营、善管理、能创业，是实现"四化同步"发展和建成小康社会的主力军。培育新型职业农民是一件关乎农业、农村发展方向性、全局性的大事，是一项复杂的系统工程，因此，政府要根据新型职业农民在建设现代农业中的地位和作用，建立一套以教育培训制度、认定管理办法和支持扶持政策为主要内容的法规制度体系，科学推动新型职业农民培育工作的大力开展。

第一节 构建多元化主体

农业是安天下、稳民心的基础产业和战略产业，具有准公共产品的性质。从这个意义上说，粮食不是一般的商品。同时，农业是弱质产业，周期长，风险大，效益低。因而，现代农业的发展离不开政府的有效引导和扶持，这是由现代农业要素的外部性与半公共产品性决定的。"新自由主义经济学家通常假设农业发展是由市场导向的企业（或者企业性质的家庭农场）所推动的，而计划经济的政策制定者则往往认为只有国家投资（或者补贴）才能够最有效地促进农业发展。"① 这实际上是在争论在农业发展的过程中，到底是市场的力量大还是政府的作用大，从全世界农业发展的状况来看，政府和市场都是农业发展的重要主体。当然，政府与市场也都有自身的作用边界，不能解决全部问题。在政府和市场都不能有效解决的情况下，就需要建立一种由多组织和多机制组成的"多中心"互构模式。这就需要社会组织的积极参与，充分发挥好新型职业农民的主体性，最终形成一个由政府、市场、涉农企业、社会组织、高职院校、职业农民等多个主体协同参与的"多中心"发展格局。

一、政府

政府是新型职业农民培育中的一个关键主体，其角色定位的准确性及其作用发挥得如何，对新型职业农民培育有着全局性的影响，同时会影响其他各主体作用的发挥。因此，厘清政府在新型职业农民培育中的角色及作用具有特殊的意义。

（一）政府在新型职业农民培育中居于主导地位

在新型职业农民培育中，各级政府及其有关主管部门、涉农企业、职业教育培训机构等都是重要的责任主体，但鉴于以下原因，我们认为政府在新型职业农民培育中居于主导地位。

首先，新型职业农民培育既是一个涉及我国"四化同步"的重大经济问题，也是一个关乎新农村建设和社会稳定发展的重大政治问题。人们应该清晰地认识到，培育新型职业农民是"新四化"能否实现、新农村建设能否有效推进及"三农"问题能否得到根本解决的关键。新型职业农民培育的政治性、社会性和基础性，决定了其工作的开展必须以政府为主导，而相关的各级政府主管职能部门必须将培育新型职业农民列入重要的议事日程。

其次，新型职业农民培育的公益性决定了各级政府责无旁贷，而且只有政府才有可能将新型职业农民培育这一公益性事业落到实处。因此，无论是在近期，还是在将来相当长的一段时期内，政府必须将新型职业农民培育作为一项具有最大公益性的事业积极投入。

最后，新型职业农民培育的长期性和复杂性要求政府顶层设计，统筹规划。新型职业农民培育是一项长期而又艰巨的历史任务，是一项复杂的系统工程。在

---

① 黄宗智，高原.中国农业资本化的动力：公司，国家，还是农户?[J].中国乡村研究，2013（1）：28—50.

新型职业农民培育过程中涉及以制度配置、政策创新支持及职业教育培训、培训机构准入认定、新型职业农民资格认定等为重点的许多工作，而这些工作既是政府的职责所在，也是只有政府及其主管部门才能够有效为之的工作。

（二）政府在新型职业农民培育中的角色

农业的准公共产品属性决定了其需要政府的引导和扶持，尤其是尚处在起步阶段、仍然面临很多困难与挑战的新型职业农民群体，更离不开政府的作用。政府要把人民群众的利益放在第一位，解决民众生活中的具体困难。民生既是具体的，也是现实的，它不是一种口号或形式，而是人们能得到的真真切切的实惠。国家和地方各级政府在新型职业农民培育中的主导地位，就决定了政府在职业农民教育培训中必然会扮演特殊的、重要的角色，而角色扮演的成功与否，直接影响着新型职业农民培育的质量，影响着这一伟大工程的推进。政府在新型职业农民培育中拥有多种角色，以下几种是政府必须担当并且扮演好的角色。

1. 公共服务的提供者

新型职业农民培育属于为民服务的基础工程，所提供的社会服务具有鲜明的公共产品属性和公益性，而且这些公共服务既是政府责无旁贷的，也是只有政府才能主要提供的服务，所以政府必须为新型职业农民培育提供更多的、更高质量的服务。

现代农业是高科技农业，而新型职业农民是高素质人群。农业技术研发具有前期投入大的特点，对分散经营的小规模农户来说存在较高的风险，且个体化的职业农民没有动力进行研发，需要政府承担高成本投入的技术研发任务，将成熟的农业技术进行推广，造福更大范围的农户和农业。现代农业技术涵盖面很广，包括先进的种子，低污染的农药、化肥，高效、节水的灌溉系统，保鲜、储藏技术等。在技术推广的过程中，要向新型职业农民提供优质的咨询和服务，为现代农业提供技术支持和保障，调动和激发新型职业农民的生产热情。新型职业农民需要与时俱进，不断更新农业生产和管理的理念与方法，为此，政府要承担起为新型职业农民进行定期培训的费用，以提高新型职业农民的综合素质，更好地促进农业发展。

政府作为公共服务的提供者，其所提供的服务内容主要包括组织一些具有全局性、导向性意义的新型职业农民培育工程；提供多层次、多来源的新型职业农民培训投资，为经济不发达地区的新型职业农民培育提供财政转移支付；在农民职业教育培训、教育技术、师资队伍建设、技能鉴定、职业农民资格认定等方面为新型职业农民培育提供服务；在土地流转、农业补贴、项目融资、市场拓展等方面为新型职业农民的创业提供优质服务；在养老保险、医疗待遇、失业保障、子女教育等方面为新型职业农民的生活提供公平的、强有力的服务保障，求真务实地扮演好公共服务供给者的角色。

2. 政策制度的设计者

培育新型职业农民是我国社会主义新农村建设及"四化同步"发展提出的新要求，而这一项长期的、艰难工程的有效推进，需要政府根据我国农村的实际和我国职业农民及其职业教育培训的现状进行制度的配置与政策的创新。创新是解决新型职业农民培育中一些制度顽症及政策失灵问题的关键，而来自国家和省级政府层面的顶层设计，尤其是其中的制度与政策的创新设计尤为重要。[①] 这些对新型职业农民培育具有全局性影响作用的制度与政策的出台，有赖于政府作用的发挥。

3. 农业基础设施的建设者

家庭联产承包责任制后，一家一户的耕作方式使集体经济时代留下来的农田水利设施、农业防护林体系成为公共设施，农民只管使用不管维护的"搭便车"行为导致农业公共设施失修荒废，制约了农业生产的发展。[②] 农业基础设施建设具有外部性，属于公共工程。新型职业农民的发展壮大应建立在土地适度规模经营的基础上，对农业基础设施提出了更高的要求，如土地平整、田间道路、先进灌溉系统、冷藏仓储运输等。政府要大力推进高标准农田建设，重视仓库、晒场、烘干等产后配套设施建设，为"三产"融合创造基础性的设施和条件。"完善的农田基础设施建设可有效抵抗自然灾害。基础设施完善程度可以衡量种粮大户抵御自然灾害风险的能力。"[③] 政府加大对农业基础设施的建设力度，可以有效地减少新型职业农民的生产成本，降低生产和管理风险，更好地促进"三产"融合。

4. 教育与培训资源的统整者

一方面，新型职业农民培育工程的推进，需要各级政府及有关主管部门的统筹协调，使其政策及社会舆论导向一致，形成最大推动合力；另一方面，新型职业农民培育工程推进必须整合有关教育培训资源。职业农民教育培训资源统筹主要涉及省、市政府及地方各级政府及其有关教育主管部门。需要地方政府整合的教育资源主要包括以下几个方面。

---

① 金绍荣，肖前玲.新型职业农民培育：地方政府的角色、困境及出路 [J].探索，2015（3）：111.

② 常明明.现行土地制度下的农村环境问题及解决途径 [J].生态经济（学术版），2007（2）：334—337.

③ 刘帅.农户参与农业基础设施建设理论及影响因素分析 [J].安徽农业科学，2013，41（24）：10186—10187.

一是整合职业教育与成人教育（社区教育）资源。中等职业学校与农村成人教育中心（社区教育中心）是新型职业农民培育的主力。成人教育中心由于更"接地气"，颇受农民欢迎，但是职业教育与成人教育（社区教育）资源必须通过整合，才能使优质教育资源得以最优使用，使成人教育中心（社区教育中心）的办学条件得以改善，使职业学校对成人教育中心（社区教育中心）的辐射功能得以加强。

二是整合中高等农业院校资源。农业院校是培育新型职业农民中高层次经营管理者及骨干农民的主要渠道。需要注意的是，农业院校作为培养新型职业农民的重要教育机构，其教育培训资源还应得到充分利用。为此，地方政府应该搭建政校企合作平台，特别是可以通过组建各种职教联盟、职教集团等方式，促进教师资源、实验仪器设备、农场设施等的充分利用。

三是整合校外教育资源。校外职业教育培训机构对市场具有更强的灵敏性，因此，地方政府应鼓励校外教育培训机构积极参与新型职业农民培育工作，鼓励社会资金更多地投入多样化的新型职业农民培训中，以对职业院校培训构成有效的补充，成为新型职业农民培育网络体系的重要节点。

四是整合社会公益资源。这就要求地方政府搭建起政府与非政府公益组织的合作平台，对一些更具纯公益性的新型职业农民培训项目予以支持，而政府在其中主要是扮演好这类教育资源的整合者及优良环境的营造者的角色。

五是整合政府有关主管部门开展的新型职业农民培训资源。各级政府要进一步整合农业、劳动、人社、科技、教育、妇联等系统内部的传统优质培训资源和民办教育培训机构等各行各业的教育培训资源，发挥整体功能，加大新型职业农民培训工作的力度。

5. 培育质量的监管者

确保新型职业农民培训质量是关系到新型职业农民培育工程能否有效推进及高质量职业农民培育的大问题。就我国新型职业农民培训现状来看，确实存在诸多不容忽视的质量问题，迫切需要通过建立有关的培训质量监管、评价体系加以改善。从长远看，政府有关职能部门应该建立独立的第三方职业农民培训质量评价系统；从当下看，根据我国国情，政府有关职能部门应通过制度及政策工具、经济杠杆等，加强对新型职业农民培育的监督管理。首先，政府及有关职能部门要为新型职业农民的等级认定提供多元化的服务，严格按照标准进行认定。其次，政府有关质量监管部门必须量化教育培训质量标准，从理论、技术、能力等维度，通过多种形式检测、评估教育培训质量。其中包括对整个教学培训及其管理过程的监管，通过第三方机构，如考试中心和职业技能鉴定中心，对受训农民进行考核，严格把关技能等级证书及新型职业农民认定等，对于通过弄虚作假套取国家或政府培训经费或者教学培训质量不佳的，应给予相应的惩罚。

在农产品市场监管过程中，一定要严格依法办事，这也是发达国家的共同经验。"欧美各国新型农业经营主体的健康、有序发展，得益于其法制化建设的自始跟进。"① 优质农产品是"产"出来的，也是"管"出来的，没有规矩不成方圆，因此要坚持"产""管"并重。第一，注重源头控制。加强对农药和化肥的监管，这是抓好农产品质量安全工作的重点和难点。建立县、镇两级监管机构，全面落实农药经营告知和高剧毒农药禁售制度，减轻农药残留和污染，实现农产品质量追溯，有力保障农产品质量安全。第二，加强过程监管。在农作物生长过程中做好技术指导服务，和新型职业农民签订农产品质量安全承诺书，加强农产品生产环节的执法检查，对重点农产品实行生产过程全程监管。第三，实行末端检测。建立农产品上市前检测制度，做到定量检测和例行检测相结合，对重点农产品进行定期专项检测。新型职业农民应自觉接受上级部门对农产品的质量抽检，无正当理由拒不接受检测的，其农产品以不合格论处。检测不合格的农产品禁止上市销售，依法责令限期整改，进行无害化处理。食品质量安全工程是最大的民生工程，关系到百姓的安全和健康，关系到中国农产品在世界范围的竞争力，也关系到新型职业农民能否真正成长壮大起来。

6.成长环境的营造者

培育新型职业农民在我国还只是刚刚开始，全社会对新型职业农民依然存在观念等方面的诸多问题，因此需要政府营造有助于新型职业农民培育的环境。

（1）观念环境。通过各种媒介的广泛宣传，形成有助于新型职业农民成长与发展的社会舆论导向，强化人们对农民是一种职业而不是身份的认知，树立起农民职业的高尚性及与其他职业平等性的观念。

（2）政策环境。通过各种制度的配置和创新政策的激励，促进农业适度规模化经营，增加新型职业农民培育来源渠道的多样性，促进创业农民的培育。

（3）保障环境。建立起基于新型职业农民培育需求的职业教育培训体系，这是职业农民培育的重要载体与路径。

7.土地流转后的保障者

新型职业农民的培育要建立在适度规模经营的基础之上，最常见的方式是土地流转。政府要保障好土地流转出去后的普通农民的利益，确保农民"三个不

---

① 卢彦伶，唐跟利.农村土地流转中"反租倒包"模式的SWOT分析 [J].焦作大学学报，2016，30（2）：58—62.

失"，即失地不失权、失地不失利、失地不失业，保障农民土地权益不受损害。[①]
土地流转过程切忌操之过急。城市社会要有足够的就业岗位容纳把土地流转出
去的普通农民，避免大量失地农民涌入城市。农业的弱质性决定了新型职业农民
生产经营农业的风险，因此政府要加大农业政策性保险的工作力度，在一定程度
上降低新型职业农民的生产经营风险。新型职业农民是一种职业，而不是一种身
份，要和其他职业一样，建立起包含养老金在内的新型职业农民社会保障制度，
消除农民的后顾之忧。政府通过做好这些保障工作，可以使新型职业农民对未来
充满更稳定的预期，更好地分享经济社会的发展成果。

（三）政府在新型职业农民培育中的作为

1. 以政府行为强力推进农民培训工作，建立新型职业农民成长机制

（1）政府应将新型职业农民培训作为未来农村职业教育的重要功能与新的增
长点。农民是新农村建设和"新四化"推进的根本力量，没有农民的改变，没有
新型职业农民的培育，就没有未来的社会主义新农村。因此，在未来，农民职业
培育应被提升到国家战略层面，得到应有的重视。

一方面，要赋予农民职业教育培训完全意义上的公益属性，从政府层面给予
高度关注与支持；要将农民职业教育培训列入各级政府尤其是地方政府的事业发
展规划，编制专门的地方《新型职业农民培育规划》；要实行新型职业农民培训
向人大年度汇报制度，加强对各级政府开展农民职业教育培训的年度考核。

另一方面，要将农民职业教育培训作为农村职业教育发展新的增长点。2012
年，中央一号文件首次提出要大力培育新型职业农民，即培养一大批基层组织负
责人，带领农民发展农业生产，繁荣农村经济；培养一大批专业合作组织负责人
和农民经纪人，繁荣农村市场，形成各具特色和竞争优势的农村产业群体；培养
一大批家庭农场主，率先发家致富，带动广大农民共同富裕；培养一大批种养能
手、科技示范户，带头使用和传播先进农业技术；培养一大批活跃在农村发展建
设各领域的能工巧匠，改善农村生产、生活环境和面貌。这些都赋予了职业农民
教育培训新的使命与机遇，也必将成为未来职业农民教育发展的新的增长点。

（2）营造新型职业农民培育环境，建立新型职业农民人才成长机制。对有志
于成为新型职业农民的各类人才，一方面要持开放欢迎的态度，大力支持，积极
鼓励；另一方面，要根据人才类别，给予不同的政策支持，特别是要建立有助于

---

① 陆益龙.农民市场意识的形成及其影响因素——基于2006年中国综合社会调查的实证分析[J].
中国人民大学学报，2012，26（3）：83—93.

新型职业农民创业、成长的制度环境，构建积极的成长机制，在广大农村形成"大众创业、万众创新"的社会氛围。

江苏省太仓市的经验值得借鉴。太仓市相关文件规定：鼓励和支持涉农专业大、中专应届毕业生从事农业生产经营，对在本市合作农场从事 3 年以上生产经营的涉农专业大、中专毕业生在校期间的学费给予 50% 的一次性补助；每年在初、高中毕业生中选取部分有意向的学生，签订委托培养协议，由相关的农业科研院所、农业职业技术学校（院）进行定向培养，每年补助一定的生活费，毕业后，在该市相关基层农业单位从事农业生产（经营、管理、服务）工作至少满 5 年，学习期间所用培养费由新型职业农民培育专项资金、接收单位（合作农场、农民专业合作社、农业企业等）各承担 50%；取得职业农民证书并从事农业生产经营（含农、林、牧、渔）3 年以上的大中专院校毕业生，同等条件下，可优先选聘为大学生村干部；建立在新型职业农民中招录农业专业技术人员制度，使优秀的新型职业农民进入基层农技人员队伍；市委、市政府每年组织开展优秀职业农民评选表彰活动，对素质良好、业绩突出的职业农民进行表彰与奖励；对于在市农业现代化进程中做出重大贡献的优秀职业农民，可优先推荐为各级劳动模范、人大代表、政协委员、党代表的候选人。

（3）构建完善的劳动和社会保障制度，解除新型职业农民的后顾之忧。逐步建立与完善涉农企业、合作农场等新型市场经营主体与新型职业农民的劳动合同制度，建立新型职业农民收入与其认证等级挂钩制度；参照工业企业职工社会保障标准，建立由个人缴费、单位补助、政府补贴相结合的职业农民养老、医疗等社会保障体系。

（4）加大财政、金融支持力度，鼓励新型职业农民自主创业。要为创业农民给予更多的以金融支持为核心的财政支持，对不同等级的职业农民给予相应的鼓励政策和不同的授信额度；要鼓励和支持新型职业农民牵头组建农民合作经济组织，并在土地流转、技术支持、项目立项、政策扶持等方面给予优先支持，为新型职业农民创业开辟绿色通道。

（5）政府强力推进，采取有效措施，落实职业农民教育培训的惠民政策，如政府购买职业农民培训服务。加大政策落实的督查力度，强化政府对此项工作执行力的考核力度，杜绝统计数字式培训信息上报等。

2. 优化新型职业农民培育环境，注重顶层设计，强化政策创新

（1）顶层设计。随着我国土地流转制度的建立与完善、新型城镇化的推进、城乡二元结构的改善，农村社会化服务体系日益完善，外部社会环境将越来越有

利于新型职业农民的涌现与培育。然而，新型职业农民的培育在我国刚刚开始，属于新课题，还需要更多地进行顶层设计。

新型职业农民的顶层设计主要包括：制定促进新型职业农民培育的制度和政策；要从国家和各级政府层面设计和推动新型职业农民培育工程，以工程带动新型职业农民的培育。国家和各级政府可以有针对性地组织实施"新生代职业农民培育工程""留守（妇女）农民技能提高工程""大学生职业农民培育工程"等。这些培育工程的推动，不但会使这些人具备现代农业科技、经营知识，而且能够培养他们的乡土情怀，把他们培养成致力于现代农业发展和新农村建设的专业型、技能型职业农民，使他们真正成为现代农业发展的"后继者"。

（2）制度配置与政策创新。推动新型职业农民的培育至少三个层面的含义，具体如下。

①调动现有农民和潜在农民成为职业农民和参与培训的积极性。有关调查表明，56.79% 的被调查新生代农民表示愿意从事兼业型务农，另外，43.21% 的人表示不愿意选择兼业型务农；同时，39.53% 的人表示愿意从事职业型务农，但也有高达 60.47% 的受访新生代农民不愿意选择职业型务农（见表 4-1）。

表 4-1　变量基本分布情况

二分变量		1=是（频数/百分比）	0=否（频数/百分比）
因变量名称	是否愿意从事兼业型务农	1619（56.79%）	1232（43.21%）
	是否愿意从事职业型务农	1127（39.53%）	1724（60.47%）
	是否愿意从事暂时型务农	1583（55.52%）	1268（44.48%）
	是否愿意从事永久型务农	829（29.08%）	2022（70.92%）
自变量名称	教育程度高中及以上	739（25.92%）	2112（74.08%）
	喜欢农村生活	2570（90.14%）	281（9.86%）
	认为务农收益高	525（18.41%）	2326（81.59%）
	有利于家庭稳定	1574（55.21%）	1277（44.79%）
	熟悉农村语言	1428（50.09%）	1423（49.91%）
	感觉农村地位在提高	1317（46.19%）	1534（53.81%）
	可以照顾老人和小孩	2138（74.99%）	713（25.01%）
	土地很重要	1672（58.65%）	1179（41.35%）
	是否拥有"一技之长"	1896（66.50%）	955（33.50%）
	感觉作为农民受到歧视	1522（53.38%）	1329（46.62%）

②调动包括中、高等职业院校及有关社会培训组织在内的培训机构参与新型职业农民培育工程的积极性。

③充分激发涉农企业与有关职业院校协同培育新型职业农民的动力。要达成这一意愿，政府层面就要积极地进行新型职业农民培育的制度配置及政策创新。近年来，国家和政府有关部门已经或者正在制定相应的政策与制度推动新型职业农民的培育。2012年8月，农业农村部（今农业农村部）在全国选择了100个县开展新型职业农民培育试点工作，拟用3年培育10万名新型职业农民。特别是农业农村部（今农业农村部）还将通过试点工作，探索建立新型职业农民的教育培训、认定管理、政策扶持等互相衔接配套的制度体系；提出了由县级以上人民政府发布认定管理办法和颁发证书，同时在土地流转、生产补贴、金融信贷、农业保险、社会保障和技术服务等方面给予政策扶持。2013年，试点县又增加了100个；2014年，试点县增加到300个，同时增加了整省和整市推进试点。在2012年确定的全国100个试点县中，2013年已有88个县建立了新型职业农民制度，73个县制定了认定管理办法，61个县明确了扶持政策。

由政府进行的新型职业农民培育制度与政策设计应注意以下问题或原则。

第一，基础性和公益性。基于新型职业农民培育需求开展的职业农民教育与培训，具有显著的基础性和公共产品属性，因此政府制定的政策与制度应体现公益性。比如，为了更好地激发人们成为职业农民的意愿，使人们具有更强的参与职业农民培育的自觉性，政府相关职能部门可以实行免费职业农民培育制度。这一制度可以覆盖在中、高等职业院校接受农民职业教育的全日制学生，还应该广泛覆盖所有有志于成为新型职业农民的全日制的各类学员，包括务农农民。为了培育新生代职业农民，政府相关职能部门可以建立农民义务职业教育制度，在条件尚不成熟的情况下，先行推出《新型职业农民培育资助办法》，将接受涉农专业的中等职业教育学生纳入享受国家助学和免学费政策范围内。另外，政府还可以建立国家购买新型职业农民学习成果的公益性补偿制度。

第二，普惠性和扶持性。这里主要有两个意思，一是要让国家、政府的有关惠农培育政策恩泽于所有有志于成为职业农民的学生、学员，体现出公益政策的普及性与大众性；二是政策要体现出积极的扶持倾向，特别是在新型职业农民培育的起步阶段。国外的一些经验值得参考。比如，国外参与农业教育培训的学员一般不交或仅交纳很低的费用，甚至有的国家还会向学员支付一定的报酬。法国政府对农民接受职业教育培训的拨款相当于对高等职业农民培训的拨款数，主要用于补贴农民参加培训期间的工资；英国对参加农业职业教育培训的农民每周发放25英镑的补贴；德国将农民培训经费列入财政预算，参考各农业学校及培训中心制订的培训计划，根据财政政策安排专款下拨培训费，使农民培训经费来源稳定。

第三，配套性和协调性。新型职业农民培育是一个系统工程。有关扶持性的制度与政策必须具有配套性和协调性，如此才能使相关政策构成一个更有活力的政策系统，形成长效机制。比如，有些地区制定了有区别的新型职业农民配套扶持政策，对种养大户（家庭农场主）给予土地流转、奖励补贴、信贷支持、农业科技等方面的倾斜政策；对新生代职业农民有针对性地提供土地流转、创业资助、投资补贴和教育培训等方面的支持；对返乡创业的新型职业农民，地方财政建立专项资金，加大对创业农民从事农业经营的资金投入，鼓励和引导技术开发、产业开发等机构为返乡农民提供定向技术服务。

为了促进我国传统农民向职业农民转化，以培育出更多的高素质新型职业农民，国家应出台系统的激励政策与制度，使新型职业农民培育在制度的轨道上有效运行，并为新型职业农民营造良好的发展环境，使他们取得更高的比较收益，得到社会认同和尊重，感受到做新型职业农民的成就感、自豪感，从而壮大和稳定职业农民队伍，最终从根本上解决"谁来种地"及农业发展"后继乏人"的问题。

（3）突出政府责任。毫无疑问，政府是新型职业农民培育成果的最大受益者。新型职业农民不仅解决了谁来种地的问题，更重要的是解决了国家的粮食安全问题。农业是立国之本。新型职业农民培育利国利民，因此，国家的责任更为重大。而且，随着我国国力的日益增强，政府有越来越强的实力承担这样的责任。

3. 营造良好的社会环境，改变轻视农业现象，加深人们对职业农民培训重要性的认识

"三农"问题的核心问题是农民问题，因为农民思想水平、文化素质、科技能力的高低直接影响新农村建设的成败，决定着农业现代化实现速度的快慢。因此，要改造传统农业及其生产技术，实现农业增产、农村繁荣、农民增收，要做好以下方面的工作。

首先，政府层面必须认识到新型职业农民培训对破解"三农"问题、实现新型农业现代化和城乡统筹发展的重要意义，要把新型职业农民培训工作纳入政府工作计划，加强对农民培训工作的组织和领导。为此，各级政府要成立新型职业农民培育工作领导小组，牵头负责培训工作。一方面，在政策和资金上提供保障，制定相关政策，加大对农民培训工作的投入，保障农民培训工作健康、有序地发展，不断扩大培训规模，提高培训质量；另一方面，加强政策推动和舆论引导，要针对通过培训取得相应职业资格的农民制定相关优惠政策，同时广泛宣传通过培训实现创业致富的典型事例，使农民认识到培训的重要性。

其次，要让农民意识到新型职业农民培育不仅可以使自己掌握现代农业生产经营必需的技能，谋取更大的发展空间，还可以提高自身的综合素质，从而加深农民对职业培训重要性的认识，增强农民的主动参训意识，增加农民的人力资本存量。从事传统农业的农民只需要有体力，而现代农业需要农民有知识和技能，这就要求大力发展农村职业教育，提升农民的人力资本。

人力资本是影响农业劳动生产率的重要变量。随着城镇化进程的加快，农业人力资本大量流失，仅有人力资本极低的劳动者继续务农，再加上农业人力资本存量长期得不到提高，导致农业劳动生产率不断下降，影响了传统农业的改造。由此可见，政府必须从"三农"问题的实际出发，通过向农民进行教育投资来提高农民素质、增强农民的意识、改变农民的观念，从而提高农民利用新生产要素的能力。

4.尽快开展新型职业农民的认定工作

新型职业农民较之于传统农民有许多不同的特征，作为新的现代农业经营主体，其素质要求也是不同一般的。为了培育高质量的新型职业农民，更好地经营现代农业，促进新型职业农民地位的提升，要尽快开展新型职业农民的资格认定工作；与此同时，要为受训农民建立培训档案，记录培训情况，以作为新型职业农民使用、考核评优的依据。另外，有关部门可以从资金助学、实践保学、措施奖学等方面加以激励；要推行积分管理制度，不培训的不扶持，不培训的不重用，把积分作为农业生产贷款、承包经营、项目申报及奖励评估的依据。

二、市场

"市场是基于供求关系、自由交换和完全竞争来配置资源及劳动产品的一种经济与社会机制，市场机制常被认为是一种有利于效率提高的经济与社会机制。"[①] 市场体制坚持效率优先、适者生存的原则。整个市场体系犹如激烈的竞技场，只有能力较强者才能获胜，效率低下的就会被淘汰出局，要想在激烈的市场竞争中取得有利地位，就必须不断提高效率。为了应对瞬息万变的外在环境，市场体制需要灵活地做出应对，因而也应更具创新性。在自由主义者看来，市场就如一只看不见的手，调节资源配置，通过竞争和价格机制，在节约交易费用和解决稀缺性方面表现出较高的效率。理想中的市场体制，不仅可以最大限度地实现个人利益，还能促进公共利益的发展。亚当·斯密认为，每个人都在追求个人利益，但最终达成了公共利益。"看不见的手"产生的行动必然在自己的利益中包

---

① 李珍刚，张晴羽.论欠发达地区资本下乡与农民市场意识的养成[J].农村经济，2020（4）：98—106.

括了别人的利益。个人必须在交往、交换、协作的社会生活中为了自身利益而考虑他人的利益，否则市场交易的秩序被破坏了，每一位市场参与者，包括自己，都不可避免地会遭受损失。人在集体生活状态中会产生一种超越于所有个体之上的、不依赖于任何一个人意志的东西，这就是公共利益。就像在十字路口等绿灯时，个体本意是为了避免交通拥堵，为了让自己通过得更快，但当人人都这么做时，最后就形成了大家都遵守的交通规则。人类发展历史已经证明，市场体制是一种有效的资源调节方式，可以为农村发展提供动力和机遇。政府需要充分认识市场机制在资源配置中的基础性作用及在筛选农业生产组织方式上的有效性，从而在促进农业经济发展中将其置于优先地位。新型职业农民培育需要尊重市场发展规律，因为这是农业生产和经营充分市场化的结果。

新型职业农民在农业生产和经营的过程中，必须是以市场需求为导向的。只有瞄准需求的供给才是有效供给，才能使有限的资源得到最大化地利用，才能使建立在市场需求基础上的农产品和服务，有效地转化为新型职业农民的收入和财富，并获得长久的发展。总之，新型职业农民是市场发育的结果，而不是行政力量的产物。

三、涉农企业

随着我国现代农业的发展，在未来，涉农企业将会越来越多，其对新型职业农民培育的需求也会越来越大，因此，涉农企业与职业教育培训的关系也会越来越紧密。毫无疑问，涉农企业在职业教育发展，特别是新型职业农民培育中的责任也会越来越大。

（一）涉农企业担负新型职业农民培育责任的意义

1. 涉农企业与职业教育是利益相关者

职业教育，尤其是农村职业教育、成人教育为各类涉农企业培养所需要的各层次、多类型的新型职业农民，因此，职业教育是涉农企业必然的"利益相关者（stakeholder）"。"利益相关者"这一概念最早是由斯坦福研究所提出来的，他们认为，利益相关者是那些没有其支持，组织就不可能生存的团体。按照该理论，职业教育与企业分别居于人才产品的"生产"环节和"消费"环节，两者共同构成一个人才生产与消费的产业链，它们相辅相成、互为依靠。没有职业教育为涉农企业培养人才，企业就无法生存与发展。事实上，从职业教育的产生与发展历程也可清晰地看出，职业教育正是因社会分工和社会生产发展的需要而产生的，所以职业教育与涉农企业作为利益相关者，是真正的命运与发展的共同体。

职业教育具有明确的就业导向性，因此职业教育要想为涉农企业培养出具有针对性的"三农"发展所需的高质量应用型人才，就必须以涉农企业对人才的要求办学。教师在教学中必须培养学生充分掌握现代农业生产、经营与管理所需要的职业知识、职业技能和职业道德，以满足涉农企业及其岗位对现代农业人才的要求。然而，要培养真正符合企业需要的人才，一方面，要求职业教育精准确定培养目标，制订有利于目标达成的人才培养方案；另一方面，要求对教学过程进行精心设计，并为方案的实施提供必要的物质基础，这其中包括创造实践机会，营造实训环境，购买与企业相近的设备，按照企业工作设计课程及教学内容，安排教师到企业进行学习，安排学生到企业进行顶岗实习，等等。不仅如此，职业教育还必须根据涉农企业的发展动向、现代农业科学技术变革等进行人才培养的动态调整。因此，涉农企业在一定程度上影响甚至决定职业教育办学的方向及教学过程的设计与实施。可以说，职业教育与涉农企业是必然的利益相关者。这就意味着职业教育办学质量的高低影响企业的发展与效益，也意味着涉农企业是职业教育的受益者。据此，涉农企业完全应该自觉参与职业教育的发展，认识到承担职业教育发展的责任是企业分内之事，而职业教育也完全可以向涉农企业提出承担社会责任的诉求。

2. 涉农企业具有参与职业教育的社会责任

每位社会成员都需承担一定的社会责任。责任，是社会整体对每位社会成员的要求，即要求每个人或组织都必须承担起推动社会进步与发展的义务。涉农企业作为社会的一部分，应当承担一部分社会责任。毫无疑问，各类涉农企业与我国其他各类企业一样，都必须承担一定的教育责任，特别是企业与职业教育的关系比普通教育更为密切，所以涉农企业承担发展职业教育的责任是理所应当的。

3. 涉农企业具有参与职业教育的法律义务

正因为发展职业教育是任何性质的企业，即不管是国企、民企，还是外企，也不管企业大小，都应该承担的责任，而且职业教育对企业发展有着直接的影响，所以从法律上规定企业承担职业教育的责任更有助于涉农企业树立发展职业教育的责任感和自觉性。纵观德国、美国等发达国家职业教育的发展历程，不断建立健全企业参与职业教育的法规，是其职业教育成功及更好地促进经济社会发展的典型经验。我国在职业教育发展过程中，在有关职业教育发展的法律及相关文件中，也都强调企业在职业教育发展中的责任。

（二）涉农企业在新型职业农民培育中的责任担当

1. 确立涉农企业发展职业教育的主体地位，强化企业培育新型职业农民的责任意识

首先，赋予行业、企业在校企合作中的主体地位，发挥其在职业教育发展中

的主导作用。发展职业教育必须明确为谁服务及如何提供高人才培养质量的问题。为此，必须确立并不断强化涉农企业在职业教育发展中的职责、功能与地位，赋予行业、企业在职业教育发展中的领导角色。在校企合作中，行业、企业应该唱主角，主动牵手职业院校发展职业教育，主动与学校开展深度合作，参与职业院校办学的全过程。澳大利亚培训框架是全国性的，从培训计划、培训内容、资格认证和培训质量管理等方面形成了澳大利亚全新的职业教育与培训体系。由于培训框架是与行业、企业共同参与建构的，行业、企业将其视为自己的成果，在实施过程中配合度较高，尤其是行业、企业对职业教育提供者的资质评估、教学内容、产出质量等方面都有话语权，因而他们对职业教育与培训的提供者认可度越高，校企合作的障碍就越少。

其次，政府应赋予行业协会在职业教育中更大的话语权，增强其责任意识。2014 年国务院《关于加快发展现代职业教育的决定》提出，加强行业指导能力建设，分类制定行业指导政策。通过授权委托、购买服务等方式，把适宜行业组织承担的职责交给行业组织，给予政策支持并强化服务监管。由于职业院校对各类企业不一定很了解，也没有过多的时间与精力去深入每个企业了解人才需求及其质量规格要求，而每个行业都是某一类企业的代表，他们最了解企业的需求，也最能够把握企业的发展动向及对未来人才的需求，因此职业院校若能够强化与行业的关系，则既能与行业所属企业建立紧密的联系，又能降低教育界与行业、企业在校企合作中的总交易成本，从而让行业协会在职业教育中发挥更大的作用。

有关涉农行业协会在职业教育发展中的作用主要表现在以下方面：一是与教育部门共同调研、预测涉农企业短期、中期、长期的人才需求信息，为职业院校专业设置及招生规模的确立提供参考依据，为职业院校提供人才需求类型及其素质结构的信息；二是代表本行业参与职业教育部门人才培养方案及课程标准的制定，参与教材尤其是行业教材的编写与修订；三是参与职业院校考试标准的制定及考试考核的监督实施。

2. 建立涉农企业参与新型职业农民培育的社会支持体系，为职业院校人才培养提供决策依据

所谓社会支持体系，是指一定的社会网络运用一定的物质和精神手段，对社会弱者进行无偿帮助的一种选择性社会行为。社会支持体系的构建，有助于为涉农企业参与职业教育发展提供优良的环境。

建立社会支持体系，有助于行业及涉农企业对职业教育产生更直接、更有力的影响作用。2005 年 12 月，澳大利亚国家质量委员会（National Quality Committee，简称 NQC）宣布成立，其成员由职业教育提供者、行业和工会代表

组成，其职责是负责职业教育与培训的质量监控及制定澳大利亚培训质量考核标准（包括培训机构注册标准和审核标准）。另外，澳大利亚还通过 11 个具体的行业技能委员会（Industry Skills Councils），从不同的行业背景出发，研究企事业单位对职业岗位技能的客观需要，为职业教育的改革发展提供咨询意见。行业技能委员会的主要职能是收集准确的未来就业情报，向职业教育机构和政府提供有关行业技能和培训需求的信息，积极支持发展、实施和不断改进培训。此外，在其他职能机构中，也有来自行业、企业的代表。

我国可以借鉴国外的经验，建立多层次、多类型的职业教育与涉农行业、企业的组织机构，为职业教育人才培养决策提供参考依据，为涉农职业院校短期及中长期人才培养计划的制订提供更加精准的信息；同时，通过与涉农行业、企业的紧密合作，可以使职业院校更有效地进行职业教育人才培养质量的监督与评估。

3. 创新校企合作培育新型职业农民的模式，提高涉农企业的参与度

从发展过程来看，职业教育发展中应该确立双主体的发展理念，即职业院校与企业都是职业教育办学的主体，只有两者都以主体身份共同合作、全面参与，才能真正培养涉农企业需要的人才，职业院校才能真正开展对企业、社会具有吸引力的现代职业教育。职业教育实践也表明，职业教育的发展需要企业的协同配合和深度参与。只有这种协调配合贯穿专业设置、课程改革和人才培养等教育教学过程的始终，才能缩短人才产品由"学校人"向"企业人""社会人"转变的适应期，使职业院校培养的人才具有更好的适应性，这是校企双方共同追求的利益价值取向。因此，从职业院校来看，其必须树立企业也是职业教育办学主体的理念，而企业应该形成发展职业教育是企业的责任、是企业发展及其核心竞争力的重要组成部分的新观念。

涉农企业参与职业教育有义不容辞的职责，而且在职业教育发展中大有可为。英国教育、儿童服务与技能办公室（Ofsted）公布了一个关于雇主参与到与工作相关的教育与培训中的报告。该报告指出："教育与培训机构应该让雇主更积极地参与到以下领域：对学习者的初步评估；对学习者学习进程的评估；课程评估和改进拨款标准。"

美国企业参与职业教育的方式总体可以划分为两类：一类是非直接参与，即企业通过捐赠资源、提供技术支持等方式推动学校本位（school-based）学习项目的质量和效率的提高；另一类是直接参与，即企业提供相对长期的、有形的参与方式，通常表现为提供工作本位（work-based）学习项目。

在非直接参与方式中，企业向职业院校提供咨询建议，包括为职业教育项目建设提供技术支持、为学校本位职业学习项目建设提供帮助、向参与学生提供咨

询。在职业教育项目的实施过程中，许多企业从员工中为学生选择工作导师。工作导师除了在工作本位的职业教育项目中为学生提供指导外，也会和学生在课余时间会面，或者与学生一起参加企业和学校的活动。他们与学校保持联系，和学生一起准备面试、制订未来工作和继续教育计划。此外，有些企业还向学生提供直接指导和特殊信息，在学校和工作场所之间形成特殊关系，提高学校在学生心目中的地位。这些活动为学生理解工作的性质、企业中的各种岗位提供了条件，有利于学生从学习状态向工作状态、从学生向成人的过渡。企业直接参与方式中的一个主要方面就是为学生提供工作本位学习机会。

在企业设置的工作本位学习项目中，企业要为学生配备工作导师。工作导师的职责通常包括：使学生了解工作场所正式的、非正式的规章制度；向学生介绍其所在工作岗位之外的员工和资源；培养学生积极的学习态度和良好的工作习惯；引导学生学习工作知识和技能；鼓励并帮助学生接受挑战；鼓励学生对其获得的经验进行反思；当学生遇到困难时，要对其进行鼓励、支持、帮助；对学生的表现进行肯定而客观的反馈评价；帮助学生站在他人的立场思考问题；兼具保护人与监督人的作用；将学生引荐给职业和行业协会；帮助学生设计将来的受教育规划；在人格和职业表现上都能够成为学生的榜样。

我国一些地区形成了有利于企业深度参与的校企合作模式，对职业教育人才培养起到了积极的推动作用。例如，苏州农业职业技术学院与苏州市市政府合作实施了"科技结对现代农业园区"（院区结对）项目，创新了校企合作培养新型职业农民的途径，深化了合作联盟对新型职业农民的培养。该校还根据研究成果，按照人才共育、科技服务、人员互聘、岗位实践、创业就业"五位一体"的要求，在"联盟"内实施"校中园"（校内实践基地）和"园中校"（校外实践基地）等实训基地，进一步强化了合作共建模式，建成了以相城科技园、东山太湖常绿果树推广中心为主的"校中园"，以及太仓现代农业产业园等一批紧密型合作企业的"园中校"。"园中校""校中园"建设工程丰富了校企合作的内容，实现了农业职业教育与新型职业农民培养的无缝对接，充实和优化了校企合作"五位一体"新型职业农民培养的模式。不仅如此，学校还依托合作联盟，专业对接产业，按照"工学结合、校企合作、顶岗实习"人才培养模式的要求，与企业（行业）共同制订专业人才培养方案，实现专业教学要求与企业（行业）岗位技能要求对接；实施"双证书"制度，实现专业课程内容与职业标准对接；引入企业新技术、新工艺，校企合作共同开发专业课程和教学资源，积极试行多学期、分段式等灵活多样的教学组织形式，将学校的教学过程和企业的生产过程紧密结合，校企共同完成教学任务。

4.建立利益机制，激发涉农企业参与新型职业农民培育的内生动力

影响涉农企业参与职业教育的因素很多，引发其主动积极参与的动力因素包括多个层面，这些因素相互产生作用。然而，在这些因素中，企业的内生动力是影响甚至决定企业具有职业教育责任担当和参与职业教育的持久动力，因此必须建立一些利益机制，激发企业参与新型职业农民培育的内生动力。

（1）权责对等机制。毫无疑问，涉农企业必须参与职业教育，这既是其责任，也是其应尽的义务。然而，责权理应是对等的，企业是以追求经济利益最大化为目的的，在其投入和付出的同时，当然希望得到回报，这是其中一个方面。从另一方面来看，既然职业教育是为企业发展培养人才，企业是职业教育产品的接受者、使用者，那么人才产品质量如何，企业最有发言权，而且要确保人才产品的质量，企业应该介入人才产品的生产过程，并对产品进行最终的检验与评价。因此，要真正激发涉农企业参与职业教育的积极性，主动承担发展职业教育的责任，就必须构建一个权责对等机制，具体地说，就是应该在职业教育行政管理体系中增设以强调涉农企业为主体地位的机构，提升企业在职业教育发展中的话语权，让涉农企业在职业教育专业设置、人才培养方案确立甚至微观的教学过程中有全程、全面参与，以增强企业参与职业教育的积极性，提升职业教育人才培养的质量。

（2）利益补偿机制。企业作为市场经济中的理性"经济人"，本质在于追求利润的最大化。因此，涉农企业是否愿意、在多大程度上愿意介入职业教育，取决于其对投入职业教育的成本和收益的考量。为此，要让企业愿意并主动承担发展职业教育的责任，就必须让涉农企业在职业教育发展过程中有利可图，成为受益者。据此，应建立涉农企业参与职业教育的利益机制，而这个机制应包括利益驱动机制和利益补偿机制两个方面。

毋庸置疑，企业是职业教育人才产品的享用者，职业教育为涉农企业提供人才产品服务，企业必然是受益者。但我们也应该看到，企业在参与职业教育的过程中，尤其是深度参与职业教育时，必然会有许多投入，或是在支持职业教育发展的过程中，其经济利益可能会受到一些影响，这往往是影响一些涉农企业参与职业教育的重要原因。鉴于此，有关部门应该从法律上规定或者由政府制定相关的规章与政策，建立涉农企业参与职业教育投资成本的补偿机制。比如，对于学生到涉农企业实习实训的成本、教师到企业实践或者研究性培训的成本、器械设备耗材等直接性生产成本和间接性机会成本，政府应充分考虑到企业的这些投资成本并给予一定的补偿，以降低经济成本的方式提升企业参与职业教育的收益。

一些国家的企业之所以参与职业教育的积极性高，一个很重要的原因就是国

家会对企业支持职业教育的积极行为予以利益补偿。例如，澳大利亚政府为了减少企业实际承担的培训费用，对录用职业资格证书持有者和实施职业教育有成效的企业，实施了一系列的经济刺激政策。首先，有条件地减免职业教育附加税。《培训保障法（修正案）》规定，企业能够证明自己在职业培训上的开支达到其年度员工工资总额的 5% 或更高，即可免除该法中开支的相应税收。其次，提供专项企业培训的资助。以学徒和实习生制为例，为吸引企业参与学徒制，美国联邦政府按学徒接受培训的等级发给企业补助金，若企业为学徒提供二级证书的培训，可获得 1250 美元的补助，提供三级、四级或更高级证书的培训，可获得1500 美元的补助；此外，州和领地政府还执行其他的计划，资助雇主和他们的学徒及实习生，包括提供交通和食宿津贴、资助购买基本工具和保护设备、免除企业所得税等。

（3）法规约束机制。完善、细化职业教育法规，强化涉农企业发展职业教育的责任。涉农企业不仅是职业教育的受益者，更是职业教育发展中的另一个主体，理应有发展职业教育的责任与担当。但是，在现阶段，仅靠涉农企业对发展职业教育的认识与自觉性是远远不够的，必须建立刚性的职业教育法律、法规约束机制，从制度、法律上对涉农企业参与职业教育有更多明确的规定，特别是涉农职业院校处于发展的弱势地位，发展处境更为艰难，更需要得到法规的保护与政策的激励。

政府有关职能部门在制定相关法律时应注意三个方面的问题。一是对涉农企业参与职业教育的法律条文必须尽可能细化，使其具有可操作性，而不能只是一些过分原则性的、指导性的规定，杜绝一些企业钻法律的空子，或者在法律的边缘地带逃避职业教育的责任。二是在规定涉农企业参与职业教育法律责任的同时，必须明确对涉农企业参与职业教育的激励机制。这些激励机制不能仅限于以往的免税、贷款等方面，还需要有完善的利益机制，包括有利于提升涉农企业的社会形象等法律条款。三是要从法律上规定涉农企业在职业教育发展中的主体地位，至少与职业院校处于同等的双主体地位等。这些法律或有关政策的规定，对强化涉农企业参与职业教育的责任意识、规范其职业教育行为具有积极意义。

（4）评估激励机制。要加强涉农企业参与职业教育的制度建设，强化社会监督与政府激励。

首先，要构建涉农企业履行职业教育责任状况的评价体系。对涉农企业参与职业教育的行为及其责任落实情况进行评估、考核，这是规范涉农企业参与职业教育行为、形成正向激励的有效途径与方法。然而，只有科学、客观、公正的评价体系，才能真正起到激励效果。为此，政府一方面要让涉农企业及代表企业的行业成为企业发展职业教育责任评价组织的重要成员；另一方面要细化评价的分类指标，这些评价标准要有广泛的包容性，使企业能够以此评价指标体系为行动导向，主动、全面地参与职业教育的发展，主动与职业院校开展深度合作，防止部分企业规避参与职业教育的短视行为和不作为现象。

其次，要建立涉农企业参与职业教育发展责任汇报制度。2014年《国务院关于加快发展现代职业教育的决定》指出，要将"企业开展职业教育的情况纳入社会责任报告"。因此，各地各级政府既要加强对涉农企业参与职业教育责任落实情况的考核，又要将涉农企业开展职业教育情况纳入企业社会责任报告，并向社会公布，以此提高企业的自我履约性。

最后，要建立奖惩激励机制。政府有关职能部门要根据具有权威性的有关企业参与职业教育责任评估报告，对企业进行奖惩，当然，更多的是要进行正向激励，如设立"校企合作示范奖"和"企业教育奖"等。对积极参与职业教育并取得成果的企业，政府应在树立企业品牌形象、评估综合实力、评定信用等级上给予倾斜。

（5）道德推动机制。道德作为一种社会规范，对人们的社会行为起着规范、约束作用，也对人们的态度产生影响。因此，对那些热心支持职业教育发展、积极与职业院校进行合作的企业应给予正面的褒扬，让社会的赞誉成为激励其更好地开展校企合作的道德动力。比如，澳大利亚政府为了表彰和鼓励行业、企业的参与，在教育、就业与工作场所关系部设有"部长杰出奖"，用于表彰一年内对澳大利亚学徒培训做出突出贡献的组织和个人。"部长杰出奖"共设三个奖项，分别为最佳雇主奖、最佳服务支持奖、最佳学徒协议奖。获得"部长杰出奖"有利于提高雇主个人的名誉和公司的声誉，有利于消费者和同行获知公司的成就，同时获奖公司可以在其商品包装上印上"部长杰出奖"的标志，彰显公司的声望和优势。

5.加强内涵建设，提升职业教育吸引力

要强化涉农企业对职业教育的参与，法律的刚性约束必不可少，道德柔性力量的推动是积极的催化剂。然而，仅有这些还不够，职业教育自身的魅力不可或缺。当职业教育对企业的吸引力足够大，让企业感到其生存与发展必须要有职业教育提供有力的支持时，企业参与职业教育的行为将更具自觉性和主动性，这样的校企合作才能实现可持续发展。

职业院校要增强涉农企业参与校企合作的吸引力，需多管齐下：一要以涉农企业需求为导向，科学设置、动态调整专业，以增强专业的社会适应性，在这里，职业院校与行业、企业共同进行人才的需求预测极为重要；二要让涉农企业全面、全程参与整个办学过程，与企业共同进行人才培养方案的设计及课程体系的构建，共同开发校本课程和教材；三要完善校企合作的运行机制，与涉农企业共建合作平台，让企业真正参与职业院校的教学工作与管理工作。四要加强师资队伍建设，密切产学研合作，选派专业教师到企业提供人才和科技服务。

四、社会组织

社会的良性运行与协调发展离不开政府、市场、社会的分工合作，三者之间有机衔接、取长补短、形成合力，共同促进社会和谐发展。从目前来看，我国各类行业协会在数量上已经有很多，但行业协会对行业成员的影响力和作用有限，在某种程度上还是行政部门的附属物。在农业"三产"融合、实施乡村振兴的战略下，需要积极培育农村社会组织，为新型职业农民发展壮大提供良好的环境保障。

五、高职院校

（一）提高农民的科学文化素质

随着社会主义新农村建设的开展，农民的居住环境、生活条件等方面都有所改善，但现在的关键是如何提高农民增收的能力。要使农民具有不断增收的能力，前提是充分利用高职教育这块主阵地，提高农民的科学文化素质。发展高职教育是发展现代农业的前提条件之一；发展现代农业是建设社会主义新农村的重要内容，也是当前农业和农村经济工作的主线。发展现代农业，需要大批掌握现代农业技术的高素质劳动者，需要切实抓好高职教育，通过教育培训，提高农村劳动者的综合素质和生产能力，使农村潜在的自然资源优势和人力资源优势转化为竞争优势与发展优势。

高职院校尤其是偏远山区的高职院校参与新型职业农民培育，有助于提高农民的科学文化素质，使现有科学技术特别是实用技术迅速转化为农业生产力。农业现代技术需要有较高素质的人来学习、掌握、使用和推广。农业现代化、农村城镇化、现代两型社会建设、社会主义新农村建设，都需要不断提高农民的素质。现有人事部门、社会组织、民办学校等多元化新型职业农民培育主体，其自身的质量与设备质量都不高。众校培训精为主，群峰耸峙高为巅。高职院校在目前的多种培育主体中具备相对优势，无论教学还是实习、实训，都高于现有培训主体。因此，高职院校参与这一工作，有利于职业提高农民的科学文化素质。

（二）促进农民的社会化与现代化

农民的社会化需要他们有现代商品生产意识和观念，以及现代人格。对照农业创业型人才的概念和应具备的创业素质，与农业本科院校相比，以"培养拥护党的基本路线，适应生产、建设、管理、服务等第一线需要的德、智、体、美等方面全面发展的农业高等技术应用型专门人才"为目标的农业高职学院更应该也更能够凭借其自身优势，来促进农民的社会化与现代化。一方面，利用理论教学向农民传授创造性开展工作或自己创立一番事业必备的基础理论知识和专业知识，使农民形成丰富的专业知识结构，培养学员具有基本的创业心理品质和创业能力；另一方面，通过实习、实训，使培训对象的创业心理品质得到进一步锤炼、创业能力得到进一步加强，同时激发其创业兴趣，使他们的创业意愿得到不断强化。为新农村建设培养下得去、留得住的创业型人才，为农村输送高素质技能人才，从本质上解决了我国的"三农"问题，实现了农村的可持续发展，也实现了农业高职院校的可持续发展。因此，农业高职院校应该且必须立足新型职业农民培育，促进农民个体的社会化和现代化。

农民的思想道德、科学文化、自身素质如何，不仅影响新农村建设进程，影响两型社会建设，影响社会主义现代化进程，还在很大程度上决定我们国家和民族的精神面貌和文化水平。因此，相关组织对新型职业农民培育的认识，要提高到这样的高度。

（三）提高农村基层管理水平和保证社会稳定

新型职业农民培育，可以向农村输送生产技术和管理骨干，提高农村基层管理者的素质，促进农村的政治民主化。社会主义新农村建设的重要一条，是管理民主。许多地方的实践证明，村干部等农村基层管理者的素质决定着区域空间的民主程度和管理水平。华西村、刘庄等村能够取得建设发展的巨大成就，与其村级主要领导的管理水平和道德水平是分不开的。没有好的骨干和带头人，生产发展、生活富裕、乡风文明、村容整洁就是沙滩上的楼阁，没有基础。高职院校参与新型职业农民培育，可以把村干部培训作为一个重要内容，提高基层管理者素质，有助于提高农村基层管理水平，保证社会稳定。

六、职业农民

"农民主体性是指农民在经济、社会、政治、文化等方面都有主导权、参与权、表达权、受益权和消费权等，包括经济主体性、社会主体性、文化主体性等层面。"① 农村要发展，最根本的是要依靠亿万农民。乡村建设运动的开创者梁漱溟很早就意识到农民主体性的重要性，"把启发农民自觉性作为乡村建设的万事

---

① 王春光.关于乡村振兴中农民主体性问题的思考[J].社会科学文摘，2018（7）：5—8.

之首，肯定与尊重农民在救济与建设乡村中的主体地位，以村学、乡学为载体开展民众教育，启发农民自觉性。"① 在具体的工作开展中，"农民主体性可以理解为农民自身在创造和建设活动过程中能够担当主角，主动地发挥自身的智慧和创造力，并能成为创造和建设活动成果的占有人和享有者"。从这些论述中可以发现，因为研究的主题不同，学者对农民主体性论述的侧重点有所差异，但基本上都包括农民的自主性、能动性和创造性等方面。坚持以人民为中心的发展理念，就需要在乡村振兴中坚持农民的主体性。农民在乡村振兴中是有意志力的、自由的、处于主导地位的；农民在农业生产经营活动中是积极的、能动的、有选择力和创造力的。

"对农村发展道路问题的认识和理解，需要关注发展的主体性，尊重农村社会主体的自主选择，激发农民的创造性和激情。"② 在农业生产上，农户是有效率的，在一个市场化的农业中，如果没有农民的自觉自愿、积极参与，农业、农村发展不可能收到令人满意的效果。政府再高明的计划或是设计，都比不上人民群众的想象力和创造力。人民群众是智慧的源泉。农村发展需要充分尊重农民的主体性，调动和发挥好农民的主动性与创造性。乡村振兴的前提和保证就是要有农民的积极参与，要有村庄共同体的存在和维系。如果主体间缺乏联动性，作为主体的农民，其积极性难以调动起来，就会出现"政府拼命干，村民一边看"的非正常现象。总体来看，中国乡村近百年来的发展经历了再造农民和农民再造乡村两个阶段。再造农民是从改造农民入手，通过塑造"理想农民"来建立理想的乡村生活和乡村制度；农民再造乡村是通过农民自己来发展乡村，尊重农民的意愿，激发农民的主动性和创新意识，更有效地促进乡村可持续发展。③ 无论是新农村建设，还是乡村振兴道路，任何自认为先进与优秀的外在力量都无法完全替代乡村社会的内部动力、政府官员、专家、企业家都不是无所不能的规划者与建设者，不可能代替农民的主体性作用。

在新型职业农民培育和乡村振兴的道路上，我们要树立正确的价值观。实际上，乡村发展本身就是目的，而不是手段。当然，也不应该对乡村进行美化和理想化，认为乡村什么都好，因为并不是所有乡村价值都是值得倡导和保留的，优良的乡村价值自然需要保留和弘扬，但是有的乡村价值对人类进步并没有益处，需要抛弃。为此，乡村的发展既不能是强制型制度，也不能是放任型制度，而应该是引导

---

① 陈红，张福红 . 梁漱溟农民主体性思想及其对新农村建设的启示 [J]. 黑龙江社会科学，2016（2）：36—39.

② 潘坤，黄杰 . 农村污染治理中的农民主体性思考 [J]. 农村经济，2018（4）：105—110.

③ 陆益龙 . 多样性：真正理想的农村发展道路 [J]. 人民论坛·学术前沿，2012（10）：44—53.

型制度。要尊重新型职业农民的主体性，走内源式的发展道路，重视农民在建设乡村方面的积极性、主动性和创造性，"从地区的乡土文化传统出发，适应固有的自然生态环境。自立性的发展能创造出地区经济自我循环机制，建立起可持续发展的经济与社会基础"。① 尊重农民的主体性，就是尊重农民的选择和自由，自由是最高程度的发展。阿马蒂亚·森理论的核心思想是"自由是发展的首要目的，也是促进发展的不可缺少的重要手段"。② 不尊重农民的意愿，没有农民的参与，即使是最完美的发展方案，在农民看来，也是外部强加的，因而是没有生命力的。不尊重农民的主体地位，就更谈不上创造性的发挥。在乡村振兴中，政府的作用和农民的作用都是必不可少的，两者间实际是角色分工和相互作用的关系，要相互合作，形成合力，而不能绕开农民，由政府单方面规划和推进。"只有当农民能够独立自主地支配其生产要素时，才能做到资源的优化配置，农村的要素市场才能发育、发展起来，农村才会进一步走向开放，才会有新鲜的'血液'不断进入，农村才会获得新的发展机遇。"③ 村庄本身是一个社区，是一个生活共同体，应该由村民自己来经营和管理，政府不要在具体事务上有过多干涉。

总之，要推进农业供给侧结构性改革、培育新型职业农民，其核心问题是处理好政府与市场的关系，把市场在农业资源配置中发挥决定性作用和更好地发挥政府作用有机结合起来。充分重视农村社会组织和新型职业农民主体性力量的发挥，形成"政府在场""市场在场""社会在场""农民在场"的多主体互动场域。政府除为市场、社会提供运行的制度基础，补充和匡正市场、社会失灵之外，还必须重视对市场、社会能力的培育和发展。后发国家市场和社会主体相对较为弱小，在农业、农村中尤其如此。在这一背景下，政府不仅要认识到市场和社会自主管理的重要性，还要对它们提供阶段性的扶持和培育，防范因为其能力不足而导致市场失灵、社会失灵。同时，"新兴工业化国家的已有经验显示，政府的这一扶持应随着市场、社会的能力提升而逐步退出，以防止政府行政力量对市场、社会自主性的侵蚀"。④ 市场、社会分别是促进经济发展、协调公平发展的首要路径，而政府则需要承担农业、农村发展的兜底责任，并提供基本公共服务。在市场、社会能够发挥作用的领域，政府应避免多此一举的干预，政府是市场和社

① 汪志强，袁方成.参与式发展：草根组织生长与农村社区综合发展的路径选择[J].理论建设，2006（5）：47—49.

② 阿马蒂亚·森.以自由看待发展[M].任赜，于真，译.北京：中国人民大学出版社，2013：24.

③ 陆益龙.新型城镇化与乡村治理模式的变革[J].人民论坛，2013（26）：14—15.

④ 徐勇.城乡一体化视域中的农业农村发展新思维：评《从行政推动到内源发展：中国农业农村的再出发》[J].中国行政管理，2014（10）：117—120.

会力量的最终补充，各方应形成有效的分工合作，掌握好各自的边界，有效衔接，功能互补；着眼于建立政府调控、市场主导、行业协调、农民主体的"四位一体"农业供给侧结构性改革治理架构，使我国农业供给侧结构与制度尽快适应全球化、市场化和现代农业发展的需要。[①] 在推动现代农业发展的过程中，新型职业农民只有获得广阔的发展空间，才能茁壮成长。

第二节　构建新型职业农民培育的良性运行机制

新型职业农民培育必须按照"科教兴农、人才强农、新型职业农民固农"战略要求，坚持"立足产业、政府主导、多方参与、注重实效"的原则，以做大、做强新型农业经营主体为导向，以种养大户、家庭农场主、专业合作社骨干等生产经营型新型职业农民为重点培育对象，通过创新机制、规范实施和有效管理，加快构建教育培训、认定管理和政策扶持相互衔接、配套的新型职业农民培育运行机制，同时，着力培育一支有文化、懂技术、会经营的新型职业农民队伍，为现代农业发展和新农村建设提供强有力的人才支撑。

一、新型职业农民培育的激励机制

培育新型职业农民是一项系统、复杂的综合工程，是推进现代农业建设的一项具有长期性、艰巨性和基础性的战略性任务。培育新型职业农民要与制度设计、政策配套、产业发展、教育培训、主体培育等有机结合起来。

（一）实施需求响应机制

利用需求响应机制提高新型职业农民培育效果与持续性的关键是挖掘农民自身的优势、经验，培育农民的主体性，使外部的扶持教育活动最终转化为农民积极投身现代农业生产的行动，其核心是依据人的行为发生规律，以农民的基本学习需求为出发点，建立起能够适应农民需求的、重心向下的新型职业农民培育供给机制，从而使农民成为新型职业农民培育与现代农业生产的主体。

构建科学的新型职业农民培育需求满足机制，建立需求导向供给决策机制、农民需求获取机制和教育培训监督反馈机制的"三位一体"机制，有利于激发农民积极学习的动力，增加农民的本体力量。

[①] 黄祖辉，傅琳琳，李海涛.我国农业供给侧结构调整：历史回顾、问题实质与改革重点[J].南京农业大学学报（社会科学版），2016，16（6）：1—5.

1. 需求导向供给决策机制

在决策理念上,构建"自下而上、以需定供"的新型职业农民培育理念,以此牵动决策制度和程序的建立;在决策制度上,建立农民需求反映制度,通过多种民意调查渠道,深入了解和准确掌握农民对培育的要求,获取农民对培育的真实偏好,使新型职业农民培育决策具有广泛的民主性;在决策程序上,从确定新型职业农民培育目标到制订培育方案,再到方案实施、监督反馈等环节,都要充分听取农民的意见和建议,以使"以需定供"的理念贯穿整个决策程序与过程。

2. 需求获取机制

年龄、文化程度、工作性质、经营规模是制约农民需求呈现多样化、个性化和差异化的主观因素,而当地农业产业发展状况、资源环境禀赋情况是影响农民需求的客观因素。农民需求是农民个体因素和产业发展因素相互作用的结果。农民需求获取机制的建立,要基于农民个体因素和产业发展因素两个维度,精准区分不同特征的农民群体,运用问卷调查和深度访谈等实证方法,了解当地农业主导产业发展、自然资源禀赋对劳动力的需要,调查当地农民培育的基本情况,农民教育资源配置、培育组织的基本状况,重点摸查农民培育供给与农民需求吻合情况,以及农民对培育需求的内容、类型、层次、方式、途径、时间、地点,对培育的满意度及对教育培育的期望与要求。通过分析和整理农民需求的各类信息,及时向农业、科技等政府部门反馈农民对培育的要求,为纳入新型职业农民培育决策提供数据。

3. 监督反馈机制

监督反馈机制是需求导向型新型职业农民培育有效推行的重要手段。建立培育监督反馈机制,一是要建立新型职业农民培育决策机构、培训机构和农民之间的信息沟通机制,通过政府培育工作公开、农民培育意见反馈、三者代表座谈会等形式,畅通三者之间培育信息的实时共享,从根本上解决政府供给和农民需求不对称的问题;二是建立健全农民教育培育回访机制,通过走访、面谈、调查表等形式对参训农民进行跟踪回访,全面了解农民的需求满足状况和接受培育情况,将培育过程中出现的有违"自下而上、以需定供"新型职业农民培育理念的现象和问题应及时反馈给政府相关部门。

（二）实施新型职业农民培育的教育性扶持政策

培育新型职业农民,造就农业、农村人才队伍,首要目标是要培育稳定的、高效的、可持续的农业从业主力军,根本是建立健全培养人才、激励人才、留住人才的良性机制。对新型职业农民而言,要 现未来有人务农、能人务农、职业务农等目标,政策内容具体应涉及人才培养、使用、扶持、服务等方面,但核心是要政策扶持。扶持政策必须坚持人才技能与综合素质能力提升相结合，必须坚持人才培养与当地产业发展相结合，必须坚持人才培养、产业扶持、技术扶持、金融保险扶持、社会保障扶持等政策体系配套组合。

1. 做好顶层设计，强化社会拉力

要做好政策与制度的顶层设计，以培养一支可持续发展、数量适当、富有竞争力和活力、代表现代农业未来发展方向的农业经营的主力军为目标，以新型职业农民的社会文化需求和实际制约突破为导向，以改善主体成长社会环境为重点，着手打破城乡二元经济社会结构和制度障碍，率先推进以赋予农民平等的公民权益、土地权益、劳动权益和财产权益为根本出发点的统筹城乡的综合配套改革，整体设计和联动推进户籍制度、土地制度、产权制度、住房制度、社保制度、政府管理制度等城乡一体的制度创新，推动城乡公共服务均等化，促进城乡社会保障一体化，剥离农民的身份属性，回归农民的职业属性，积极构建一个给予农民充分尊重和应有地位的社会环境与社会氛围，吸引更多有知识、懂科技、有资本的青年投身农业职业，从事现代农业创业和就业。

2. 落实政策扶持，增强制度推力

政府要从政策扶持和社会帮助的角度，从塑造农业对社会的贡献和社会责任的高度，动员多方力量，支持、带动、帮助和鼓励有文化、懂技术、会经营、年轻力壮的新型职业农民从事现代农业；加强政策制度创新，突破资金、土地等共性要素瓶颈约束，着力改善新型职业农民成长与发展环境，加大农业财政、信贷、保险的支持力度，给予新型职业农民更高的社会保障、医疗保障、农业保险保障、养老保障，解除职业农民的后顾之忧，使新型职业农民成为高效生态现代农业的优秀生产经营者，承担起农业现代化建设的重任。

3. 推进转型升级，诱发产业动力

政府要把发展现代农业的产业魅力作为调动新型职业农民积极性、创造性的根本动力，要在指导思想和政策导向上充分体现农业是农民致富的现代产业，要按照人本发展、集成创新、改革联动的思路，使农业从保障型、生存型的传统农业加快转变为发展型、竞争型的高效生态现代农业；要着力提升现代农业对各种主体的吸引力，不断加大强农、惠农、富农政策的力度，加强对农业的支持和保护，尽快使从事农业生产的人获得利润，促使务农农民的收入超过外出打工者的收入。构建现代农业产业体系，推进农业转型升级，积极拓展农业多种功能，提高农业的有机构成，大幅度提高农业土地资源的产出率，形成高投入、高产出、高品质、高效益产业发展态势，促进我国农业向精致化、精准化、精品化、集约化、品牌化农业转型升级。

4. 优化人力资本，提升素质能力

农民自身因素是成为新型职业农民最主要的因素，因此政府要培训农民，使之努力掌握新理念、新技能、新品种、新市场的新变化，以及积极提高适应、应对这些新变化、新要求的能力。政府要把科技教育培训作为培育新型职业农民的最主要的基础工程来抓，把人力资源的培训教育和开发利用摆到更加重要的位置，以千万农村劳动力培训工程为战略重点，对职业农民进行专项教育培训，除了进行农业技术、经营管理培训，还要进行依法务农和以德务农的教育，全面实行免费就读农业大中专院校的农业技术和管理专业的强农、惠农政策。

5. 壮大新型主体，夯实基础主力

现代农业经营主体是新型职业农民的主要来源，是培育新型职业农民的蓄水池和主力军，因此着力扶持和引导龙头企业、合作社、家庭农场、专业大户等新型农业经营主体做大、做强是培育新型职业农民的重中之重。政府要适应农业国际化、市场化、科技化发展的新要求，培育壮大农业龙头企业，打造一批自主创新能力强、加工水平高、带动产业化的农业新型主体；要适应产业化、组织化、品牌化的新形势，规范发展农民专业合作社，使农民专业合作社真正成为能承担起产业化合作服务职能，带领家庭经营农户与国内外大市场接轨的服务载体；要适应农业规模化、专业化发展趋势，促进专业大户、家庭农场的数量与规模大幅度增加，从提升农业生产能力、科技应用能力方面入手，把农业专业种养大户、家庭农场培养成为带头致富和带领农民群众共同致富的新型主体及从事现代农业生产的主要力量。

（三）落实新型职业农民培育的先进性奖励政策

培育新型职业农民是一项关系"三农"长远发展的基础性、长期性工作。政策扶持则是我国建立新型职业农民国家制度的核心内容，是培育新型职业农民的创新举措和根本保障。政府应立足国情，面对现实，做好政策设计，循序渐进，逐步落实。

1. 以土地流转等集聚资源要素为主的农业生产经营扶持政策

（1）合理流转农村土地，以新型职业农民为基础构建新型农业经营体系，创新"三农"工作体制机制。

（2）获得资格认证的生产经营性职业农民优先获得流转土地使用权，优先参加县级以上示范家庭农场、示范合作社、农业产业化龙头企业等评选奖励，优先获得政策扶持。

（3）对规模经营的新型职业农民，经过批准直接用于农产品生产的设施用地，不再办理农用地转用审批手续，实行向农业行政主管部门备案制。

（4）获得资格认证的新型职业农民在流转土地范围内，按照上年实际农业生产经营面积和县级以上（含县级）人民政府确定的补贴范围及标准，实行普惠制土地流转补贴政策，并列入同级财政预算。产粮大县用于该项补贴的支出由中央和省级人民政府分摊后转移支付，中西部地区省级政府分摊比例递减直至全免。

2. 以改善农业基础设施条件和为农产品品牌创建及营销体系建设服务为主的建设项目扶持政策

（1）新型职业农民申报的各类涉农基础设施建设项目，在项目编制、申报源头上向新型职业农民生产区域或领办的新型农业经营主体倾斜；符合有关条件的自建项目优先向新型职业农民倾斜，各类建成项目优先提供给新型职业农民使用。

（2）新型职业农民申报的农村土地整理、高标准农田建设等项目，优先把建设条件好、项目实施进展快、前期基础工作扎实的地区提供给新型职业农民。

（3）对新型职业农民申报的关于生态清洁型小流域建设，推进农村河道综合治理、小型农田水利建设，给予优先批准，建成后及时验收、及时补贴到位。

（4）新型职业农民对新型农业经营主体规模化生产的需求，如统筹建设晾晒场、农机棚等生产性公用设施，应合理连接贯通允许规模经营的农业生产道路。

（5）新型职业农民申报的优势农产品基地（含设施农业、蔬菜基地）、养殖小区（含大中型沼气）等项目应受到政策倾斜并优先立项。

3. 以保障粮食安全和优质农产品供给为主的产业发展扶持政策

（1）新型职业农民根据国家政策自主安排生产经营计划，自主申报，申报内容纳入新型职业农民资格动态管理范畴，经核定后的生产经营实际情况可作为申报政府补贴的依据之一。

（2）对从事粮食生产的新型职业农民实行粮食生产补贴、良种补贴、农资综合补贴等涉及国家粮食安全的补贴项目全覆盖；农机补贴、农产品初加工设施补助等项目优先满足新型职业农民需要，大中型农机补贴向较大生产规模的新型职业农民等农业新型经营主体倾斜。

（3）新型职业农民享受获得无公害农产品、绿色食品、有机农产品、原产地、食品质量安全、注册商标、名牌农产品认证等政府定额补贴；建立规模经营的新型职业农民交售重要农产品与国家储备的粮食、棉花等收储企业直接挂钩制度。政府按照新型职业农民交售给国家收储的重要农产品数量进行奖励。

（4）新型职业农民从事种植、畜禽及水产养殖等活动的相关生产用电，执行农业生产用电价格，优先办理所需用电服务。

4.以扩大适度规模和标准化农业生产为主的金融信贷扶持政策

（1）县域商业银行、村镇银行等涉农金融机构要优先满足新型职业农民及其兴办、领办的新型农业经营主体的信贷需求。

（2）允许新型职业农民以土地承包经营权、林权、农村房产等用益物权进行抵押融资，直接进行生产周期内的流动资金质押贷款。

（3）鼓励有条件的农民专业合作社成立资金互助社，开展资金互助服务，通过与金融机构合作，为新型职业农民生产创业融资提供担保。

（4）对新型职业农民直接用于粮食等重要农产品生产且不超过 100 万元、期限 2 年以内的贷款，实行财政贴息补贴。

5.以提高农民综合素质和农业综合集成技术应用推广为主的技术服务支撑扶持政策

（1）深入开展农民职业技能培训，突出务农技能这个核心内容，吸引更多的青壮年农民接受培训、提高技能，提高补助标准，逐步建立新型职业农民免费职业技能培训制度。

（2）积极发展农业职业教育，将骨干务农农民的农科职业教育特别是中等职业教育纳入国家职业教育免学费政策范围；扶持高等院校特别是中高等农业职业院校学生回乡务农创业，支持大学生村干部带头创业。

（3）加强农民教育培训体系建设，制定并完善培训专业管理制度，完善培训课程体系，做好培训效果评估，加大资源整合和经费投入力度。

（4）建立新型职业农民免费继续教育制度。以新型职业农民为主要对象，突出务农技能这一核心内容，开展从种到收、从生产决策到产品营销全过程的教育培训。

（5）建立专兼职教师和专业技术人员与新型职业农民结对帮扶制度，完善以"包村联户"为主要形式的工作机制和"专家＋农业技术人员＋科技示范户＋辐射带动户"的服务模式。

此外，构建新型职业农民扶持政策体系还包括以减少资源污染和碳排放为主的农业生态环保项目扶持政策，以确保正常生产经营活动为主的维护农民合法权益的扶持政策，以城乡标准基本一致为主的基本社会保障政策，以改善生产、生活条件为主的城乡公共资源均衡配置扶持政策，以防御自然灾害和市场风险并能维持农业再生产为主的农业保险扶持政策，等等。

新型职业农民培育是一项全新的工作，需要政策扶持的地方很多，只能循序渐进，先急后缓，保重点、保安全，将现有的特别是新增的强农、惠农、富农政策向新型职业农民倾斜，形成清晰、完整的扶持政策体系，加大支持力度，使农民不吃亏、得实惠，确保农业发展"后继有人"。

（四）典型案例

近年来，山东省寿光市把发展职业教育作为促进转方式、调结构和民生改善的战略举措，坚持以就业为导向，大力发展现代职业教育，积极培育新型职业农民，积极统筹城乡资源，创新工作机制，强化搭建"四大平台"、实施"四大工程"、突出"四大重点"的"三四"建设，培养了一大批长于经营、精于管理、勇于创业、乐于带领群众致富的"土专家""田秀才"，促进了农村经济发展和新农村建设，提升了"蔬菜品牌"知名度。

1. 搭建"四大平台"，完善管理机制

近年来，寿光市以提升农民科学文化素质和增收致富能力为目标，狠抓培训基地建设，大力组织实施农民科技教育培训。寿光市成立了社区教育委员会，并在市职教中心设立了寿光市社区学院，具体负责新型职业农民培训方案的制订，培训实施过程中的管理、跟踪调查等，形成了完善的管理机制。

（1）搭建职业教育培训平台。寿光市依托投资 6.2 亿元的职教中心，发挥现有大棚蔬菜、水产养殖、海水种植、农副产品加工、农业机械化等优势，鼓励农业、科技等部门与职教中心建立合作关系，在职教中心设立了农药残留检测、组织培养等 8 个实训室；建设了集教学、科研和生产经营于一体的"三个基地，两个中心"，即栽培基地、育苗基地、检测加工基地，蔬菜生产与加工咨询服务中心、蔬菜开发销售中心；鼓励产学研结合，推动院校与农业龙头企业深度合作，在先正达种子公司、农业高科技示范园、寿光种苗公司等农业高新技术园区设立了培训示范点，在各镇街区建立了 30 余处实验实习和培训示范基地。2020 年寿光市举办种子种苗培训班 5 期，农产品安全培训班 2 期，农药经营备案培训班 17 期，培训农村实用人才 5000 多人次。

（2）搭建国际农业科技培训平台。寿光市充分发挥中国冬暖式蔬菜大棚发源地特色和蔬菜特长优势，鼓励三元朱村与中国农科院等 17 家科研单位联合建立了三元朱国际农业科技培训中心，进行蔬菜技术研究，实验推广大棚滴灌、生物防治等多项新技术，每年培训农业技术人才 2 万多人次。

（3）搭建涉农创业平台。寿光市充分发挥蔬菜良种育种试验区、引种示范试验区、良种繁育区和种子示范展示区等示范引领功能，搭建了全国农村综合改革实验区、中国蔬菜产业协会、中国蔬菜种业基地、国家现代农业示范区等"国字号"创业平台，加强农民科技培训载体建设，极大地提高了农民的科技素质。

（4）搭建农业新技术实验示范平台。寿光市积极向国家、省等上级相关单位对接创建了国家外专局寿光蔬菜新技术培训基地、中国农业大学寿光蔬菜研究院、山东省蔬菜工程技术研究中心、寿光市蔬菜高科技示范园博士后科研工作站，建设了5个国家级农业生产基地、16个外资农业示范基地和500多个农业示范园区。

通过培训基地平台的建造，寿光市把农村人才资源开发与农业产业开发有机结合起来，不仅造就了众多"懂技术、会管理、用得上"的农村实用人才，还培育了一批熟悉市场运作、有较强市场竞争意识的现代化新型职业农民，专门对他们建档立卡和进行重点管理。目前，各镇街区重点管理的掌握一技之长、具有较强影响力和辐射带动力的职业农民达1860人。这些农民"土专家""田秀才"创造的无公害蔬菜生产技术、"草地杏园"果树栽培模式、温室绿色豆芽种植技术等均达到国内领先水平，辐射带动周边600多个村庄，成为农村科技致富"火炬手"。

2. 实施"四大工程"，完善培养机制

寿光市紧紧围绕现代农业发展和新农村建设，发挥社区学院职业教育在培养培训实用型、技能型人才方面的优势，按照新型职业农民的需求，根据新型职业农民培育的规律和特点，尊重农民的意愿和需求，有针对性地大规模、多层次培养新型农村人才。

（1）实施人才培养工程。按照"培育一批人才、带起一个群体、活跃一方经济"的理念，深入开展农村新型职业农民"百、千、万"培养工程，即建立100个特色农业科技示范村，培养1000名新型职业农民党员干部和10000名新型技术型农民；结合农村党员现代远程教育，实施"远教富民工程"，定期组织农村干部群众收看远程教育节目，学习推广农业生产新技术、新成果，受益农户达12万户；实施新型农民科技培训工程，结合全市蔬菜产业优势，2020年已集中培训农民18000多人，培训绿色证书学员1400人；大力实施农村劳动力转移培训阳光工程，截至2020年已培训了2000人。

（2）优化培养"课程"工程。寿光市围绕种植、养殖、加工、经营和农业产业化发展，组织了"50万农民科技大轮训""远教富民""万户农民上网"等培训，举办了"寿光人才论坛——农业产业化经营、标准化生产、国际化竞争"专题讲座、农村致富带头人创业培训班，开办了"贾思勰农业科技大讲堂"。为使培训内容贴近农民生活，组织者将培训内容菜单化，让农民自主选择培训内容；编印技术小册子和明白纸，从解决农民在生产中遇到的技术问题入手，由浅及深，通俗易懂，做到了教材从群众中来，再到群众中去，提高了培训效果。

（3）组织信息服务工程。寿光市充分发挥网络技术优势，将远程教育客户端安装到农村实用人才工作示范基地，使农村实用人才在田间地头就能学习农村政策法规和农业新技术、新成果。从涉农部门抽调40多名农业专家和技术骨干，组建远教辅导团；遴选 80 名优秀农村乡土人才成立农村实用人才科技帮扶团，为农民提供咨询服务，提高学用转化率。自 2006 年至 2020 年年底，共播放远程教育培训节目 6 万多次，组织干部群众培训 29 万多人次，带动 20 万名群众走上了科技致富道路。

（4）加强教育培训工程。寿光市依托寿光市职业教育中心学校（寿光市社区学院）和各镇街区成人文化技术学校（社区分院）举办"新型职业农民"中专学历班。2014 年招生 400 人，实行分学制，学制 3 年，修业年限最多不超过 5 年，开设了现代农艺技术、种子生产与经营、棉花加工与检验、淡水养殖、农产品保鲜与加工、农业机械使用与维护、农村电气技术、农村经济综合管理等专业。

3. 突出"四大重点"，完善使用机制

新型职业农民在率先掌握、应用先进技术的同时，充分发挥其传、帮、带作用，使农业实用技术得以迅速推广。

（1）突出专业协会建设。目前，寿光市由新型职业农民骨干牵头成立的农村经济协会、农民专业合作社等协会组织已达 120 多个，辐射全市 40% 的村、10 万家农户。寿光市蔬菜病虫害防治协会投资 15 万元建立了省内首家蔬菜远程诊疗系统，总部设立诊断中心，在外省市及本市周边乡镇设立分诊处。当发生蔬菜常规病害及疑难病害时，菜农可取样到分诊处，将病样放置于系统可视角度，如此，诊断中心即可收到"病害"的动态画面。目前，协会网站已掌握各类蔬菜病虫害防治技术 1900 多种。

（2）突出新型技术推广。该市新型职业农民培养瞄准国内国际农业发展前沿，在农业新品种、新技术的应用方面形成了"实验室研发—基地试验—大面积推广"的模式，及时把先进的蔬菜品种、技术传授给农民并转化成现实生产力。例如，荣名葡萄科技开发中心选育了 5 个葡萄新品种，注册了"荣名"牌葡萄商标，带动当地发展大棚葡萄约 2000 平方米；"兴华果树研究所"被列为山东省星火科技示范基地、中匈果树科技合作示范基地，培育出的"金太阳杏"品种，其杏树移入大棚 8 个月就能结果，打破了"桃三杏四梨五年"的种植旧规，这项新技术目前在国际上处于领先地位，先后为果农提供优质苗木 60 万株，实现社会效益 1.2 亿元。

（3）突出基础服务配套。针对社区教育农业技术面广、量大的实际，寿光市社区学院先后组织各社区分院成立农业技术指导团、科技服务队等团组 26 个，组织 640 名农村实用人才深入近 500 个村开展技术服务活动。2020 年共举办各类培训班 510 多场次，培训农民 18 万人次。市农业局开通了"农业 110 视频服务系统"，市里的农业专家通过视频为农民提供农业技术指导。为配合这一服务系统的实施，市财政补贴 1000 万元，实施了"万户农民上网工程"。

（4）突出示范引领作用。中国（寿光）国际蔬菜科技博览会作为国内唯一的国际性蔬菜专业品牌展览会，已连续成功举办了15届，每届都举行蔬菜产业发展研讨会和菜王、瓜王、果王大奖赛，以电视直播形式举办"田园能人"大赛，进一步发挥了蔬菜种植、加工等方面农村实用人才的示范带动作用。

二、新型职业农民培育的保障机制

要让新型职业农民培育工作取得实效，主要是要充分提高新型职业农民身份的含金量，因此在工作中，除了培训到位、服务到位、认定管理到位，还应该将各项扶持政策真正落实到位，建立起一整套完善的新型职业农民培育保障机制，才能提高新型职业农民投身农业的积极性，降低农业生产的风险性，加大对农业生产的投入，使培育工作取得实效和长效。新型职业农民培育的保障机制主要是建立起新型职业农民培育的目标责任机制和投入保障机制，并通过检查督促和绩效考评，加大各部门落实政策的力度，执行好各项政策。

（一）建立新型职业农民培育的目标责任机制

目前，抓紧建立和完善目标责任机制，提高各级政府和有关部门的工作责任感与主动性十分必要。

一是要制定培育工作目标管理责任书。先由省政府组织，与省、市、县一起探讨并制定培育工作目标管理责任书；同时，根据新型职业农民培育机构的管理体制情况，由市、县两级教育行政部门与新型职业农民培育机构签订相应的目标管理责任书。通过目标管理责任书，将实施新型职业农民培育的年度目标和任务分解落实到各级政府及其有关部门，以及各类新型职业农民培育机构；将新型职业农民培育工作列入各级政府目标责任制考核范围；把农民的知识化、职业化作为实现农业现代化的重要指标，把农民培训、考核、发证当成当前农业工作的重要任务来落实，按培训人数核算培训资金，并明确职责分工和奖惩措施，切实推动各地落实培训资金，分解培训任务，配置培训设施，加强培训管理，保证培训效果。

二是要建立农民合作组织。农民合作组织是农民抱团发展的平台。在市场经济存在各种风险的情况下，农民组织应当作为一个整体共同面对风险、解决问题；在农民个体遇到困扰时，农民合作组织应充分发挥成员之间的互助精神。农民合作组织应建立健全利益分配机制，既充分调动合作组织发起人、生产大户的积极性，又保护好大多数成员的利益，真正做到民办、民营、民受益，为新型职业农民培育营造良好的组织环境。

（二）建立新型职业农民培育的协调联动机制

目前，农业、人社、教育、科技等多个部门均参与新型职业农民培育工作。

另外，新型职业农民中等职业学历教育、新型职业农民教育和农业推广体系技术培训等形式之间应建立统筹协调机制，加快改革农民教育培育管理实施机制，构建新型职业农民培育的协调联动机制，形成层次分明、开放有序的新型职业农民培育管理体系。

1. 政府部门协同联动领导机制

为最大限度地整合新型职业农民培育资源，实现新型职业农民培育的最优化，需要将分散在农业、人社、教育、科技等多个部门的教育资源集中起来，发挥整体功能。建议在政府统筹下，成立由高层部门或领导牵头，农业、科技、教育、人社等部门参与的新型职业农民培育工作领导小组，建立明确责权、各司其职、统筹协调的组织领导机制。

各地在推动新型职业农民培育资源整合过程中，涌现出了不少创新的领导机制。例如，浙江省湖州市成立湖州市新型职业农民培育工作领导小组，由分管农业的副市长任组长，以市农办、市农业局、市林业局、市教育局、市人力资源和社会保障局、市财政局、湖州农民学院等为成员单位，统筹协调全市新型职业农民培育工作，落实各项保障措施。领导小组下设办公室，办公室设在市农业局，具体负责新型职业农民培育的日常工作，同时要求各县区成立相应机构，进一步加大新型职业农民培育工作的统筹力度。

山东省东营市成立了新型农民学校，由东营市组织部门牵头农民培训工作，统筹各类资源，从村到市建立新型农民学校，实行市、县、乡三级负责制，初步形成了新型职业农民市区直部门协同联动、镇街道组织实施的新型职业农民培育工作机制。

2. 政府与非政府组织联动培育机制

新型职业农民培育应发挥多方协作力量，构建多元化的新型职业农民培育体系。通过注重外部协作和农民参与的双向整合，丰富新型职业农民培育的教育资源及力量，赋予农民受教育的能力，同时激发和挖掘各新型职业农民培育参与主体的潜能，实现对新型职业农民培育的赋能。为此，政府要充分调动农广校、农民科技教育培训中心、农业技术推广系统、中等职业技术学校等农民教育主体机构力量，广泛吸纳涉农院校、科研院所、涉农企业、农民合作组织等社会教育资源，联合协作，形成了新型职业农民培育的强大合力。

一方面，发挥农业高校、科研院所和农业企业的作用。通过政府购买服务，由农业高校、科研院所承担新型职业农民科技培训工作，对农民、农业生产经营进行技术指导；与农业龙头企业开展合作，共建新型职业农民培训基地，进行实训教学，对农民进行技术培训。另一方面，发挥农村社会组织及农民的主体作用。利用农村基层社会组织接近农民生活的优势，为农民提供多样化的培训服务，如利用农业协会和农民合作社，开办农民田间培训学校，开展新型职业农民培育，对农民进行技术服务指导。

（三）建立新型职业农民培育的经费保障机制

当前，我国新型职业农民培育经费主要以政府财政拨款为主，由县级政府及相关职能部门主导使用。新型职业农民培育规模的提高，需要加大经费投入，建立科学的多元经费投入机制。

政府应加大新型职业农民培育经费投入力度，将培训专项列入当地财政预算，并使其随社会经济的发展逐年递增。农民培育工作具有明显的公益性、基础性、社会性，因而政府公共财政应当承担主要投入责任。有关部门要按种养规模安排基层农技推广工作经费，保障农民培育工作长期稳定发展。当前，可以参照相关做法，明确每位受训人员的投入标准，并明确各级财政的承担比例。

1. 加大新型职业农民培育经费投入

（1）加大各级政府财政投入力度。新型职业农民培育作为一种公共产品，政府是其经费投入主体。要逐步建立新型职业农民培育长效投入机制，需要将新型职业农民培育纳入农业、农村经济发展总体规划，把培育新型职业农民所需经费纳入地方财政预算，加大经费投入力度。一方面，要先在新增农业投入资金中增加对农民培育的资金；另一方面，调整投入结构，把一部分农业产业发展资金调整到新型职业农民培育上来，建议按照 10% ～ 15% 的比例调整列为新型职业农民培育资金，也可以参照教育投入占国内生产总值 4% 的标准，研究投入新型职业农民培育的比重，为农业发展提供人才支撑。

同时，优化农业资金支出结构，推动新增农业补贴和项目建设向新型职业农民倾斜，在土地流转、财政项目、金融税收、农业保险等方面给予新型职业农民倾斜支持。落实农民接受中等职业教育的免学费和助学政策，或对有意回乡投身农业生产经营的大中专学生免费开展各类技能培训和职业技能鉴定。

（2）设立新型职业农民培育专项基金。为推动新型职业农民培育得到政府长期有效的资金支持，不仅要建立新型职业农民培育资金投入长效机制，还要设立新型职业农民培育专项基金，以保障教育经费的充足。各级地方政府要在积极争取国家新型职业农民培育扶持基金的基础上，设立新型职业农民培育和认定工作专项经费或设立新型职业农民奖励基金，并纳入各级政府的财政预算中。此外，为提高新型职业农民培育机构的教育能力，政府应当给予新型职业农民培育机构相应的经济补助和政策扶持，重点支持以县级农业广播电视学校、农村科技教育培育中心为主体的新型职业农民教育培训和评审认定专业机构的建设，加强教学场地等条件建设、师资队伍提升建设，以提高其服务能力。

2.建立科学的多元经费投入机制

要解决我国新型职业农民培育经费短缺问题，单靠政府投入是不够的，需要不断拓宽新型职业农民培育的融资渠道，逐步建立以政府投入为主、社会多方投入为辅的多元投入机制。为此，政府要充分发挥宣传引导作用，鼓励企业、社会组织和个人参与到新型职业农民培育筹资中来，通过税收减免、奖励资金等手段，建立起由政府引导，学校、企业、个人共同参与的多元化的投资体系。

第一，设立专项培育资金，即各级政府在进行财政预算的过程中，将新型职业农民培育经费列入财政预算中，同时在增加农业投资、农业补贴、农业生产优惠贷款的同时，加大对新型职业农民培育的财政投入。

第二，加大创业信贷支持。由于新型职业农民创业需要一定程度的资金补贴，政府可以出台相关政策和文件来满足新型职业农民贷款需求，如获得低息贷款、减免农场经营税收、购置大型农用设备资助。

第三，拓宽创业融资渠道，鼓励和支持新型职业农民创业。政府除鼓励金融机构给予新型职业农民创业的信贷支持，设立新型职业农民创业基金以外，也应当鼓励社会企业参与新型职业农民创业项目，同时倡导新型职业农民发挥主体性，主动寻找和吸引行业企业给予其资金支持。

第四，积极引导和鼓励农业科技园区、涉农企业、农民专业合作组织设立新型职业农民培育专项基金。政府通过在土地流转、技术支持、金融优惠等方面给予扶持，助推社会力量在农村实用人才培养和新型职业农民培育中投资捐资，也可以向农民征收小部分学习费用，用以农民自我素质和能力的进一步提升，或是支持教学机构教学设备的购入和维护，实现"从民中来，为民所用"。

（四）法律保障

由于新型职业农民培育在我国是个新生事物，为确保新型职业农民队伍发展壮大，进而为现代农业发展提供充足的劳动力，国家需要加强新型职业农民培育法制建设，在借鉴国外发达国家职业农民教育立法的基础上，出台与《中华人民共和国职业教育法》相配套的新型职业农民培育方面的条例，为各地新型职业农民培育提供法律保障，从法律上对新型职业农民培养对象、培养形式、资格认定、政策扶持与监管机制等方面进行全面规范。

1.教育培育法律规定

首先，明确新型职业农民与新型职业农民培育的概念和适用范围、遵循原则，为开展新型职业农民培育界定基本范畴和逻辑起点；明确新型职业农民培育的组织领导和责任分工，明确各级政府的领导职责与义务；明确新型职业农民培育的各级政府财政拨款和专项资金安排。其次，具体明确新型职业农民培育规划、培育机制、培育条件建设和教材编制，为新型职业农民培育的顺利推进提供依据；明确新型职业农民培育对象、选拔推荐条件、培育内容、培育体系、培育层次模式、培育机构绩效评估等内容，以搭建完整的新型职业农民培育系统。最后，新型职业农民培育法律建设中要进一步强化农民的主体地位，强化农民在新型职业农民培育中的参与权与表达权，为新型职业农民培育奠定法律依据。

2. 资格认定法律规定

首先，明确新型职业农民的认定原则和认定条件，将个人素质能力指标、农业生产经营规模效益指标，农业社会效益、责任指标及未来发展潜力指标作为新型职业农民的基本条件；将"政府主导、部门主管、专业机构主办"的新型职业农民认定原则写入法律。其次，明确新型职业农民认定的主体机构，确定政府统一组织领导，农业农村部门主持认定，农业广播电视学校或农民科技教育培训中心具体进行认定的各自责任。再次，规范新型职业农民认定程序，确定政府发布认定公告—农民报名—村委会、镇政府审查推荐—新型职业农民专业评审机构审核—农业主管部门同意—结果公示公布—颁发新型职业农民证书的完整流程。最后，明确新型职业农民认定后管理，明确新型职业农民认定后的阶段考核和动态管理，规范新型职业农民的退出机制、统计制度。

3. 政策扶持法律规定

首先，明确促进新型职业农民规模化生产经营政策、金融税收优惠政策和社会保障政策。一是明确现行农业、农村政策。向认定后的新型职业农民倾斜，促进农业生产要素向新型职业农民流转；鼓励和支持新型职业农民创办、领办、参办农业产业化龙头企业；明确为新型职业农民提供高新农业科技服务；明确规模化农业生产经营补贴范围和标准；明确新型职业农民相关创业扶持政策。二是明确针对新型职业农民的金融税收优惠政策，明确新型职业农民创业担保贷款政策；明确税费优惠减免政策；强化金融信贷支持；拓宽农业保险范围。三是明确新型职业农民社会保障机制，明确新型职业农民在医疗、养老及子女教育等方面的社会保障范围；明确新型职业农民免费接受中等农业专业学历教育、系统培训，岗位技能培训，新知识、新技能继续教育培训；明确优秀新型职业农民进入大中专院校研修学习制度。四是明确新型职业农民的较高社会地位，明确新型职业农民表彰奖励办法。

其次，为保证新型职业农民扶持政策落实到位，中央、省、地、县各级人民政府和农业农村部门应明确各自职责。

（五）典型案例

案例一：浦东新区加强推进新型职业农民培育工作的若干规定和奖励政策。

为扎实推进新型职业农民培育试点工作，根据农业农村部（今农业农村部）试点工作方案要求，浦东新区将对现行农业企业、合作社补贴政策的实施条件做出新的规定，并出台有关新型职业农民培育的激励政策，以加大新型职业农民培育试点工作的力度，加快培育浦东新区新型农业经营主体，逐步推进农业职业持证上岗制度。

1. 享受农业扶持政策

（1）农业龙头企业、合作社享受政府补贴政策，须有相应人员接受新型职业农民培训并取得资格证书。

①年销售额超过 1000 万元的农业企业或合作社，须有 3 人以上取得新型职业农民资格证书；②年销售额 500 万～1000 万元的农业企业或合作社，须有 2 人以上取得新型职业农民资格证书；③年销售额 500 万元以下的农业企业或合作社，须有 1 人以上取得新型职业农民资格证书；④规定其经理或理事长必须取得新型职业农民资格证书。

凡符合上述条件的农业龙头企业、合作社，在各级农业产业化龙头企业或示范合作社评定时给予优先推荐；在享受贷款贴息、农产品及质量管理体系认证、农产品营销和品牌建设等补贴方面按政策给予优惠优先；在享受支农资金项目扶持方面将给予优先推荐。

（2）对取得新型职业农民资格证书的本地专业大户（含家庭农场），在其创业发展过程中给予政策支持。根据专业大户（含家庭农场）现有种养规模、家庭常年务农人员数、生产经营能力和农产品安全生产责任意识等综合评定，符合条件的，在土地流转、农机具购买、农业基础设施建设等方面给予相应优惠政策。

2. 教育性扶持政策

（1）对参加新型职业农民培育并通过认定取得新型职业农民资格证书的人员给予一次性补贴，扶持金额每人 1000 元。

（2）对参加新型职业农民培育的学员进行学历提升扶持。凡新型职业农民参加上海开放大学农业类专业大专学历教育或参加中国农业大学网络学院农业类专业本科学历教育深造的，本地学员给予学费全免、外地学员给予学费减半的补贴政策。

3. 先进性奖励政策

对优秀的新型职业农民学员进行奖励。按照培训学员出勤、考试成绩、规模、效益、诚信等评选条件，评出 20% 的优秀学员，对其进行适当奖励，奖励额最高不超过 2000 元。

案例二：安徽省南陵县——扶持政策向新型职业农民倾斜。

安徽省南陵县是农业农村部首批认定的国家现代农业示范区、新型职业农民培育试点县。县委、县政府以此为契机，以教育培育为中心，以认定管理、支持服务为重点，以配套扶持政策为保障，积极探索、勇于实践、大胆创新。截至目前，该县已认定新型职业农民385名，并初步探索出新型职业农民培育的有效途径。

在对职业农民的扶持上，一是加大财政投入。县财政每年安排120万元作为新型职业农民培育专项资金，用于新型职业农民生产扶持、信息化建设、考察学习，每年奖励示范新型职业农民30名，每人奖励3万元；同时对已评定的30家县级示范家庭农场进行表彰，并予以3万元奖励；2014年再评定30家示范家庭农场进行表彰奖励。二是保障用地、用电。对发展规模经营的新型职业农民，经过批准直接用于农产品生产的设施用地，不再办理农用地转用审批手续；对管理和生活用房等附属设施占用耕地，在《国土资源部 农业农村部关于完善设施农用地管理有关问题的通知》（国土资发〔2010〕155号）规定的控制规模内，按农用地管理；对从事种植、畜禽及水产养殖用电的新型职业农民执行农业生产用电价格，优先办理所需用电服务。三是项目扶持。涉农项目在申报时，要向新型职业农民倾斜，同时新增惠农补贴资金，主要投向新型职业农民。四是金融信贷支持。落实创业担保贷款，每年在县创业富民资金中安排不少于1亿元的财政贴息贷款用于新型职业农民培育。五是健全担保服务体系，县政府投资组建农民创业担保基金，服务于新型职业农民贷款担保和贴息。六是优化金融信贷环境。新型职业农民可以用土地承包经营权、林权、农村房产等用益物权进行抵质押融资；全国新型职业农民试点工作中首家以县政府文件形式提出"用益物权"概念并加以实践；国家邮储银行已经选定该县为"邮储银行三农金融创新实验区（南陵）"，金融创新产品试点工作已开始运行。七是税费优惠减免。对新型职业农民生产经营收入减免征所得税、营业税；对新型职业农民自产自销农产品免征增值税。八是完善社会保障。新型职业农民可享受进城落户（居住）的农村居民社会保障政策，对个人缴费部分，县里可给予一定补贴。

目前，该县正以新型职业农民培育试点工作为突破口，进一步深化农村改革，着力进行新型职业农民和新型农业经营主体"两新"并行、"两新"融合、一体化发展的新探索。

三、新型职业农民培育的质量保障机制

现今，新型职业农民培育还处在发展阶段，培育的质量有待进一步提高，因

此建立健全新型职业农民培育的质量机制尤为重要。现阶段，实行新型职业农民培育的质量机制，不仅要明确阶段性目标，更需要落实长远的工作目标和任务，强化约束机制，坚定不移地持续推进。

（一）建立新型职业农民培育全程督导机制

为有效推进新型职业农民培育，政府要建立并不断完善新型职业农民培育全程督导机制，将全程督导的重点放在实施新型职业农民培育的主要目标和任务落实情况上。

首先，要制定督导评估指标体系。根据新型职业农民培育工作目标管理责任书，制定相应的督导评估指标体系。通过督导评估指标体系，将新型职业农民培育的目标和任务分解落实到各级政府及其有关部门及各类新型职业农民培育机构。其次，各级教育督导部门依据督导评估指标体系，对下级政府、有关部门及新型职业农民培育机构目标管理责任制执行结果进行督导评估，并根据督导评估结果评分划等，进行表彰奖励。

其次，要加强过程管理，增强督导管理的实效性。按照新型职业农民培育目标和要求，建立健全新型职业农民培育管理制度，不断规范招生管理、培育管理、经费管理等；制定新型职业农民培育工作绩效评价指标体系和考核办法；建立新型职业农民培育评审专家队伍，开展新型职业农民培育质量评估；加大新型职业农民培育工作监管力度，严格培育质量考核过程管理，加强督导检查，确保新型职业农民培育的质量和效果。

最后，要努力提高评估信度。各级政府要正确理解和科学把握督导评估指标的内涵，围绕督导评估指标确定的目标任务部署工作、指导工作，定期对下级、本级各有关部门目标管理责任制实施工作进行调度，及时掌握实施情况，对实施过程中的实际问题进行分析和研究，并适时采取相应的对策和措施，及时解决问题和矛盾，促进实际工作的改进，同时改进督导评估的方式、方法，扩大信息来源渠道，改进评价技术，努力提高评估信度。

（二）谋划新型职业农民培育跟踪服务机制

新型职业农民培育是一项系统工程，既包括培训前期的激励、保障，培训期间的管理，也包括培训结束后的跟踪服务，尤其是培训后的跟踪服务更是促进培训成果转化、增强培训效果的有效途径。很多农民经过新型职业农民培育，想在实践中运用所学知识和技能，并对自己的事业有所帮助，但在具体的操作过程中遇到了很多困难。因此，在大力推进新型职业农民培育的同时，如何做好培育后跟踪服务，进一步帮助他们在实际工作中将理论运用于实践、将知识转化为能力、将能力转化为成果，促进其发挥主干、示范、辐射等作用，使培育成果得以延伸和扩大，是摆在教育管理部门和培训机构面前的一项重要课题。因此，我们应根据当前新型职业农民培育实际，谋划新型职业农民培育跟踪服务机制。

1. 要健全跟踪服务制度，明确工作任务和工作责任

虽然现阶段有一些关于新型职业农民的跟踪服务的文本制度，但在实际操作中体现出管理责任的情况。因此，我们必须明确相关部门、培训者、参训学员、学校负责人等不同群体的责任和工作。首先，新型职业农民的跟踪服务和指导是一项系统性工作，所以培育后跟踪服务不是某个单独的部门能够完成的，横向上需要地区之间相互协调、部门之间通力支持，纵向上县、乡镇要形成培训合力。其次，在学员的学习管理上，通过问卷、访谈、学习表现记录、课堂观察等方式，明确跟踪服务的内容，根据每位新型职业农民自己制定的职业生涯规划，量身定做跟踪服务的内容和项目，精心设计全程性的跟踪管理内容，及时了解学员生产发展中的困难和问题，采取双向联系跟踪，营造和谐的培育氛围，力争"培训一人，扶持一人，成才一人"。

2. 要制订出体现以新型职业农民为本的跟踪服务计划

组织者要打破"一厢情愿"的新型职业农民培育的后续跟踪服务机制，应以新型职业农民为中心，以满足学员的需求为出发点和归宿，对每位参训学员"量身定制"跟踪服务，有针对性地为参训学员建立个性化档案，实施有的放矢的后续培训；根据学员在培训时的评价等级及其所处的不同发展阶段、不同发展方向，为参加培训的学员建立个性化信息资源库，使学员在不同的专业发展阶段都能得到其所需要的服务。

3. 要完善学员在新型职业农民培育的后续技术支持和相关社会服务体系

为方便了解新型职业农民的情况，相关部门和培育机构应根据事先制订的计划，通过"面对面"和在线学习相结合的混合模式实现跟踪服务渠道的双向畅通；同时，定期开展"问题解决式"的学员与学员之间、学员与专业技术人员之间的探讨活动。譬如，可以每月针对学员在创业过程中出现的问题开展研讨活动。在活动中，除了要进行传统的教研课，各专家及学员还必须就自己在农业实践过程中处理该问题时的相关经验进行讨论，拟订解决问题的方案。

此外，针对学员和专业指导人才分散、时间精力有限等特点，组织者还应开辟在线服务，通过现代化的通信手段进行快捷、便利的跟踪指导；通过建立专业人才资料库实现各地区专业技术人才的共享，使优质专业技术人才发挥最大的社会价值。除了通过互联网手段达成专业技术人才的共享，组织者还需要通过互联网构建网上交流平台，以确保参训学员与学员之间、学员与专业技术人员之间在培训后还能保持通畅的联系，当遇到实际问题时能及时向专业技术人员求教或与

其他学员进行交流、探讨，做到互通有无。同时，组织者可以鼓励专业技术人员和优秀村级技术人员设立"教育博客"、微信公众号等现代化网络平台，主动开展与学员的农业技术经验交流、疑难问题解答等活动。

在实施阶段，为方便学员在实践和创业过程中工作的顺利进行，要进一步强化社会服务体系建设，包括工商税务、融资保险服务体系，农资供应、农机和植保服务体系，科技指导和管理咨询服务体系，市场配套服务体系，尤其是目前最欠缺的农业管理咨询服务体系和市场配套体系，以提高新型职业农民的规模效益、劳动生产率和抗风险能力。新型职业农民特别是高素质新型职业农民最需要在品牌建设、项目设计开发、理财咨询、风险评估、经营诊断、市场调研等方面获得帮助。因此，服务体系中的有偿服务体系要逐步完善法规和行规，提供合理、规范的协议合作服务。

4. 要定期评价新型职业农民培育跟踪服务的质量并不断发现不足之处

评判新型职业农民培育的质量，首先应该让学员进行评价。由于学员是新型职业农民培育的对象，跟踪服务的内容与方式是否与学员的工作紧密结合，是否真正有助于学员的实际工作，学员是最有发言权的。其次是各个负责单位和个体通过跟踪服务，评价学员的态度是否有所变化、理论是否联系实际并运用于实践，学员是否在创造性地从事自身的职业活动、对自身的发展是否起到激励作用。在学员评价跟踪服务和各部门个体评价学员之后，组织者要及时找出差距并研究改进策略，要对跟踪服务过程中的问题进行处理，对经验进行归纳，并建立档案，作为以后可以借鉴的宝贵财富。同时，组织者对整个跟踪服务的方案培训课程的设置、培训者的选择及服务的方式进行科学性和合理性的认证，将有待解决的问题转入下一个循环，作为下一阶段计划制订的起点和依据。

（三）典型案例

湖北宜都市：突出重点创新机制，强力推进新型职业农民培育试点工作。

2012年，宜都市被确定为"全国新型职业农民培育"试点县市之一，在农业农村部（今农业农村部）、省农业厅的高度重视和全力支持下，宜都市委、市政府和农业主管部门抢抓项目机遇，敢于先行先试，以普查遴选培育对象为基础，以教育培育为要求，以政策激励为动力，以跟踪扶持为手段，积极培育新型农业经营主体，使新型职业农民培育试点工作取得了阶段性成效。

1. 高起点构建新型职业农民培育试点工作新格局

宜都市委、市政府高度重视新型职业农民培育试点工作，把职业农民培育作为根本大计摆在优先发展的战略位置，立足解决将来"谁来种地""地怎样种"的重大问题，将新型职业农民培育试点工作纳入农村经济社会发展总体规划。时任农业农村部（今农业农村部）科教司副巡视员郭立彬曾带队在宜都就新型职业农民培育试点工作进行了为期十天的专题调研。调研期间，时任市委书记庄光明、市长罗联峰陪同视察，积极建言献策。市分管领导三次到农民科技教育培训中心和实践基地调研，组织召开新型职业农民培育试点工作专题办公会、座谈会，研究部署试点工作。

一是健全领导机构。市委、市政府成立了以市长罗联峰任组长，市委副书记张白华、副市长陈红林、市长助理袁道海任副组长，农业农村部、国家发展还改革委员会、教育部等 18 个部门为成员单位的新型职业农民培育试点工作领导小组，对成员单位进行了职责分工，部门捆绑扶持，领导小组多次听取农业局工作汇报，并召开专题会议，研究新型职业农民培育试点工作，落实启动资金 20 万元，形成政府主导、农业牵头、部门联动、农民自愿的培育工作机制。

二是加强舆论宣传。市农业局利用周一例行学习时间，向全系统干部职工宣讲新型职业农民培育路径、措施、工作安排，让全体农业人对新型职业农民培育试点工作有比较系统的认识和了解；印发宜都市新型职业农民培育宣传资料，通过乡镇农技服务中心发放到农户，普及新型职业农民相关知识，让更多人了解、支持新型职业农民培育试点工作；充分利用《宜都农业报》、宜都农业信息网、电视等媒体开辟专栏，积极宣传新型职业农民培育试点工作动态，营造良好的舆论氛围，扩大试点工作的覆盖面和影响力。

2.高标准打造新型职业农民培育试点工作新体系

一是择优遴选参训学员。该市在对全市新型职业农民培育对象进行全面普查、建立信息库的基础上，召开专门会议，安排部署各乡镇进一步优化学员，按照每个乡镇的实际情况下达计划，要求乡镇严格按照新型职业农民培育条件，尊重农民意愿，确定最终培育对象 207 人，实现全市 10 个乡镇街道办事处全覆盖。

二是科学制定教学大纲。在广泛调研的基础上，根据农民实际需求科学制订培育计划，重点围绕柑橘、茶叶两大主导产业，以生产经营型职业农民培育为主，安排教育培训课程 20 门，其中公共课 12 门、专业基础课 3 门、专业技能课 2 门、案例教学 2 门、实习教学 1 门，安排参观考察、现场交流、集中实习、分组实习、考试考核、分类指导。学员集中在校学习 8 天，分组实习及分类指导 7 天，共计 124 学时，其中理论教学 59 学时，实训实习分类指导 56 学时，交流座谈、考试考核 9 学时，实行大班与小班分别授课，实训、参观、研讨等相互渗透、分段教学的方式进行。考试考核后发放培训合格证，以此作为职业农民认定的依据之一。

三是竞争选拔培训教师。市农业局举行新型职业农民优质课竞赛活动。赛前邀请三峡职业技术学院讲师文晓敏为农业局全体干部职工讲授参与式、互动式培训示范课，并制订了详细的竞赛方案，全局共 25 名职工参加竞赛，其中有 15 名是职业农民培训教师，邀请相关行业 10 名专家现场评定，确定教师等级，并与培训授课费挂钩，激励教师制好课件、上好课，使师资水平达到职业农民培训要求，切实提高培训质量。同时，市农业局科学拟定教师满意度测评表，实行教师绩效管理，按照学员对教师的满意程度，对授课教师实行分级给付薪酬。

四是认真落实教学计划。市农业局考虑到培训的针对性、系统性、可读性，组织部分教师自编教材 1 本、自编资料 14 种、购买教材 4 套，充实了培训内容；聘请华中农业大学知名教授 2 名、农业及相关系统专业技术骨干 20 名、乡土教师 3 名，充实了教师队伍；设定教学目标 17 份，确保新型职业农民培训有计划、有目标。多数教师按照参与式、互动式的方式授课均取得了明显的效果，课堂气氛活跃，受到学员的广泛好评。

五是加强培训阵地建设。市农业局投入 50 余万元对市农民科技教育培训中心软、硬件进行了提档升级，注重调动农业专业合作社和龙头企业在新型职业农民培育中的积极性，采取在企业（合作社）创建实践基地的方式，并与"三园"建设和示范园区建设结合，形成了"农民科技培训中心＋实践实习基地＋示范园"的新型职业农民培育体系。

3. 高水平建立新型职业农民培育试点工作新机制

在具体工作实践中，宜都吸取过去农村劳动力培训"阳光工程""新型农民科技培训"和农村实用人才培养的经验和教训，大胆创新、创造，为培育和造就一批思想观念新、生产技能好、懂经营、善管理、辐射能力强的新型职业农民提供了机制保障。

一是实行政策激励机制。市委、市政府召集领导小组成员单位主要负责人及各乡镇主要领导、分管领导多次研讨新型职业农民认定管理办法和扶持激励政策，积极征求各方意见、建议。宜都市出台的《宜都市新型职业农民认定管理办法（试行）》以及"对取得新型职业农民资格证书的，鼓励贷款发展农业生产，对金额在 10 万元以内的小额涉农贷款，能按贷款协议规定按期还款的，由市财政给予一年的贷款贴息支持"等六条政策，其中有三条纳入了 2013 年宜都市市委、市政府《关于扶持农业农村发展的若干政策规定》（都发〔2013〕5 号）。

二是建立全程督导机制。市农业局对 207 名学员实行分班教学、分班管理，其中柑橘班 3 个，茶叶班 2 个，并按照大班班主任总揽全局、小班班主任分班管理的原则强化班级组织管理。大班班主任主要负责培训现场管理控制；小班班主任负责本班学员登记报到、资料发放、安排实习等具体事务。市农业局制定班级考核和学员考核办法，针对班级的课堂表现、出勤情况对班级进行优劣评定，针对学员的考勤、课堂表现、作业成绩、实习成绩、考试成绩等具体情况进行优劣评定，确定是否发放培训合格证；教师通常采取参与式、互动式教学方式，与学员现场交流，让学员既能学到理论知识，又能锻炼现场反应能力及答辩能力。各乡镇由市农业局和农技中心共同组织分组实习和分类指导，并分别拿出符合实际的实习和分类指导方案。集中培训期间，分管农业的副市长亲自主持由相关部门和全体学员参加的研讨座谈会，部门谈支持政策和承诺，学员谈学习体会、支持需求、意见与建议，营造浓厚的支持新型职业农民学习和产业发展的氛围。学习结束后，全体学员每人都要写一篇学习体会并做一个完整的产业发展规划。

三是谋划跟踪服务机制。为了强化学员培训后的跟踪指导与服务，做好后续培育工作，确保培育效果，工作领导小组在机关、二级单位、二级局、乡镇农技农机服务中心选择专业技术人员和优秀村级技术员，对培育后的学员跟进帮扶，做到理论问题详细解答、技术难点现场指导、市场信息及时提供。同时，市政府要求各乡镇和村安排对应干部联系培训认证后的职业农民，及时了解他们在生产发展中遇到的困难和问题，采取双向联系跟踪的方式，营造和谐的培育氛围，力争"培训一人，扶持一个，影响一批"。

第三节　构建新型职业农民培育的模式

一、新型职业农民培育模式概述

（一）模式的概念

"模式"亦译"范型"，一般指可以作为范本、模本的式样。模式作为术语时，在不同学科中有不同的含义。《现代汉语词典》对模式的解释是"某种事物的标准形式或使人可以照着做的标准样式"。厦门大学顾自安认为："所谓模式，其实就是解决某一类问题的方法论。当把解决某类问题的方法总结归纳到理论高度时，那就是模式。"亚历山大的经典定义是，每个模式都描述了一个在我们的环境中不断出现的问题，然后描述了该问题的解决方案的核心。[1]

---

[1] 陈春霞. 新型城镇化背景下新型职业农民培育模式的研究：以江苏省为例 [D]. 杭州：浙江工业大学，2015.

（二）新型职业农民培育模式的内涵

新型职业农民培育模式是一个系统概念，主要由培育目标、培育主体、培育客体、培育内容、培育评价、培育保障等要素构成，具有一定的普遍性、典型性、稳定性和效仿性。同时，一定的培育模式是受特定的历史条件限制的，其与特定时期的政治、经济、文化、教育等因素紧密相连。因此，要想保持模式的相对稳定性，就必须使其具备一定的弹性，并与周边环境相适应，成为一个有机的系统，具有动态发展的功能。

（三）新型职业农民与传统农民培育模式的比较

"传统"和"新型"是相对而言的，相对于过去来说，现在是新型；而相对于未来来说，现在又是传统的。新型职业农民培育不等同于传统农民培训。要区分新型职业农民培育模式与传统农民培训模式，首先是要了解新型职业农民和传统农民在内涵上的差异，其次是要清楚培训和培育在内涵上的区别。"培育"相对于"培训"来说，是农民教育理念上的升华，是相对于新的历史时期新的要求而言的。随着社会的进步和农民受教育程度的提高，农民教育的重点由文化水平和生产技能的提升向产业技能、经营素质的提升转变，由单纯的文化素质提升向农民政治、文化、精神、道德、生态等全面素质的提升转变。新型职业农民培育模式应该顺应时代发展的步伐，适应现代农业的发展，响应社会的变迁和经济体制的变革，跟上国际化生活方式、消费方式和职业流动的节奏。

二、新型职业农民培育模式构建的原则与策略

目前，国内各地都在积极探索新型职业农民的培育模式，国外也有一些成功的经验，然而作为一种成功的或者说具有较好区域可推广性的模式，其都具有一些共同的特点，符合一定的规律，而这正是我们在构建新型职业农民培育模式时必须坚持的基本原则、必须遵循的规律。

（一）模式构建的原则

新型职业农民培育模式多在一定的社会历史条件下形成，是某地区经济、产业、社会、政治、文化、资源等在农民培育活动中的综合反映，是整个培育活动过程及其制度、方法的固化和规范。从培育模式的内涵可以看出，模式本身具有适用性、普遍性、典型性、可效仿性、可操作性及相对稳定性等特性。然而，新型职业农民培育模式并不是从个别的、偶然的现象中衍生出来的，而是对大量职业农民培育活动的理论抽象与概括，因此，新型职业农民培育模式的构建应符合一定的原则。

1. 必须符合国情

首先，我国的"三农"与国外有着明显的区别，所以模式的构建必须充分考虑中国的国情、"农情"和"民情"。我国不仅要培育新型职业农民，还要在模式的构建中处理好"数量"与"质量"的关系。基本思路如下：一方面，要在新型城镇化的进程中减少大量的传统农民；另一方面，要培育大量的高质量的从事现代农业的新型职业农民。

其次，我国农民科技素质还有待提高。因此，我国在职业农民培育模式的构建中要处理好农民"口袋"与"脑袋"的关系，一方面，帮助农民"口袋"鼓起来，增加收入；另一方面，以现代农业知识、科技知识、现代农业技能等来武装农民的头脑，让农民的"脑袋""富"起来。

最后，农业资源状况的差别决定了职业农民培育模式的不同。美国耕地面积18817万公顷，人均接近0.8公顷，地广人稀的资源禀赋和高度自由的市场经济影响，形成了以"大型农场主＋私营企业"为主的农民职业化模式。因此，我国在新型职业农民培育模式的构建过程中，要根据我国的基本国情和社会主义市场经济的环境，寻找符合我国实际的培育模式，走出一条有中国特色的新型农民职业化道路。

2. 必须符合区域经济发展特点与水平

随着社会的发展，我国日益呈现出区域差异化发展的特点。这种差异主要表现在两方面：一是区域水平不同，不同区域之间经济社会发展的水平和结构不同，无论人均GDP、城镇化进程，还是工业化水平，各区域之间都存在很大差异；二是各区域之间在发展环境、资源拥有上存在很大的差异，禀赋不同决定了发展路径各异。

经济发展是新型职业农民培育模式选择的基础，一般来说，不同的经济板块有不同的主推培育模式。由于农村职业教育发展受到经济发展水平的制约，职业教育的资源配置、人才培养规格、提供的教育机会都会有所差异。非均衡状态下的协调发展是目前区域新型职业农民培育模式构建的战略选择。

3. 必须符合地方产业结构特点与类型

新型职业农民培育以发展现代农业为立足点，以引导、帮扶和带动特色优势产业发展为方向，按照推进产业化和城镇化进程的要求，围绕农业结构调整，促进农村经济增长方式转变，结合消费方式的转变和职业流动的节奏，培养和造就一支促进农村发展的新型职业农民。粮食等涉及国家安全的产业是国家重点扶持的领域，其应选择政府主导类的培育模式，通过政府实施工程项目或利用网络、电视等途径实施远程教育来实现；对于水果、花卉及特色农业领域，要逐步抛弃传统观念，树立产供销一体化大农业观念，新型职业农民培育模式应在高度专业化、社会化的基础上，从内容上向现代种植、养殖业靠拢，选择以政企配合类为主的培训模式；对于农产品加工、储藏、销售、服务等产业领域，要逐步完善农业社会化服务体系，引入市场机制，选择市场类培训模式，在新型职业农民培育模式的选择上，应紧密结合农业产业结构调整的需要、结合当地特色产业发展的需要、结合农业规模产业和创业发展的需要，开展系统性培育，建设生态农业、休闲观光农业、加工农业、创汇农业等现代型农业。

此外，新型职业农民培育模式的构建还需要考虑是否符合农民特点及发展的阶段性特点。组织者要根据受训农民的年龄大小、性别差异、文化背景、经济情况、类型层次、培训需求等因素，选择适合于农民实际、满足不同需要的职业农民培育模式。当然，在不同时期，人们的教育与培训的需求也会不同，其要求新型职业农民培育模式的构建体现出时代特征，做到与时俱进。因此，对于某一地区的新型职业农民培育模式的选择应该采取多因素有机结合的方式，综合考虑区域经济发展程度、地方产业类型、农民需求等因素，考虑培育的运行机制、管理机制、投资机制、实施主体等多方面的内容，因为新型职业农民培育模式本身就是一个多层次的体系。

（二）模式构建的策略

1.培育规划合理化，形成科学的顶层设计

近几年，各地对新型职业农民培育的力度不断加强、认识不断加深，但只有制定出与新型职业农民培育目标相符合的战略规划并贯彻执行，才能保证培育的最终效果。

一些国家经过长期的探索与实践，在职业农民的培育中已经形成了以政府为主导、以农业院校为基地、以培训机构为补充，农业教育、科研、推广相结合的职业农民培育体系。因此，在规划中，对于职业院校和职业培训各自所占的比重，要根据地区人力资源的教育、文化程度，经济、社会发展状况和发展需求进行具体分析；对于农民培训机构分布均匀、合理与科学的地区，要根据当地农村、农业、农民的现状与实际需求，合理配置资源，适时调整，优化布局结构，相互衔接，优势互补，形成合力，发挥整体作用。同时，教育规模的确定要考虑当地经济社会发展程度，土地面积，当地农民的现有规模、层次结构，产业结构，人力资源开发的发展趋势等。

政府在顶层设计中主要是科学设计一系列有关新型职业农民培育模式的要素。鼓励培训对象、教育培训机构和农村经济组织等多方参与培育规划过程，对培育目标、培育内容、培育方式、培育评价、培育津贴、责任承担等做出详细规定，并接受政府和社会的公开监督，保证责任落实到位，最终调动各行各业对农民培育支持与参与的积极性，形成规范、开放、灵活、有序的新型职业农民培育模式。

2. 培育主体多元化，实现联合、协同培养

新型职业农民培育中参与的主体主要包括政府、农业职业院校、社区学校、专业培训机构等。从部分国家职业农民培育的发展趋势看，农民培育主体日趋多元化。因此，就我国新型职业农民培育而言，其参与主体应该包括政府，各级农业广播电视学校或农业科技教育培训中心，中、高等农业院校，科研院所和农业技术推广机构，各类农业行业协会、农村经济合作组织及农村专业大户，企业和民间的各类服务组织，县、乡、村农业技术推广服务体系及相关培训机构和远程教育网，等等。

培育主体在师资队伍建设，培育内容的设置安排，培育方式和形式，培育时间、地点的安排，培育的监督和考核等问题上，与农民的需求之间还存在差距。在新型职业农民培育过程中，农业职业院校、企业、培训机构等自身存在的缺陷只有通过联合培育、协同育人才能克服，而这将大大提高新型职业农民培育的数量与质量，提高新型职业农民服务现代农业发展需求的契合度。

此外，新型职业农民培育可以通过成本"协商"分担模式来提高多元培育主体的参与度，即通过利益相关者之间的协商来确定各自承担的成本。这种模式不但合乎现实，而且具有可持续发展性。首先，成本"协商"分担不仅有利于为职业教育与培训工作提供资金、设备、场地、师资和管理人员等大量的资源，还能在一定程度上实现资源共享、协同培育；其次，这种模式使教育与培训工作无须等待政府的公共财政收入和政策的变革即可进行，从而使新型职业农民培育更具有市场敏锐性和灵活性。

3. 培育对象多元化，实行分类、分层发展

中国是农业大国，对不同地区、不同素质的职业农民需因材施教。新型职业农民的培育对象应该有多种来源，只要他们对农业有兴趣，致力于发展农业，政府就应该支持他们经营家庭农场，成为新型职业农民。

新型职业农民可能的来源包括以下几类。

第一，专业大户。专业大户部分人员文化程度较高，具有比较强烈的意愿，因此通过有针对性的教育培训，可以培养成为生产型或服务型新型职业农民，是未来新型职业农民的一个主要来源。

第二，科技示范户。各类科技示范户一般集中在农业高新产业，如生物农业、智能农业、创意农业、休闲农业等领域，大都具备一定的资金，掌握着较新的农业技术和经营理念，他们将是技术型、经营型职业农民的领军人物。

第三，返乡农民工。外出打工的返乡创业者是新型职业农民的重要来源。他们中的一些优秀分子在外出打工之前往往从事过农业生产，对农业生产经营比较熟悉，而外出打工使他们更新了观念、拥有了一定的资本，因为对农业和乡村怀有感情，所以他们愿意回到农村经营农业，成为新型职业农民。随着时间的推移，返乡农民工的数量将会越来越大。为此，有关部门应因势利导，积极改变政策，给有志于重操"农业"的返乡农民工提供便利。

第四，农村留守妇女。从现有的各类统计数据看，妇女在现有的农业从业人员中占很大比重。从长远来看，随着现代农业机械化的发展，劳动强度将极大地降低，妇女中的一部分人是可能成为新型职业农民的。

第五，应当鼓励热爱农业、愿意从事农业的退役军人、城市居民、高学历毕业生到农村从业，并创造各种物质条件、基础设施等使他们成为高素质的新型职业农民。

面对"多源化"的培育对象，新型职业农民培育要有层次且层次分明，而职业农民的分类是新型职业农民实施分层次、分类型培育的基础和前提。目前，比较典型的分类是2012年"中央一号文件"中关于新型职业农民的分类：村干部、农民专业合作社负责人、到村任职大学生等农村发展带头人，农民植保员、防疫员、水利员、信息员、沼气工等农村技能服务型人才，种养大户、农机大户、经纪人等农村生产经营型人才。具体来说，第一类是农村里的干部，包括农村党支部、村委会成员等，这些人具有一定文化素质和党性观念，在培育中应该注重提高他们的科学知识、法治观念、市场意识和道德情操等，以使其适应新农村建设对干部的要求；第二类是技术"专家"，他们是农业生产的主力军，能带动周围农民一起学习并帮助解决生产技术难题，但在言传身教、理论体系等方面，应该加强他们的素质训练，促使其实践经验达到理论高度；第三类是"小老板"，他们大多具有冒险精神，能吃苦耐劳，但是难以适应科学技术带来的变革，容易凭经验做决策，因而在培育中应该根据他们从事的产业类型，加快其知识更新，强化其科学管理理念、环境保护意识、可持续发展观念等。

因此，新时期新型职业农民培育模式的发展方向应该是按照"分类指导、梯度推进、协调发展"的方针，分层次、按需求来组织、实施教育与培训。

4.培育环境完善化，保障培育效果

第一，强化政府主导作用。作为政策的制定者，为了使政策顺利、有效地实施，政府不仅需要平衡利益相关者的利益、制定相应的激励政策，还需要考虑自身应该承担的责任，充分认识新型农民培育的根本意义和公益性特点。强化政府主导既有财政的投入和拉动的原因，也有农民的组织原因。在农村经济合作组织发育的初级阶段，以利益为纽带的组织力不明显，以政府为主导的行政推动力必不可少。政府部门可以结合自身的经济发展目标，利用政府的权威与信任，传递政策导向，提高农民参加新型职业农民培育的积极性；有效发挥政府投资开展新型职业农民培训的示范效应和带动效应。由于政府是社会资源的最大拥有者，我们要利用政府极强的资源配置能力，统筹资源，避免盲目培训与资源浪费。总体上，政府抓大放小，抓引领与示范，抓典型经验的宣传、重点目标的确定，从而促进新型职业农民培育的相关品牌建设。

第二，整合组建规范的全国培训网。目前，全国的培训机构相对较多，导致农民无法做出正确的选择。农民培训机构亟待整合，整合后的培训机构可以在全国范围内统一安排，同时对新型职业农民培育的方式、方法、培训结果评估都能有统一的标准。政府可以成立专门的从事新型职业农民培育的机构，根据多年来分散培训的经验制定标准，进行整合。这不仅能够使监督管理更加便捷、培训内容与方式易于统一和创新，也可以使农业生产中、农民培育中遇到的问题与难题得到及时的研究和解决。

第三，要建立动力机制、评价机制和保障机制等长效机制。设计任何模式都应该把机制的构建作为重点来把握，这有助于提高管理效率、增强管理措施的针对性和适用性。当前，建立新型职业农民培育长效机制，要着重从法律、政策和制度、规范层面入手，建立农民培训激励政策，完善新型职业农民培育的管理体制，建立一整套完备的农业职业技能鉴定标准体系。

此外，新型职业农民的培育还需要一系列配套的制度和政策，包括农业经营的职业准入制度、农村养老制度、土地流转制度、土地承包制度、农业补贴制度、农业法人化制度、城乡人才的双向流动机制等。这些政策的制定，可以为农民提供优惠条件，确保农民低投入、高回报。

三、新型职业农民培育模式的构建与典型范例

构建或者创新行之有效的模式，对新型职业农民的培育至关重要。随着我国各地对新型职业农民培育越来越重视，各地都在探索和实践新型职业农民的培育模式，也取得了一些好的经验。

（一）新型职业农民培育模式的类型

关于新型职业农民培育模式，人们可以从不同的角度或视野去探索和分类，既可以按照区域差异、农业产业类型来划分，也可以按照新型职业农民培养目标和类型划分；既可以按照职业农民需求或者培育主体来构建，也可以按照新型职

业农民培育的实施形式来构建。下面就按照新型职业农民培育中角色的差异及作用主导性的不同进行划分。

1. 政府主导的"工程型"模式

由于新型职业农民培育的公益属性及政府具有统筹调节各类资源的特点和优势,新型职业农民的培育需要政府的积极推动,尤其是在起始阶段。由政府推动的项目常常可以以政府"项目工程"的形式来推动,如目前主要由农业农村部门组织的"农业远程培训工程""百万中专生计划",以及农业农村部(今农业农村部)和财政部联合组织实施的"跨世纪青年农民科技培训工程""新型农民创业培植工程"等。政府主导的"工程型"模式主要适合以下情况。

(1)面向农民综合素质提升的基础性培训。这种培训的主要目的是提高各类职业农民的综合素质,包括文化素质和道德素质、法律意识,以及提升农民就业技能和适应市场环境的能力。这类培训对提高民族素质、促进农村社会稳定具有积极作用。

(2)面向农村弱势地区农业发展的产业支持培训。我国是一个农业大国,许多地区,尤其是西部地区,具有发展现代农业的潜力,有较强的资源优势。但是,这些地区现代农业的发展需要有新型职业农民进行经营与管理,否则推进现代农业的发展就只能是美好的愿望,是难以实现的现代农业梦。需要注意的是,这些地区发展现代农业,既包括大力发展特色农业,也包括农业生态功能的发挥与保护。

2. 政校企联动的"协同型"模式

新型职业农民培育是一个系统工程,在更多的情形下需要各方的协同配合。具体来说,需要政府层面提供政策支持和财政投入,需要涉农企业积极参与,更需要有关职业教育培训机构科学制订培养计划,如此才能真正把新型职业农民培育工作做实、做好,这是其一。其二,新型职业农民培育所兼具的公共产品属性和私人物品属性,也决定了新型职业农民培育需要政、校、企三方共同分担责任和密切配合。一方面。由政府主动完成对农民的基础素质以及农业生产普适性技术的教育和培训;另一方面,以涉农企业,如农业科技园区、农业龙头企业和农业科研院所为主导,完成对特色农业生产技术的培训,这些培训需要有关职业教育培训机构与政府和企业积极配合、协同完成。在这种模式运作中,政府需要利用其职权及影响力,从制度上完善相应的培训投资和管理机制,形成政府、培训机构和企业各司其职、互利互惠的多赢机制。

3. 校企合作的"市场型"模式

在新型职业农民培育的起始阶段,政府的作用及投资往往起着主导作用,然而随着新型职业农民这一职业逐渐为社会所认同，从事现代农业生产的比较利益日益提高，新型职业农民培育的市场需求会越来越大。因此，在条件逐步成熟的环境下，新型职业农民的培育将逐步成为一种市场行为，而这种趋势可能首先在经济发达地区出现。比如，在我国东部、沿海地区，经济发展较快，其已经或者正在完成产业结构的转型升级及相应的就业结构演变，也具备了工业反哺农业的条件。在这些地区，现代农业的发展对农民素质提出了较高的要求，因而新型职业农民培育的市场需求会日益显现。因此，可以逐步改变由政府主导或者完全以公共产品形式投资培育职业农民的做法，构建和实行以非政府为主导、以市场化运作为特征的合作组织与产业组织促进型培训的模式。

4. 开放式的"远距离"模式

现代教育技术及网络技术的发展，为新型职业农民的培育提供了多种可选择的模式。除了集中进行的培养模式外，一些学校已经有条件利用互联网技术开展新型职业农民的在线教育培训。对中、高等职业院校而言，其一般已经或者正逐步具备建立这种开放式的"远距离"职业农民教育培训模式的条件，它们可以充分利用现有的教育教学资源，通过建设网络教育资源共享平台，进行开放性的网络教育培训。中、高等职业院校可以为有志于发展现代农业的职业农民提供充足的、多样化的教育培训资源，供农民自主选择学习，并设立现场辅导交流网点，定期派有关专业教师或者专家进行学习指导。这种"远距离"模式具有开放性、选择性、规模性及便捷性等特点，既经济，又有利于农民学员根据自己的需要自由确定学习时间和选择学习内容，而且由于教育培训没有时空的限制，可以让偏远地区的学员继续学习。

（二）新型职业农民培育模式的典型范例——以江苏省为例

1. 江苏省新型职业农民培育模式的探索与经验

江苏省新型职业农民培育走在全国的前列，其在办学实践中，逐步形成了具有一定推广应用价值的、符合区域实际的培育模式。

（1）培育实践丰富，培育模式多元化

江苏省新型职业农民培育实践比较丰富，新变化、新景象层出不穷。各地积极开展新型职业农民培育，在着眼农民素质整体提高的基础上，加大了对种植和养殖能手、农业企业专家、农民经纪人和科技示范户、农民经济合作组织骨干等群体的培育，重点突出对创业农民、紧缺人才、骨干农民等"塔尖型"农民的培养，强化典型示范和辐射带动。

各地形成的培育模式的区域特色比较明显。从区域比较来看，总体上苏南地区已经进入建立特色和规范提高的新阶段，对培育项目的选择、布局、申报、立项要求更高，而区域经济相对欠发达的苏中、苏北地区则更多处于"跑项目、要经费"的阶段。在培育内容上，苏南地区产业特色更加明显，如南京市把农业新技术、农产品标准化生产、农业政策法规作为基础课程进行培训，还开展了现代农业发展趋势、农业高新技术、前沿动态、农业旅游等业务培训，建立了"南京农业老板网"。苏北和苏中地区的农民培育模式也呈现出多元化的特征，如郭村"基地＋农户"模式、仪征"塔尖人才引领"模式、固城"园区＋公司＋农户"模式等。

（2）创新格局已经形成，培育体系相对完善

江苏省新型职业农民培育工作得到了各级政府和领导的高度重视，被列为江苏省重点工程，目前已形成"政府主导、农民自愿，产业依托、项目运作，社会参与、多元供给，创业推进、突出效果"的培育格局。江苏省新型职业农民培育体系比较完善，实现了培育主体的多元化、培育力量的综合化、培育途径的多向化和培育载体的多样化，从培育主体来看，政府、用工企业、农业院校、科研院所、农技推广服务组织、专业培训机构、行业协会、社会中介机构及"能人"群体共同构成多元化的培育主体，形成了政府主导型、企业主导型、院校主导型、社会主导型、能人主导型等培育模式；从培育力量来看，教育教学、产业带动、能人示范、工程推动、活动促进、政策引导等多种措施和力量综合发挥作用，全方位推动；从培育实施途径来看，已经形成了学历教育、职业培训、短期进修、海外研修等多向化农民素质提高途径。农业广播电视学校、远程教育、各类培训班、劳动中介组织、公益性基金项目、乡村文化大院等为新型职业农民培育提供了多样化的实施载体，形成了比较完善的新型职业农民培育体系。

2. 江苏省新型职业农民培育模式的实践典型

（1）教育教学型——太仓"5W＋双向双行"模式

模式内涵：苏州农业职业技术学院与太仓市人民政府合作，创造性地提出了现代职业农民培养的苏南模式，绘制出了农业高职教育改革与现代职业农民培养的"336"改革路线图，积极探索培养基于高职学历教育的"现代青年职业农民定向培养工程"（苏州农职业太仓班），大胆进行新型职业农民培育的尝试，以接受正规学历教育或非学历培训教育为主要培育形式。

培育目标：农业行政部门的管理人员、农业推广部门的技术推广人员、农业研究人员、农业经营者、农业技术骨干和农业技术工人，即培养一批能够扎根于当地农业和农村的"下得去、留得住、用得上"的高素质技术技能型人才。

培育主体：高等农业院校或农业职业院校。

培育对象：以高等农业院校或农业职业院校在校学生为主，还包括到农业院校接受继续教育的农村基层干部、管理服务人员、核心农户、骨干农民等。

培育内容：经营管理能力、职业技能水平、科学文化素质。

培育管理：学历教育、非学历教育。

培育措施：与地方政府协作，针对不同地方、不同产业、不同类型农民的特点，建立不同的培养目标，通过系统的教育教学，使学生获得完善的专业技能和全面素质。

联合培养措施：经过选拔录取的人才，由苏州农业职业技术学院和太仓市人民政府联合培养，双方联合制订"定向培养、双向双行，分段教学、农学融合"的项目化、菜单式的人才培养方案，采用"5W+双向双行"的分段培养模式。前五个学期，学生一部分时间在苏州农业职业技术学院及其所属校内外实训基地进行公共文化课、专业理论与技能课的学习，另一部分时间在太仓市村镇基层、农业企业、农业园区和合作农场进行农业生产技术与管理实践等综合实践课的学习；第六学期，由苏州农业职业技术学院与太仓市人民政府联合派出经验丰富的一线农业技术和管理人员对学生进行岗前专题培训和顶岗实习。

"5W+双向双行"模式措施具体如下。

①双办学主体。苏州农业职业技术学院与太仓市人民政府双向合作办学。

②双学习地点。三年中，学生分别在苏州农业职业技术学院和太仓市村镇基层进行分段学习。

③双班主任。学校与太仓市人民政府各派出一位经验丰富的专业管理干部作为班主任，便于对学生进行管理和及时沟通。

④双任课教师。专业核心课程均由学校与地方各一位教师兼任。

⑤半农半读、农学融合。采用农业生产实践学习和专业理论技能学习相结合的方式，学生在三年的学习过程中，一半时间在学校学习专业理论与技能，一半时间在实践中学习农业生产与管理。

⑥区域特色、国际视野。第六学期由学校联系、学生自主申请，安排到欧、美、日等国家农场进行为期1个月左右的农业生产与管理实践实习，开阔学生的国际化视野。

⑦双并重。做到生产技术与经营管理并重、信息智能与现代装备并重、专业技术与职业素养并重、专业学习与岗前培训并重。

⑧双教学方式并行。专业课程以项目化方式教学，项目贯穿始终，其他课程以其他方式教学。

模式评价：太仓"5W+双向双行"的教育教学型模式以服务"三农"为导向，实行灵活、开放、多样的授课方式，在新型职业农民培育上具有持久性和正规性的特点，对农业、农村的发展意义重大。

适用范围：适合农业后继者和"塔尖型"农民的培育；适用于农业院校相对密集的省份、地区，以及农业教育的人才和资源有一定优势的地区。

（2）产业依托型——江阴"农业工人培育"模式

模式内涵：作为全国县域经济排头兵的江阴市依托当地的农业产业优势，跳出农业抓农业，以培育满足当地农业产业化发展或企业生产需要的产业工人为目标和动力，积极发展现代高效农业，做给农民看，带着农民干，积极探索"工业反哺农业，产业培育新农民"的新型职业农民培育模式。

培育目标：农业产业化或涉农企业的产业工人。

培育主体：龙头企业等农村经济合作组织、涉农企业和专业培训机构等。

培育对象：在涉农企业就业的农民、从事农业产业的农民。

培育内容：科学文化素质、职业道德、职业技能水平和经营管理能力。

培育管理：创业教育、制度管理、配套服务。

培育措施具体如下。

①科学实施高效农业产业规划。江阴市按照农业区域布局目标和产业发展目标，制定了高标准的种植、养殖业和休闲观光旅游业等产业园区建设规划。江阴市现有产业特色鲜明、专业化程度较高的现代农业园区（基地）18个，其中，重点园区（基地）10个，连片33.3万平方米以上规模的现代都市农业产业园区5个。阳光项目区已成为江苏省现代农业科技示范园区、无锡市现代农业示范园区，华西项目区已成为省级休闲观光示范园区、无锡市都市农业示范园区。

②坚持城乡统筹发展，大力鼓励、引导"三资"投资农业，积极发展现代高效农业。市委、市政府高度重视"三资"投农工作，特别是工商资本投资农业开发，积极向企业宣传工商资本投入农业的潜在优势和利益，鼓励企业投入农业产业，帮助协调解决搬迁安置、土地流转等具体问题，落实基础设施建设配套、资金扶持、相关优惠政策等事宜，为项目建设提供了良好的发展环境，帮助工商资本农业企业申报各类项目和争取项目经费。目前，全市"三资"累计向农业投入28亿多元，成为全省乃至全国的典型。

③树立典型，放大龙头农业企业的示范和带动效应。近年来，江阴市的现代化农业企业如雨后春笋般涌现出来，"三资"企业致力于发展现代农业的热情空前高涨。除了以农业工人的形式从企业获得收益外，通过政府的牵线搭桥，采取"公司＋基地＋农户""公司＋农户"等多种灵活经营模式，江阴市成功地以企业为龙头，重点围绕一种或几种产品的生产、加工、销售，建立规模化生产基地或园区，并通过基地与农户的有机联合，把农业的项目建设、产业发展、市场拓展融为一体，使农民不仅能从农业生产中获得增收，还能以农业工人的形式直接获得收益。

④依托企业，整合资源，培育"农业工人"。企业先培训后上岗或者边上岗边培训，一方面解决了农民接受培训的后顾之忧，降低了接受培训的风险；另一方面使农民不必再为工作与学习的冲突而发愁。在这种情况下，农民参加培训的积极性很高。江阴市将现代农业知识、技能作为重要内容，依托企业，整合职业院校、成教中心、大型农企培训资源。由政府财政出资补贴，企业通过建立企业模拟培训中心或跨企业模拟培训中心，实施企业内"实训实习联合培训"，自主落实职业教育。有的企业与职业院校合作，推行"订单式"培养模式，加快传统农民向"农业工人"的转型。例如，江阴九州果业公司是一家集优质果品生产、新园艺品种培育、特种蔬菜、特种水产于一体的综合型现代农业企业。该公司专门辟出标准教室，聘请中国农科院、中国农业大学等院校的专家教授，对农民进行转岗培训和科技培训，将课堂教学和现场讲解相结合，把现代农业的生产理念传授给"农业工人"。

模式评价：这种模式主要针对的是集约农业、规模农业、高效农业和农业产业化的发展，有利于培植特色基地和打造地方特色产业。由于培育成果与农民的收入关联度大，与农民的经济利益息息相关，农民受训的自愿性强、自觉性和积极性高。围绕产业和企业开展的培训和教育，在内容上与产业结合紧密，所授知识直接为农民的产业服务，培育的针对性较强。

适用范围：适用于具有农村产业化组织，农技推广服务体系、职业准入、职业培训等制度相对完善的地区。

（3）活动促进型——昆山巴城"幸福方舟"模式

模式内涵：昆山巴城通过创建"幸福方舟"学习型组织，结合巴城镇领导干部及相关工作人员的工作实际，围绕"知识、能力、技能"三方面，举办各种各样的活动来开展新型职业农民培育。

培育目标：着眼于农民群体素质和意识的提高。

培育主体：政府及行业、工会、共青团、社区学校等组织。

培育对象：农民群体。

培育内容：文化、科技、卫生、法律等常识。

模式评价：该模式是对农民精神层面的满足，是社会主义新农村建设的核心模式，对受众无特殊素质要求，接受面广。该活动本身具备的易实施、影响大、集中性好的特点，可以调动更多的力量支持新型职业农民培育工作，扩大了参与渠道。但是，活动的定期安排在很大程度上取决于组织单位的热情和条件，且该模式缺少定量的评价指标，效果难以衡量。

适用范围：经济相对发达的地区，有一定的组织和经费，有专业人员的保障。对活动举办者、实施者有较高的素质要求。

（4）项目推动型——扬州郭村"基地＋农户"模式

模式内涵：扬州郭村以具有开发价值的项目（扬州市市级农科教结合实验项目）为载体，建立了"328 国道大棚蔬菜种植实验项目基地""郭村家禽养殖实验项目基地""苦瓜、吊瓜、芦荟生产实验项目基地"，通过邀请专家授课，对全镇从事林果、蔬菜、畜禽、水产养殖的农民进行种植、养殖理论系统培训，同时利用项目基地的优势条件对他们进行实地操作示范、实例解剖，千方百计帮助农民掌握新品技术、种养管理等专业知识。

培育目标：培养农民适应农业产业结构调整要求所需的知识、技术、市场适应能力、信息捕捉能力等；在提高农民素质的同时，形成种养业新产业，发挥基地示范、推广、辐射的作用，加速新品种、新技术的推广应用，实现从常规农产品到特种农产品的转化，更直观、有效地带动农民实现科技致富。

培育主体：政府、科研院所等。

培育对象：参与农业科技项目开发及从事相关产业的农民。

培育内容：科学文化知识与素质、职业技能水平、经营管理能力。

培育管理：科技项目转化及产业链延伸的相关管理。

培育措施具体如下。

①加强与农业服务中心的协作配合。组织专兼职教师及学校管理人员开展下乡调查，及时了解农民在种植、养殖方面的技术需要后，制订覆盖全镇的年度农业实用技术培训计划，协助农业服务中心和经济服务中心聘请各方面相关师资按计划实施培训；与镇农业服务中心联合开展"百场讲座进乡村"培训活动，有的放矢地免费为农民提供用得上、见效快的各类实用技术资料。

②密切与劳动保障所的合作。以劳动力市场和人才需求为导向，以就业准入机制为契机，在区劳动保障局培训中心的指导下，开展技能等级证书培训。

③与农业技术推广站合作，制作专门用于培训推广的农科教信息小报——《郭村农情》《成教科技小报》，并及时发放到农民手上。在内容上，实地收集与该镇农业相关度比较高的政策、法规，最新农业科技信息动态及本镇农业服务中心发布的病虫害信息。

④加强与各村、相关规模企业的合作，指导各村、企业针对各自的实际情况开展岗位实用技术培训。根据镇政府每年年初发布的《社区教育实施意见》的文件精神，在广泛宣传的基础上，组织教师深入各村、相关规模企业调查研究，为其提供力所能及的培训指导服务。

模式评价：该模式相对来说周期短、易组织、见效快，适应了当前农村农业生产逐步产业化发展、第三产业迅速兴起、劳动力流动规模扩大等新趋势，开发一个能紧密结合当地的具有推广价值的特色支柱产业，开发能让农民富起来的科技项目，能满足农民获取新信息、学习新技术、接受新产品的迫切愿望，符合农民的心理特征。但是，该模式对所选项目和技术服务要求较高，不仅项目开发要有生产基地和其他必备的自然资源条件，推广的技术要切实可行、简便易行、节本增效，而且技术与项目结合后所形成的项目产品也要能产生显著的经济效益，否则就会影响培育的效果，失去或减弱效益诱导这一原动力。

适用范围：该地区具有特色资源，不仅能形成特色产业和企业项目，还能吸引外界项目和外来资本，从而进一步提高项目开发的数量和质量，产生更为显著的经济效益。

（5）园区带动型——南京固城"园区＋公司＋农户"模式

模式内涵：南京固城镇通过兴办农业科技示范园等科技示范基地，建立农业科技成果转化平台，树立区域农业科技发展的典型，形成农业科技培训基地，引导农民自觉自愿地进行科技学习。

培育目标：产业型、科技型农民。

培育主体：政府、企业或者高校。

培育对象：在农业科技示范园区就业和创业的农民。

培育内容：职业技能水平、经营管理能力、科学文化素质。

培育管理：将农民培训纳入园区管理的重要内容。

培育措施：固城镇地处水乡、山乡交界处，气候条件非常适合培育食用菌。

目前，被称为全国小蘑菇生产示范镇的固城利用地理优势，建立了蘑菇种植园区，并与"南京高固食用菌科贸有限公司"协作，形成了"园区＋公司＋农户"的产业经营模式。其合作的"大棚高产高效栽培模式""食用菌产业化开发""废包的二次出菇技术""农村废弃物综合利用"及"利用秸秆种菇实施循环经济"等项目先后被省市立项，并被评为江苏省"九五"生态农业试点县优秀示范工程、南京市农业现代化示范工程。

适用范围：拥有科技项目、科技推广人才和财政的支持，金融贷款和企业投资保障等的地区。

（6）能人示范型——仪征"塔尖人才引领"模式

模式内涵：仪征市科学规划、多策并举、强势推进，不断培育和发现具备较高素质的农民能人，依托农村能人的示范和影响作用带动实施江苏省新型职业农民培训工程的新型职业农民培育模式。

　　培育目标：通过举办农业实用技术培训班，培育一批农村领导干部、农村能人、生产能人、经营能人等，从而为全省推广新型职业农民培训工程发挥重要的示范作用。

　　培育对象：农村基层干部、农村种养大户和农业龙头企业。

　　培育内容：职业技能水平、经营管理能力、科学文化素质。

　　培育措施具体如下。

　　①推进"科技入户"工程，加速科技成果转化。仪征市实施农业农村农村部科技入户试点示范工程，以优质弱筋小麦为主导品种，主推测土、配方、施肥等8项技术，以"专家进大户、大户带小户、农户帮农户、辐射千家万户"为推广思路，在全市聘用50名技术指导员，遴选1000个科技示范户，辐射带动2万农户，形成了农业科技成果转化的"葡萄串"效应。

　　②开展"跨培工程"，培育高素质青年农民。仪征市实施了农业农村部（今农业农村部）、财政部、共青团共同组织的"跨世纪青年农民科技培训工程"（简称"跨培工程"），全市举办18个专业培训班，共培训青年农民3000人。此次培训更新了受训青年农民的思想观念，提高了青年农民的科学文化素质，为农业、农村经济持续发展注入了新的活力。受训学员能够依靠科技进行生产，依靠信息从事经营，依靠法律保护自己，成为种植、养殖、加工类等专业大户和致富典型，实现"户带组、组带村、村带乡"的示范联动效果。

　　③实施"绿色证书"工程，培育更多农民技术骨干。大力开展初、高中生"两后"创业教育培训，增强中学毕业生适应社会的能力，为全市新农村建设提供后备力量。全市初、高中毕业生受训人数占毕业生总人数的10%以上。据调查，获得"绿色证书"的学员比未培训农民年收入平均增加8%，开展"绿色证书"工程培训的村比未培训的村收入增加9%。"绿色证书"培训为农村培养了一大批专业化生产、产业化经营的骨干农民，并辐射到千家万户，同时加快了农业科技成果的转化和应用。

　　④开放"农民科技书屋"，播撒致富"火种"。2004年，仪征市启动了"农民科技书屋"建设项目，在全市3个镇25个村建成"农民科技书屋"，各书屋均配备了种植、养殖、农产品加工和农民生活四大类的300多册图书和100张农业科技光碟，制定了书屋管理、图书管理、兼职图书管理员和书籍借阅等制度。目前，"农民科技书屋"作为农村基层先进科学文化知识的传播中心，为提高农民科技素质、提高农业综合生产能力发挥了较大作用，已真正成为农民"深造"的场所和致富的"加油站"。

　　模式评价：像农村能人这样的典型新型职业农民属于新型职业农民"金字塔"

结构中的"塔尖型"群体。培育小比例典型，发挥他们的带动作用，比较符合我国农村的实际。然而，这种模式对农村能人的素质要求较高，有的农村能人虽然"能"，却不"范"，示范和带动作用不明显。

模式保障：基层领导理论联系实际的建设、能人的选拔，党委政府给予信任，放手锻炼准新型职业农民，从政治、政策层面支持、帮助农村能人。

四、新型职业农民培育过程中存在的困难

目前，我国各地努力探索走新型"三农"发展道路（以工业化致富农民、城市化带动农村、产业化提升农业），其新型职业农民培育的实践经验为未来进一步开展新型职业农民培育工作奠定了坚实的基础。但是，在经济快速增长、利益格局深刻变化、社会结构加速转型及新型城镇化的大背景下，职业教育的发展和广大农民的迫切需求，与提高发展现代农业要求仍存在很大差距。管理者认为农民人力资源开发活动中存在的主要困难依次是农民参加职业培训的积极性不高、经费投入不足、农民文化程度低、缺乏相应的实训设施、农民不愿意承担一定培训费用、培训工作与实际需求脱节、缺乏合格师资、教育培训活动信誉度不高、教育培训成果很难得到实际运用等。因此，新型职业农民教育与培训中不可避免地存在着一系列困境。

第四节　构建新型职业农民培育的体系

一、建立新型职业农民教育培训目标责任机制

新型职业农民教育培训应该为农业现代化建设服务，与农业劳动力发展水平相适应，与农业生产方式相协调，服从和服务于农业、农村经济建设，促进社会结构平衡和全面进步，适应广大农村发展水平，满足农民劳动致富的需要。根据其他国家的经验，教育培训主体的市场化提升了教育培训成果的多元化和需求适应性，我国也在近些年不断吸引各类主体参与新型职业农民培育计划，为资金投入、教育资源建设、就业渠道拓宽等提供多方保障。在教育培训体系建设中要以以下两点内容为实施重点。

一是国家应明确农民教育培训事业的公益性定位。要求各级政府明确农民教育培训专门机构的公益性和具体职能，将农民教育培训经费纳入各级财政预算，加强领导，加大投入，使农民教育培训主体机构能保持稳定发展和充分行使职能。

二是要加快建立教育培训目标责任机制，保障教育培训工作的落实、稳定与持续。目前，增强各级政府和有关部门教育培训新型职业农民工作的责任感和主动性十分必要。近年来，一些地方在这方面进行了探索并取得了一定的成效。比如，苏州市市委、市政府印发了《苏州市探索率先基本实现农业农村现代化三年行动计划（2020—2022年）》和《苏州市率先基本实现农业农村现代化评价考核指标体系（2020—2022年）（试行）》。这有效调动了地方政府工作的主动性，很多县市把农民培训当成当前农业工作的重要任务来落实，按培训人数核算培训资金，农民培训工作的人力、物力、财力投入大幅增加，取得了明显成效。鉴于此，其他地区可以借鉴江苏等地的成功经验，把培育新型职业农民列入国家发展规划指标，把培育任务和持证的新型职业农民数量纳入各级政府的综合考核指标，切实推动各地落实新型职业农民教育培训资金、设施和管理措施，保证培育效果。

二、建立配套的务农农民与农业后继者教育培训制度

加快建立包括务农农民教育培训和农业后继者教育培训在内的配套制度是十分必要和紧迫的，具体包括以下两个方面。

一是建立务农农民教育培训制度。务农农民是农业生产经营的主体，他们的科学文化素质、技能水平和经营能力直接决定着农业生产力水平，因此，应大力发展面向务农农民的免费农科职业教育，特别是中等职业教育和农业系统培训，尽快提升农民的科学文化素质、技能水平和经营能力，把具有一定文化基础和生产经验的务农骨干农民培养成为具有新型职业农民能力素质的现代农业生产经营者。其中的关键是要建立务农农民农科职业教育特别是中等职业教育免学费制度，并对误工、误餐等进行补助，通过实行农学结合弹性学制和送教下乡等教育模式，鼓励和吸引务农农民参加农科学历教育，培养具有农科中、高等职业教育水平，具有与现代农业发展需要相适应的科学文化素质、技能水平和经营能力的新型职业农民。

二是建立农业后继者教育培训制度。随着农民职业化的发展，职业农民队伍将逐渐稳定。只有培养一代又一代爱农、懂农、务农的新型职业农民，才能保证农业后继有人。首先，要建立青年农民扶持制度，对回乡从事农业生产经营和在农业领域进行创业的农业院校（特别是中、高等农业职业院校）毕业生，在就业补贴、土地流转、税费减免、金融信贷、社会保障等方面给予扶持，鼓励、引导、吸引农业院校学生到农业领域就业、创业，成为新型职业农民。其次，要建立农业院校定向招生支持制度，对定向招录农村有志青年特别是种养大户、家庭

农场主、合作社领办人等子女的"农二代"的农业院校，在实训基地建设等方面给予倾斜，鼓励和支持农业院校设立新型职业农民学院或办好涉农专业，为培养新生代新型职业农民创造条件。

三、强化产业部门对新型职业农民教育培训的支撑作用

培育新型职业农民，就是培育专业农民，也是培育适应农业产业化发展的现代农业生产经营主体。产业是成长中的职业农民接受教育培训的载体，也是成熟职业农民参与工作与实现自我发展的摇篮。由于农业生产经营本质上具有区域性、产业性差异，做好新型职业农民的教育培训工作，需结合生产实际，在发展产业中催生职业农民，在职业农民培育中发展产业，形成职业农民的培育与产业发展壮大的良性互动，以区域性产业化教育培训为目标强化产业部门的支撑作用。

一是要将职业农民教育培训与产业发展规划相结合。一方面，培养新型职业农民应与产业发展规划相一致，与产业发展的劳动力总需求和结构性需求相适应，以满足现代农业发展对农业、农村人才的需求为出发点，立足我国现代农业产业布局和各地农业发展实际，将培养内容与地方主导产业紧密结合，围绕各地现代农业发展急需的关键技术、经营管理知识及市场信息等开展教育培训，同时开展思想道德和文化素质培养，全面提高农民综合素质。另一方面，教育培训工作要立足优势产业，将专业大户、家庭农场主、农民合作社领办人、农机手、农技人员作为重点培养对象，加强技能培训，发挥其示范带头作用，引领产业发展。

二是要以产业发展政策支撑新型职业农民教育培训工作的推动实施。强有力的政策保障是影响新型职业农民教育培训的重要外生因素，对教育培训工作的实施环境与推进力度起着重要的作用。产业发展政策的制定与实施力度，直接决定了产业的发展能力与水平，决定了产业与新型职业农民的吸引力与培养要求。新型职业农民教育培训工作要以产业为落脚点，明确新型职业农民与新型经营主体、主产区、标准化生产间的协同关系，以新型职业农民为依托，既要充分发挥现有补贴、倾斜、支持、扶持等产业发展政策的促进作用，留住种地的人，又要将新型职业农民教育培训上升到产业发展必备人才的战略高度来执行，不断引导新的产业发展政策直接向新型职业农民倾斜。

三是教育培训应始终以产业发展对农民素质的根本要求为出发点。从宏观来看，新型职业农民的教育培训不能一概而论，更不能以偏概全，农业生产和农民自身素质基础的差异性要求针对培养对象进行分类；从微观看，就是要分产业进行研究，有针对性地提出新型职业农民能力、素质要求，探索适宜新型职业农

民需求的教育培训新模式。不同产业对从业农民的素质要求与技能需求不同，以增加边际生产率为原则，削减劳动力要素流动对农业生产的制约影响，客观要求劳动力要素按照产业链需求进行学习与培训，继续深入开展专业化培训；要主抓产业发展中的关键技术，并在此基础上增加产业培训课程，重视产业发展中经营、管理等关键环节，使新型职业农民真正成长为"爱农业、懂技术、善经营"的现代农民。

四、构建"一主多元"新型职业农民教育培训体系

为全面提高农民教育培训服务能力，加快构建以农广校为基础依托的"一主多元"新型职业农民教育培训体系，农业农村部（今农业农村部）于2013年7月印发了《农业农村部关于加强农业广播电视学校建设加快构建新型职业农民教育培训体系的意见》。

（一）大力培育新型职业农民是战略性重大工程

1. 培育新型职业农民意义重大

随着我国农村劳动力特别是青壮年劳动力持续大量转移，农户兼业化、村庄空心化、人口老龄化趋势明显，农村新生劳动力离农意愿强烈和务农经历缺失，加剧农业后继乏人，"谁来种地""地如何种"已成为现实而紧迫的重大问题。因此，大力培育以农业为职业、具有一定的专业技能、收入主要来自农业的新型职业农民，是培养和稳定现代农业生产经营者队伍的必由之路。新型职业农民作为新型生产经营主体和现代农业从业者，是发展现代农业的基本支撑，是推动城乡发展一体化的基本力量。各级农业农村部门要把培育新型职业农民作为重要职责和基本任务，使其贯穿现代农业建设全过程，并为现代农业建设持续提供人力资源支撑和人才保障。

2. 教育培训面临长期繁重任务

培育新型职业农民是一个系统的工程，因此，相关培训机构要坚持"政府主导、农民主体、需求导向、综合配套"的原则，建立完善的教育培训、规范管理和政策扶持相互衔接配套的制度体系，大力培养综合素质高、生产经营能力强、适应现代农业发展要求的新型职业农民。要在我国这样的农业大国加快发展现代农业，需要培养数以亿计涵盖农业产前、产中、产后，包括生产经营型、专业技能型和专业服务型的新型职业农民，需要加强农业后继者培养和新型职业农民经常性培训，任务十分繁重，必须长期坚持。

3. 加强体系建设要求十分迫切

面对规模大、层次高的新型职业农民和农村实用人才培养战略任务，我国农

民教育培训资源特别是优质资源明显不足，存在教育培训体系不健全、主体比较脆弱、社会资源分散等问题；教育培训机制不完善，缺乏有效激励和硬约束，规范化、标准化、制度化建设滞后，存在"低水平、简单重复"的问题；教育培训条件不配套，存在培训缺场所、教学缺设施、下乡缺工具、实习缺基地等问题，迫切要求加强农民教育培训体系建设。

（二）加快构建以农业广播电视学校为基础依托的新型职业农民教育培训体系

1. 加强农民教育培训主体建设

各级农广校是我国农民教育培训公共服务机构，是公益性农业社会化服务体系的有机组成部分，是农业农村部门开展新型职业农民教育培训和农村实用人才培养的主力军。各级农业农村部门要积极争取当地党委、政府和有关部门的支持，把加强农广校建设纳入农业社会化服务体系统筹推进，进一步巩固农广校农民教育培训主体地位，改善公益基础设施，完善公共服务条件，使其更好地履行农民教育培训、农村实用人才培养、农业技术传播和科学普及等公共服务职能，为构建新型职业农民教育培训体系提供基础依托。

2. 保持和稳定系统办学特色

各级农广校是以资源共享为纽带的不可分割的有机整体，具有系统办学的鲜明特色和独特优势。在教育体制改革和事业单位分类改革中，要加强对农广校的组织领导和业务指导，加强与相关部门的沟通协调，强化公益性事业单位的性质，保持农广校由农业农村部门主管的体制不变、公益性事业单位的性质不变、独立设置的办学格局不变，稳定办学队伍，强化办学特色，发挥办学优势。

3. 构建"一主多元"体系

坚持"政府主导、行业管理、产业导向、需求牵引"原则，聚合优势资源，形成以农广校、农民科技教育培训中心等农民教育培训专门机构为主体，以农业科研院所、农业院校和农技推广服务机构及其他社会力量为补充，以农业园区、农业企业和农民专业合作社为基地，满足新型职业农民多层次、多形式、广覆盖、经常性、制度化教育培训需求的新型职业农民教育培训体系。

4. 建立与完善多元参与协作机制

充分发挥各种新型职业农民教育培训资源作用，鼓励和支持相关机构积极参与新型职业农民教育培训，形成大联合、大协作、大教育、大培训格局；进一步强化农业科研院所、农业院校社会服务功能，鼓励结合科研、教学和推广服务开展农民教育培训；创新农业推广服务方式，支持农技推广服务机构把新型职业农民教育培训融入试验示范、成果转化和技术推广中，提高广大职业农民的技术承接和应用能力；促进农业园区和农业企业发挥产业化经营优势，完善新型职业农民教育培训设施条件，建立新型职业农民教育培训现场教学和实训基地。农民专业合作社集新型职业农民教育培训对象、内容和需求于一体，是新型职业农民教育培训服务农业产业发展的有效结合点，要加大对专业合作社参与新型职业农民教育培训的扶持力度，组织新型职业农民参加教育培训。

（三）以进一步增强教育培训服务能力为核心加强各级农业广播电视学校建设

1. 进一步明确职责任务

适应新型职业农民教育培训改革发展要求，明确和落实农广校职责任务，大力培养新型职业农民和农村实用人才；继续巩固农广校学历教育，积极支持农广校发展农民中等职业教育；实行"农学结合"弹性学制，采取"送教下乡"教育模式，加强教学班（点）建设，实施规范办学，深入推进"百万中专生计划"，扩大人才培养规模，提高人才培养质量；规范开展中专后继续教育和合作高等教育；结合实施"双证制"，深化职业技能鉴定工作。

积极支持农广校充分利用现代传媒广泛开展农民普及培训，紧密结合农时季节和关键环节大力开展农业实用技术培训，重点抓好一年一度的冬春大培训；重点承担好新型职业农民培育工程等国家和各级农民培训项目任务，积极承担农技人员知识更新，农村实用人才带头人、大学生村干部、农民专业合作社负责人、农业企业管理人员等培训任务，深入开展"绿色证书"培训。

2. 加强办学队伍建设

积极争取有关部门支持，落实人员编制，建立与职能任务和办学要求相适应的农广校专职办学队伍；选齐配强校级班子，选配具有农科大专及以上学历的专业人员充实专职教师队伍，完善专职教师职称评聘办法，改善专职教师待遇，提高其收入水平；探索建立新型职业农民教育培训导师团和绩效考核激励制度，吸引农业科研院所、农业院校、农技推广机构专家教授和技术人员、农业企业管理人员、优秀农村实用人才担任兼职教师，建立数量充足、结构合理、素质优良的兼职教师队伍；实施师资队伍建设工程，以提升能力为核心对各级校长、教学管理人员、专兼职教师开展轮训。

3. 切实改善设施条件

根据农广校办学特色和新型职业农民教育培训需求，积极推进"空中课堂""固定课堂""流动课堂""田间课堂"一体化建设；加强农广校建设战略研究，编制专项建设规划，明确建设布局和建设内容，研究制定各级农广校设置标准，积极争取各级政府部门的支持，提升办学条件和教育培训水平。

4. 继续加强农民科技教育培训中心建设

依托农广校建立的农民科技教育培训中心，是保障和服务各级农业行政主管部门农民教育培训工作的职能机构。各地要继续完善中心建制，加强中心职能建设，在农业行政主管部门领导下，承担新型职业农民教育培训统筹规划、综合协调和指导服务职能，使其成为当地新型职业农民教育培训的研究中心、指导中心、服务中心和宣传中心。

（四）努力形成重视、支持，办好、用好农业广播电视学校的长效机制

1. 加强组织领导

农广校要进一步健全联合办学领导体制机制，及时研究解决农广校建设发展和作用发挥等重大问题。各级农业行政主管部门要切实加强组织领导，把农广校各项工作纳入当地农业、农村经济发展规划，列入农业农村部门工作计划，摆上议事日程，建立、落实好绩效考核责任机制。

2. 落实经费保障

积极争取各级财政部门的支持，根据农广校公益性新型职业农民教育培训内容、项目及涵盖人群核定工作经费并纳入财政预算；对于涉及新型职业农民教育培训和农村实用人才培养的工程项目，要充分发挥农广校的教育培训能力和主体作用，并予以优先安排、重点支持；要积极争取将农广校农民中等职业教育全面纳入免学费及国家助学政策，加快培养新型职业农民。

3. 营造发展氛围

加强对新型职业农民教育培训基础性、公共性、社会性和重大战略意义的宣传，形成领导重视、政府支持、社会关注的氛围；加强对新型职业农民典型，特别是科技致富、创业兴业学用典型的宣传，形成教育有用、培训有效、学习有为的氛围；加强对农广校教育培训特色优势和办学成果的宣传，形成办好、用好、发展好农广校的氛围。

五、构建"1+N+X"县域新型职业农民教育培训网络体系

新型职业农民教育培训具有系统性、长期性的特征，因此，要做好新型职业农民教育培训工作不仅要依靠主体建设，还要依靠联合机制将各类教育培训要素充分整合起来，发挥各种农民教育培训资源的作用，鼓励和支持相关机构积极参与农民教育培训，不断整合师资、设施、教材、培训途径、管理方法等资源，一方面做到取长补短，另一方面以乘数效应互相促进，形成大联合、大协作、大教育、大培训格局。一是进一步强化农业科研院所、农业院校社会服务功能，鼓励结合科研、教学和推广服务开展农民教育培训。二是创新农业推广服务方式，支

持农技推广服务机构把农民教育培训融入试验示范、成果转化和技术推广中，提高广大农民的技术承接和应用能力。三是促进农业园区和农业企业发挥产业化经营优势，完善农民教育培训设施条件，建立农民教育培训现场教学和实训基地。四是加大对农民合作社参与农民教育培训的扶持力度，组织农民参加教育培训，充分利用农民合作社集农民教育培训对象、内容和需求于一体的多效平台，有效结合农民教育培训与农业产业发展事业。

当前，农民教育培训机构众多、力量不均、资源分散，考虑到新型职业农民教育培训是一种特定培养对象、特定教育培训内容和特定培养目标的特殊教育，且教育培训主要与产业、与县域有关，各培训机构应在农业行政主管部门的领导下，建立"行业主导、适应需要、服务基层、灵活高效"的农民教育培训服务体系运行机制。强化县级农业农村部门的指导、引领作用，明确各类教育培训机构的功能定位，加强教育培训资源优化配置，在政策项目、资金投入、队伍建设、人才培养及信息交流等方面，充分发挥各类农业教育培训资源的优势和作用，构建适合当地的"1+N+X"县域新型职业农民教育培训网络体系。

"1"即一个农民科技教育培训中心，依托农广校建立，是保障和服务各级农业行政主管部门农民教育培训工作的职能部门，其在农业行政主管部门领导下，承担农民教育培训统筹规划、综合协调和指导服务职能，是农民教育培训的研究中心、指导中心、服务中心和宣传中心。

"N"即若干个主体教育培训机构，如农广校、中等农业学校、农业职业院校、职教中心、农机校、农技推广机构等。不同地区"N"的个数有所不同（可以有1个主体机构，也可以有2～3个主体机构），但共同点是主体机构优势突出，其他机构差异互补、错位发展。

"X"即建在产业链上的教育基地，包括农业园区、农业企业、农民合作社等。这些社会组织在实现自身获利、推动县域产业发展的同时，应承担为本县新型职业农民提供教育培训服务的责任和义务，对此可由县级行政部门统筹协调解决。将新型职业农民实训基地直接建在农业园区、农业企业、专业合作社，避免了教育培训机构建立实训基地重复投资、运转不畅、与实践脱节等问题，促进了实训与产业对接，有效提升了新型职业农民教育培训的质量。

六、加强教师队伍建设

教学质量的提高不仅在于硬件建设，师资队伍水平更为关键。要办农民满意的教育培训，必须走内涵式发展道路，努力打造一支师德高尚、业务精湛、结构合理、充满活力的高素质师资队伍。在教师配备上，要采取"双师制"教学模式，既要配备专业理论课教师，又要配备具有相当实践经验且具有较高技术水平的农业技术教师。专业教师的理论知识与农技教师的实践经验互为补充，共同构建一支数量充足、结构合理、专兼结合的高素质职业农民教育队伍。相关大学要为培养具有综合素质的新型职业农民教育教师输送师资人才，提高现有农民教育教师的综合素质；要加强教师知识的更新培训，鼓励教师继续深造，通过开展岗位练兵、教学竞赛等形式，不断提高教师的教学能力和教学水平。

2015 年 11 月，为全面提高新型职业农民培育质量，深入推进新型职业农民培育工作，农业农村部（今农业农村部）科技教育司委托中央农广校（农业农村部农民科技教育培训中心）开发了新型职业农民培育师资库信息管理平台，并发出通知，要求其做好师资队伍建设的有关工作。

（一）抓紧建立新型职业农民培育师资库信息管理平台

全国新型职业农民培育师资库信息管理平台包含师资申报系统和师资库信息管理系统两部分，由中央、省、地、县农业农村部门共同建设、使用、管理和维护，要求各地农业农村部门积极组织和动员各级各类教育培训机构、农业院校、科研院所、技术推广单位、行政管理部门，以及专业大户、家庭农场、农民合作社、农业企业、农业园区等推荐优秀教师、专家和人才参与新型职业农民培育工作，申报加入师资库，积极承担教育培训、技术指导和跟踪服务等工作；充分利用新型职业农民培育师资库信息管理系统了解入库师资信息，聘请优秀师资开展教育培训指导服务和教学评价工作。

（二）分级建立新型职业农民培育师资队伍

全国新型职业农民培育师资库是基础库，其面向各级农业农村部门开放，要求各级农业农村部门根据本辖区产业发展要求和农民培育需求。从师资库中遴选适合本地的师资，建立和完善本级师资库，共同服务于新型职业农民培育工作。

1. 县级新型职业农民培育师资队伍

县级师资队伍主要承担当地新型职业农民教育培训和跟踪服务等任务。各县要根据本地新型职业农民培育任务，明确师资队伍建设的安排和要求，专业技术师资主要从本地推广人员中选聘，也可以从产业技术体系、科研教学单位、农业企业、农民合作社、专业大户、家庭农场中聘请；通用知识师资主要从教育培训机构、农业院校、科研推广单位、行政管理部门中聘请。

2. 省、地（市）新型职业农民培育师资队伍

省、地（市）师资队伍主要承担当地示范性培训任务或高端培训，并受邀到基层开展培训指导工作，参与开发地方课程、开展地方新型职业农民培育理论研

究和教育培训工作督导等，其教师主要是来自地方教育培训机构、农业院校、科研推广单位、行政管理部门等方面的专家学者。

3.中央新型职业农民培育师资队伍

中央新型职业农民培育师资队伍主要承担全国性新型职业农民示范培训和"网络大讲堂"培训任务，开发全国性农民教育培训精品课程，开展新型职业农民培育理论研究和教育培训工作督导，等等，其教师主要是依托中央农广校（农业农村部农民科技教育培训中心）聘请的政府有关部门、农业院校、科研院所、行业领域等最具知名度的专家学者。

（三）充分发挥新型职业农民培育师资库的支撑保证作用

各地要抓紧建立师资库使用管理制度，以及科学的资源配置和考核管理机制，发挥好入库师资在新型职业农民培育中的重要作用。

1.科学调配教师资源

各地要围绕本地产业发展要求和农民培训需求，科学制订培训计划和统筹安排教学课程。在组织实施新型职业农民培育工程和相关培训项目过程中，各地要认真落实《新型职业农民培训规范》的相关要求，合理选派入库师资开展教学培训工作；要把解决农民实际问题、提高农民综合素质作为检验教育培训效果的唯一标准，切实提高农民对教育培训工作的满意度。

2.规范落实考核办法

各地要按照客观公正、重在激励的原则对入库师资开展动态管理，根据学员的线上和线下评价情况了解教育培训效果，并将其作为讲课费发放和是否续聘的主要依据；要严格按规定向入库并完成授课任务的教师发放讲课费，切实调动师资授课积极性，建立师资库退出机制，使不合格的师资及时退出。

3.注重师资培养和能力提升

鼓励入库师资积极参加各类学习和培训，有条件的地方要定期对入库师资进行轮训，不断提高师资的职业素养和业务水平等；鼓励和支持入库师资结合当地实际开展教学研究，开发优质教学资源，提高教育教学水平；要努力发现并吸引更多优秀人才加入师资队伍，加强后备师资力量储备。

（四）落实新型职业农民培育师资库建设保障措施

1.加强组织领导

各级农业农村部门和农广校（农业部农民科技教育培训中心）要高度重视新型职业农民培育师资库信息管理平台的建设与应用，积极争取支持，形成齐抓共建的工作格局；要将师资库建设纳入新型职业农民培育总体规划，明确工作职责，确保工作落实。

2. 加快工作进度

各地要明确专人负责，及时掌握师资申报、审核、本级师资队伍的建设和应用等环节的进度，倒排时间表，保障工作顺利开展，从而更好、更快地为新型职业农民培育服务。

3. 做好宣传引导

各地要认真总结和大力宣传广大教师在新型职业农民培育中的重要作用，努力营造师资队伍建设的良好氛围；要广泛宣传扎根农村、服务农民、成绩突出的优秀师资典型事迹，吸引更多优秀人才加入，共同谱写新型职业农民培育新篇章。

七、建立高质量培育教材体系

新型职业农民教育培训教材建设是提高教育培训质量的重要条件，要求编写和选用的教材要适合当地农业优势产业和特色农业，适合教育培训的对象特点和教学方法要求。新型职业农民教育培训教材要以培养学员综合素质为重点，突出理论应用能力和技术应用能力的培养，注重生产实际操作能力的形成和提高，鼓励编写综合性和交叉学科教材。有关职能部门要加强对教材建设的管理，建立和完善教材管理机构，对新型职业农民教育培训教材进行调查分析，加强教材编写队伍建设。同时，教材编写队伍应坚持专家型人才与实践型人才相结合的原则，创新教材内容，编写出高质量的教材。

为进一步提高新型职业农民培育质量，充分发挥教材在新型职业农民教育培训中的基础作用，2015 年 10 月，农业部（今农业农村部）办公厅印发了《关于加强新型职业农民培育教材建设的通知》。

（一）高度重视新型职业农民培育教材建设

新型职业农民培育教材作为教学内容和教学手段的知识载体，是提高教学质量、实现培养目标的基础和保障，在新型职业农民培育工作中起着不可替代的重要作用。近年来，按照新型职业农民培育工作部署安排，相关单位和机构加强教材规划指导、组织教材开发、开展优秀教材评选，使新型职业农民培育教材建设工作取得了积极成效。各地要充分认识新型职业农民培育教材建设的重要意义，把这项工作摆在更加突出的位置，按照现代农业发展和新型职业农民培育工作的总体要求，以提高新型职业农民培育质量为目标，以需求为导向，以开发精品教材为核心，以加强教材使用管理为重点，以创新教材建设体制机制为突破口，进一步做好教材的开发、使用、管理、评价等工作，全面提升教材建设工作水平，加快构建特色鲜明、内容全面、形式多样、务实管用的新型职业农民培育教材体系，建立"三位一体"培育制度，为加快培养高素质的新型职业农民奠定坚实的基础。

（二）加强规划指导和精品教材开发

新型职业农民培育教材建设要坚持统筹规划、统分结合的原则，以国家和省（自治区、直辖市）两级教材建设为基础，市、县教材建设为补充，分级规划、有序开发。农业农村部会同各省编制教材规划，建立全国新型职业农民培育教材信息发布平台，定期发布全国通用教材和区域教材目录及相关信息，促进教学资源共享。纳入规划的教材在出版时，其封面实行统一的装帧设计，授权使用"农业农村部新型职业农民培育规划教材"字样和新型职业农民标识。

要围绕提高新型职业农民综合素质和生产经营能力，坚持权威性、思想性、指导性、可读性并重，提高教材开发质量，努力打造一批先进、适用的新型职业农民培育精品教材，示范、引领各地教材开发工作。精品教材要科学设计内容，以必需、够用为度，以符合农民学习特点和需求为标准，做到务实、管用；要创新编写形式，打破学科知识体系，突出生产过程主线，运用问题导向，做到图文并茂、通俗易懂，适合农民阅读；要精心遴选编写人员，既要选择有深厚理论基础的知名专家学者，也要吸收有丰富实践经验的一线教师、农技人员和农村"土专家""田秀才"共同参与；要严格开发程序，认真落实选题遴选、大纲论证、基层调研、组织编写、文稿审定及编辑出版等环节工作，确保教材的质量。

（三）规范教材使用管理

各地农业农村部门要结合本地实际，切实加强新型职业农民培育教材的使用管理。教材使用要做到通用教材与区域教材衔接配套，避免资源浪费；健全教材选用制度，规范教材选用工作，坚持公平、公正，保证选用过程规范、有序、严格。在实施新型职业农民培育工程和开展新型职业农民中、高等职业教育中，要优先选用全国规划教材；建立教材评价制度，对使用教材进行广泛调查、评价和论证，建立专家质量评审、教师使用评价、学员追踪反馈相结合的评价机制，跟踪了解教材使用效果，实行优胜劣汰；建立教材使用绩效考评制度，将教材使用情况与教育培训机构教学质量评估、培训情况评价挂钩，并纳入新型职业农民培育工程绩效评估考核指标体系。

（四）建立教材建设机制

在建立健全统分结合的新型职业农民培育教材建设工作机制中，农业农村部负责加强对全国新型职业农民培育教材工作的统筹规划、综合协调、遴选推荐和督促检查，并成立教材编审指导委员会，指导全国通用教材的编写和审定。中央农广校（农业农村部农民科技教育培训中心）承担全国通用教材规划和开发、规划教材遴选、教材信息发布等具体工作。各省农业行政主管部门负责本省区域教材建设的规划指导、推荐使用和督促检查，做好本省的教材开发和教材使用工作。地、县农业主管部门要把教材使用管理作为新型职业农民培育工作的重要内容，明确相关要求，做好本地教材使用的督促检查和补充教材的开发工作。此外，教育培训机构还要加强对使用教材和教师讲义内容的审核把关和评价。

第五节　设计与建设新型职业农民培育的平台

农民是我国农村建设的主力军，随着工业化、城镇化进程的推进，在农村进行生产劳作的部分人会涌向城市，但总有一部分人会以无限热爱的情愫执着地在这片土地上耕耘、经营。只有这部分人的智力被极大地开发、利益得到极大的保障时，我们的农业才有可能得到大的发展。

许多理论研究和实践经验已经证明，农业要发展、农民要增收、农村要稳定，除了要进行一系列重要的制度改革和大力的政策支持外，关键在于要从整体上提高我国农村的人力资本水平。人力资本状况的改善意味着农村劳动者具有较好的科学文化素养和运用现代工业资本品的相应技能，具有更好的资源保护和科学利用意识，在生产经营活动中也会表现出更强的资源配置和管理能力，因而可以提高物质资本的使用效率，实现农业产出的不断增长。只有农村人力资本水平提高了，先进的农业技术和现代化的生产经营管理方式才能够普及广大农村，才能实现全面、广泛、持续的农业发展。

要想改变面貌，除了政府要加大投入以外，农村也要提高自我发展的能力，而对农民智力的开发是教育培训首先要做的工作。资源是有限的，只有人的潜力是可以被极大开发的。人力资本研究理论认为，人力资本状况的改善有利于节省和替代投入农业生产过程中的物质资本，提高劳动生产率和资本的使用效率，因而在同等投入的情况下可以得到更多产出。因此，发展教育是彻底解决我国"三农"问题的最根本、最安全、最经济的途径。通过平台的教育培训和服务，可以让愿意从事农业的人有发展的机会和不断向前的希望。所以说，建设和使用好新型职业农民培育的平台不失为一种新的农民教育培训机制和模式。

一、新型职业农民培育的平台设计

新型职业农民培育的平台（以下简称平台）是在充分整合利用现有社会资源的基础上，通过社区教育的形式组建专门的工作队伍。这支队伍负责收集相关信息，搭建平台数据库和网站，开发培训课程，提供科技服务、信息服务及教育培训服务；还要负责创建培训基金，以保障平台的良性运转。平台将立足改变目前我国农民培训"自成一体、界限分明、各自为政、互不相干"的格局，对农民教育培训和科技服务资源进行整合，探索农民教育培训的新方式。这一平台将构建优势互补、资源共享的综合服务体系，通过介入信息服务、资助服务、科技服务及产供销过程服务，在恰当的时候为农民提供恰当的教育和培训。

平台主要负责组织建设工作。组织建设包括人才队伍建设（专家团队、组织团队和运营团队）、网站和信息系统建设、服务运营体系建设及相关制度建设。搭建平台的组织构架，利用网络、信息共享等技术，并通过虚拟组织理论和方法，将一定区域内的人力资源按流程筛选，形成核心专家团队、组织团队和运营团队，同时建立平台人才库。平台的日常工作、团队的管理和维护、培训效果的监督及相关服务工作均由具有良好沟通能力的核心组织团队负责；教育培训活动、课程和培训项目开发由专业素质好的专家团队负责；运营团队负责开展广泛的社会宣传，通过信息对接、整合社会资源和服务，以获取资金保证平台的良性运转。平台通过数据的收集、整理、加工形成基础信息数据库，然后通过政策和行政的办法实现现有资源的互通共享，包括"本地信息，同城交换"、已有各部门独立的网络互联互通和各部门实际运行的数据信息共享，实现农村信息资源的有效整合和共享。同时，平台结合农村实际需要开发相关子系统，对农村供需、农村涉政、农业技术、教育培训、便民信息、农业生产上下游企业、科研成果转化信息等进行规范的信息化管理。完善平台的工作机制，使师资、资金、设备、信息、政策等资源效益最大化，包括平台授课教师筛选和资格认定制度、学员定位和动态升级制度、动态课程和培训项目开发制度、培训后服务和培训效果评价跟踪制度、平台财务管理制度、创业基金使用制度等，通过制度建设保证为农民提供持续和高效的教育培训服务、农业技术推广服务、市场供需信息服务、流通服务等。

从平台主要任务看，平台具有公共服务职能。农村公共文化服务体系，一方面在人才培养、信息传递、科技普及、市场开拓等方面发挥作用，逐步使农民掌握新知识、新技术、新科学，不断破除各种保守习气，转变束缚生产力发展的传统观念，为农村经济的发展提供智力支持；另一方面使广大农民进一步破除旧的传统观念，树立新观念、新道德、新的人际关系、新的精神状态，为农村的深层次改革提供精神动力。所以说，构建农村公共服务体系是实现政府公共服务职能的有效载体。

平台能发挥教育培训功能。平台针对农村现实农业从业人员开展综合性、公益性的教育和培训，教育培训内容涉及文化知识和农业生产技术，以及商品加工、流通和经营管理等方面的知识，是对我国目前农村"三教统筹"教育理论进行理性审视后的超越和创新，是"三教统筹"具体工作的扩展和延伸。

平台能发挥信息服务功能。职业化农民教育培训服务平台将建设集政策法规、新闻发布、信息传播、技术推广、教育培训等服务于一体的专业综合性门户网站；将通过大学生村干部的介入完善政务信息公开制度、信息发布制度、新闻发布制度；通过公共文化服务系列指引，使农民更容易获得真正有价值的信息，提高农民对信息资源的利用率。

平台能发挥科学服务功能。科学作为一种文化，是社会文化现象的重要组成部分。科技进步和创新不仅是生产力发展的关键因素，也是文化发展的重要因素。落实"全民科学素质行动计划"要求我们重视并加强公共科学服务体系建设。提高全民族科学文化素质，是发展先进生产力、先进文化的必然要求。平台在教育培训服务工作中将科学文化的传播和普及融入农村社会文化生活的方方面面，可以增加一般社会文化中的科学文化含量。平台教育培训网络模块会提供农民与农技专家、农民与电脑技术人员及农民之间互动的功能，也会提供专家自己总结的相关知识和技术的多媒体资料，实现人机交互功能，供农民学习、掌握，提高农民的知识水平。

二、新型职业农民培育的平台建设

平台建设必须坚持以下原则。

（一）资源优化整合原则

平台建设的关键点之一就是资源整合，这符合当前国家的大政方针。《国家中长期教育改革和发展规划纲要（2010—2020年）》中多次提到"不断提高社会资源对教育的投入"。2010年《中共中央国务院关于加大统筹城乡发展力度 进一步夯实农业农村发展基础的若干意见》中也提出，积极引导社会资源投向农业、农村。各部门、各行业要主动服务"三农"，在制定规划、安排项目、增加资金时切实向农村倾斜；大中城市要发挥对农村的辐射带动作用；鼓励各种社会力量开展与乡村结对帮扶，参与农村产业发展和公共设施建设。对资源的整合主要指人、财、物、信息、时间和空间的整合，把归口各行业、各部门面向农民的培训项目引导到平台上来，把大专院校和科研院所的人力资源整合到平台上来，把社会可能的资金纳入平台基金，通过平台的总体规划、全面部署，安排落实培训项目的开发、实施及培训效果考核，避免培训资源浪费，培训低水平、重复等现象的发生。

（二）公益性原则

新型职业农民培育平台建设的最重要原则就是公益性。农民是我国受教育最少的群体，他们必须享受终身学习的权利，因此，社会必须向他们提供终身学习的机会。培训对农民有着重要意义，其不仅可以给农民带来更多的收入，还可以刺激农户家庭的人力资本投资行为。公益性原则是面对农民群体科学文化素养提高方面的教育培训和科学技术服务是公益性的，要让农民群体普遍地感到其是真正意义上的不收任何费用，感到自己从教育培训中受益，自身的能力和水平通过教育培训与技术推广服务得到了提高，并增加了劳动收入。因此，凡愿意在农村从事农业生产及其相关行业工作的人员，均可申请免费参加普及性的教育培训活动，提高他们的农业生产劳动、管理、经营等能力和基本文化素养，使他们具有农业生产及其相关领域生产、加工、经营、管理的职业技能，改善其精神生活状态，提高职业化农民群体的科学文化素养。

（三）自我良性运转原则

鉴于农民教育培训的准公共产品属性，平台应在加强自身建设的基础上申请财政补贴或者政府订购培训、推广项目；同时，平台在公益性的教育培训活动之外设置收费培训项目，如针对创业型、创新型农民开展的更高层次的教育培训活动，包括新农村带头人培养、农民 CEO 培训等；平台通过信息对接等中介服务获取中介服务等费用；平台还将通过具有吸引力的发展战略规划来吸引资金，通过资本运作充分整合社会资源，维持自身的良性运转，实现平台的可持续发展。

三、新型职业农民培育平台建设的主要步骤

第一，成立新型职业农民培育平台需要整合社会资源，组建平台工作队伍，探索工作机制，实现为农业生产上下游产业链相关利益共同体提供教育、培训、科技、供需、产品开发等信息咨询和综合服务的功能，实现农业经济增长。本着"公益自愿、互惠互利"的原则，各级政府动员相关部门、院校、社团、媒体、企业和专家学者参加，通过组合、配置、共享、集聚和重构等方式，成立"新型职业农民教育培训联盟"，其既是农民职业化培训制度创新的产物，也是农村公共文化服务体系建设创新的产物。

第二，创建新型职业农民教育培训基金，保证平台的运行动力。因为平台建设被定位为公益性，所以平台面对农民的教育培训、科技服务、信息服务等活动都是免费进行的。因此，在平台建设机制研究阶段，要进行调研和试点工作，而这是需要经费支撑的；在平台建设阶段，前期建设和日常运转也需要社会资金的注入；平台建设完成，运转起来后，因为平台的公益性原则，其需要新的动力支持。

第三，信息资源整合对接工作。信息资源整合对接是新型职业农民培育平台建设前期的重要工作，其主要是通过对社会各方资源进行广泛、深入的调查研

究，收集可以用于新型职业农民培育平台的具体信息和数据，然后进行信息的分析、整理、加工，深入揭示信息的内容，最后建立一个功能齐全和高效率的信息管理系统。这个信息管理系统根据平台功能需要分为社会资源系统和教育培训系统，且两个系统是互相关联、相互支撑的。在信息整合对接工作的同时，可以邀请专家组成平台建设研究和实践的专家指导团队，因为平台建设涉及的领域和学科多，需要解决的问题多，所以在实际工作中需要一个专家指导团队来为课题出谋划策、提供智力支撑。

第四，网站建设。平台需要建设一个集新闻发布、信息传播、技术推广、教育培训等服务于一体的专业综合性门户网站，具体步骤是通过前期数据收集、整理、加工形成基础信息数据库，然后通过政策和行政的办法实现现有资源的互通、共享。网站可包含以下模块：综合信息系统、国家政策信息系统、农民教育培训系统、农产品市场信息系统、专家咨询系统、科技应用系统、决策支持系统、融投资信息系统、项目资源开发信息系统、人才储备信息系统、其他支持系统等。

第五，教育培训工作。根据信息资源进行平台教师筛选、培训并通过认证程序后，聘请相关人员成为新型职业农民教育培训专家，并录入专家数据库；根据信息资源对特定区域内职业化农民所受教育、家庭经营项目、今后经营方向的定位等进行调查、分析，对学员教育培训需求进行定位，形成动态定位学员系统；教育培训内容要根据学员的需求涵盖生产需要的技术和管理方法，农产品销售需要的商业理念和经营方法，日常生活中需要的科学、伦理、文化知识，以及提升职业化农民自我分析、自我决策能力需要的问题研究，进行课程设计和项目开发，以适应不同的人群在不同时期对教育培训和科技服务的不同需求等。

三、典型案例

近年来，富平县依托国家现代农业示范区暨农业改革与建设试点区的优势，大胆创新，先行先试，探索出具有富平特色的新型职业农民培育模式。

（一）充实队伍，建立覆盖全产业的师资资源库

在新型职业农民培育中，富平县积极整合统筹县内外各类教育培训师资力量和乡土人才资源，着力构建和完善以县农广校师资为主体，以西北农林科技大学、杨凌职业技术学院、渭南职业技术学院、薛镇职中、王寮职中、等中高等职业院校的专家、教授、讲师，农业、果业、畜牧业、林业等部门的专业技术人员，农村"专家"、能人等乡村人才，龙头企业和农民合作社负责人为辅助的新型职业农民教育培训师资队伍，以满足新型职业农民多层次、多形式、广覆盖、经常性、制度化的教育培训需求。在已建立的涵盖种植业、畜牧业、林果业、市

场营销、农产品质量安全、电子商务等方面的专家服务团和师资队伍中，共有32名成员，其中农民专家5人；同时，富平县与西北农林科技大学富平现代农业综合试验示范站建立了师资共育基地。

在培育过程中，富平县按照培育对象和方向及每位教师的特长，有的放矢地选择授课教师，合理安排培训内容，以突出专业优势，增强培训效果；同时，选择适合全县特色的培训教材，以适应和配合产业发展，提高职业农民受训的积极性和能动性。

（二）资金整合，夯实新型职业农民培育根基

为确保新型职业农民全程免费参加培训（省外考察学习除外），富平县在充分发挥省级专项资金的基础上，整合国家现代农业示范区、农业改革与建设示范区、现代农业园区、农业产业化、畜牧专项、基层农技推广补助、劳务部门创业就业、教育部门职业教育专项资金等项目培训资金，以弥补培育经费的不足；同时，积极争取将新型职业农民培育经费列入同级财政预算，逐步建立稳定增长的长效机制；适时引导社会力量投资参与新型职业农民培育，鼓励龙头企业、农民专业合作社设立新型职业农民培育基金，以形成"政府贴一部分、项目拿一部分、培训机构出一部分"的培育资金来源渠道。

（三）合作"搭建"，优化新型职业农民培育平台

1. 横纵结合，联建培育平台

以县农广校为主，拓宽培育主渠道，整合县内培训力量，与县内薛镇职中、王寮职中等中等职业学校横向联合，将科农果业合作社、洋阳柿饼合作社等龙头企业、合作社培训机构收拢，形成县级新型职业农民培训主平台；同时，与西北农林科技大学、杨凌职业技术学院、渭南职业技术学院等高等职业学院纵向联合，建立"一主多元"的新型职业农民培育新模式。

2. 多种形式，共育职业农民

在培育新型职业农民的过程中，富平县不拘形式，多层次、多渠道、多方式培育新型职业农民，由农广校牵头，先后开设蔬菜班、果业班、奶山羊班、甜瓜班、畜禽班，培育职业农民350名；选送50名奶山羊规模养殖场负责人到西北农林科技大学动物学院参加为期1个月的封闭式专题培训；与薛镇职中联合开展大学员职业农民培育。大学员职业农民培育的开班，成为新型职业农民培育的新起点，将向现代农业领域培育和输送更多高素质的职业农民，引领富平现代农业向高层次、更深领域发展。同时，富平县与杨凌职业技术学院、渭南职业技术学院联合，通过"请进来、送出去"的方式，开展职业农民联合培育。目前，已认定初级职业农民218名，中级职业农民16名，高级职业农民2名。

（四）养育结合，提高职业农民素质

富平县依托县农广校、中、高等职业院校和各类培训机构建立了20个培训基地，依托龙头企业和专业合作社建立了20个实训基地，签订合作协议，明确约定责任、权利和义务，进行挂牌，实行"20+20"合作共赢方式。目前，富平县已与西北农林大学等5所院校签订合作协议，在园区建立了6个实训基地，使参训的职业农民可以在实训基地实践操作并创业。

为使培育的职业农民顺利创业，健康、持续发展，富平县在培训的同时，更注重在信贷支持、项目申报、政策扶持方面对职业农民给予倾斜。对职业农民通过"一卡通"担保、创业促就业小额担保贷款等方式解决创业起步金问题，通过农业融资担保平台、奶山羊专项融资担保平台等方式解决规模种养、特色产业提升发展的资金缺口，通过富平县惠民小额贷款股份有限公司、陕西农业产业化担保公司、长安银行富平支行、东亚银行富平支行等涉农金融服务机构解决其产业发展的资金需要；职业农民可优先享受粮食适度规模种植、农业保险、土地流转、养殖、果业等农业支持和奖补政策；涉农项目申报和实施向职业农民倾斜，优先实施。富平县多层次、多渠道、全方位解决职业农民创业和发展运营中的资金缺口问题和困难。例如，高级职业农民郑耀文通过农业融资担保平台从富平邮政储蓄银行贷款150万元用于柿饼加工。

如今在富平，大批职业农民通过技能培训、信贷支持、项目倾斜、政策扶持，成为投身现代农业的引领者、家庭农场的领办者、农民合作社的领头人、适度规模的经营主体、现代农业园区的建设者，成为解决农村"谁来种地"问题的新生力量。例如，高级职业农民刘恒斌创建了秦富源养殖基地，生猪存栏5500余头；中级职业农民王满绪申办了家庭农场，流转土地约0.54平方千米用于发展粮食规模种植；初级职业农民刘天利牵头注册了龙瑞祥果蔬合作社，流转土地0.84平方千米，发展设施蔬菜，成为留古镇现代设施蔬菜农业园区建设主体，被认定为省级农业园区，合作社被命名为省级示范合作社、国家级示范合作社。

（五）育后服务，促进持续发展

由于新型职业农民培育是一个长期的系统性工程，富平县在培育过程中注重学员的档案管理，定期组织实效回访，形成长期跟踪、指导、服务管理机制，以扩大职业农民数量，稳定职业农民质量，促进职业农民培育持续、健康发展；实行再培训"回炉"教育，对已经取得职业农民资格的经营者实行级别再提升和综合素质再教育；搭建富平新型职业农民微信平台和QQ平台，举办新型职业农民论坛，促进互动交流、对话合作和联合联营，提升新型职业农民的自我发展能

力；建立职业农民创业基金作为初级职业农民发展产业的起步金，帮助其创业，激发他们投身现代农业的积极性。

如今，富平县正在与杨凌职业技术学院、渭南职业技术学院等中、高等职业学院合作，筹建富平县职业农民培育学院，让更多的职业农民培育对象和取得职业农民资格的经营者能够接受系统的培训，成为技能、绿色、职业、学历教育相结合的四位一体的复合型职业人才。

第六节 构建终身学习机制

一、终身教育理论

自 1979 年 10 月我国翻译出版《学会生存——教育世界的今天和明天》一书以来，终身教育思想得到广泛传播。作者将终身教育定义为由一切形式、表达方式和各个阶段教学行为所构成的一个循环往复的关系式所使用的工具和表现方式，并提出知识是要在整个人一生中加以修订和完善的。终身教育对教育活动进行深入探究，通过变更教育内容和方法来培养人们适应新形势和新变化的能力，从而促使学习的内容和手段具有灵活性和多样化的特征。

21 世纪以来，终身教育被赋予更大的灵活性和实用性，表现为任何需要学习的人都可以随时随地接受任何形式的教育。可见，在终身教育过程中，不同类型的学习者在其一生发展的各个阶段都有不同的学习需要，他们在不同时期、不同场所、通过向不同教育者学习和更新自己的知识体系与职业技能，获得人力资本提升。在这一过程中，学习者的学习需求呈现多样化特征，他们对教育者、教育方式和内容、教育时间和场所等方面的需求是多元的。通过这种多样化和持续性的终身学习，学习者努力谋求自身的职业进步和人生发展。此外，学习者自身的发展也促进了其从事职业和产业的相应发展，从而促进了整个社会经济的进步和转型。

终身教育理论为农民培训提供了理论依据。从终身教育的理论视角看，一方面，农民培训是成人阶段超越正规教育的继续教育，从本质上说，其是终身教育理论的重要内容和表现形式之一，其能让农民在城镇化进程中通过继续教育，获得自主生产、经营和管理农业生产的新技能；另一方面，在我国新型职业农民背景下，农民培训呈现出多样化的需求。在培育过程中，农民受到自身职业身份、教育背景、经济水平、居住地经济社会发展情况等多重因素的影响，对职业培训提出了多样化的需求。这不仅是终身教育农民培训中的又一重要体现，也是当前我国新型职业农民培育面临的棘手问题，是其政策转型的必要依据。

二、教育资源共建共享机制

（一）教育资源的类型

大力推动新型职业农民的培育步伐，当务之急是积极梳理、优化、创新各类涉农教育与培训的资源，使之成为满足新型职业农民培育的有效资源。

1. 按基地类别分类

（1）基于学历教育的教育部门资源

以实施学历教育为主的教育部门主要包括高等学校、中等职业学校和乡镇成人文化技术学校等。

①高等学校资源。高等学校或研究院拥有着一支掌握农业领域内前沿观念、最先进技术和教学理念的学科专业师资队伍，配有先进的教学设施、设备，具有人才密集、科研水平高、辐射力强的优点，具备开展培养高级农村应用型人才的条件。另外，高等学校在区域内有一定的影响力与活动力，拥有整合多方力量开展新型职业农民培育的能力，以实现各类教育与培训资源效用的最大化。因此，高等学校是培养涉农高级专门人才和高级职业农民的引领性高端基地。

特别是涉农高校通过发挥自身优势开展新型职业农民的培育，既是历史赋予的使命，又是自身发展的要求。涉农院校主动根据区域农业产业特征、职业农民素养要求及各行各业农民培训资源的分布情况，发挥行业背景与办学资源优势，以主办、承办、合办、协办等方式参与新型职业农民培育工程，可以满足新型职业农民培育的高端性、多样性需求。

根据《教育部 农业农村部 国家林业局关于实施卓越农林人才教育培养计划的意见》，我国启动并实施的"卓越农林人才教育培养计划"共设置专项200项。其总体目标如下：创新体制机制，办好一批涉农学科专业，着力提升高等农林教育为农业输送人才和服务的能力，形成多层次、多类型、多样化的具有中国特色的高等农林教育人才培养体系；着力推进人才培养模式改革创新，开展拔尖创新型、复合应用型、实用技能型人才培养模式改革试点项目200个，形成一批示范性改革实践成果；着力强化实践教学，建设500个农科教合作人才培养基地，全面提高高等农林教育人才培养质量。

②中等职业学校资源。2014年3月，教育部办公厅、农业农村部（今农业农村部）办公厅联合发布了《中等职业学校新型职业农民培养方案试行》，这标志着我国中等职业学校首次向广大成年务农农民敞开了大门，这可谓农民教育史上

的一大创举。该方案同时结合农业劳动力相应的学习能力及教学管理的实际，重点招收年龄在 50 岁以下的农民完成学历教育；在招生对象上放宽了年龄限制，提出"50 岁以下"，着力解决在职和后继农民培养的持续性问题。根据农业农村部（今农业农村部）的规划，我国新型职业农民的规模将达到 1 亿人。可以说，中等职业教育肩负重要的历史使命。

③乡镇成人文化技术学校。乡镇成人文化技术学校是我国农村成人教育的基础，也是农村新型职业农民培育的生力军。培育新型职业农民不是短期的阶段性任务，而是发展现代农业、建设新农村的长期任务。农业农村部（今农业农村部）固定观察点抽样调查显示，我国农业劳动力年龄主要集中在 40 岁以上，占全部从事农业生产人数的 75.9%，平均年龄接近 50 岁，部分地区甚至达到 55 岁以上；农业劳动力年龄主要集中在 40 岁以上，平均年龄接近 50 岁，且素质堪忧，具有初中以下文化水平的人占 70% 以上。这些成年劳动者是我国现代农业建设的主力。

乡镇成人文化技术学校办在农民的家门口，离农民最近，最了解农民的学习需求。鉴于我国农村庞大的劳动力队伍数量和实际文化程度在初中以下的状况，通过乡镇成人文化技术学校吸纳大批农村劳动力"返校"接受基础的文化知识教育和农业实用技术培训，已不再是权宜之计。

（2）基于农技培训的农业农村部门资源

我国是农业大国，党和政府高度重视面向"三农"的远程教育工作。全国农广校以中央校为龙头、各省级校为骨干、基层校为实体，建立了分级办学、分级管理、统分结合的管理体制，体现了政府领导、部门管理、联合办学、资源共享、多层次、多形式的管理特点和优势。

农业广播电视学校由农业农村部门主管，多部门联合办学，是纵向贯通、横向联合的开放性农业教育系统。农业广播电视学校以农业农村部门的场地、设施、设备、技术为基础，优化整合了农业系统内的各级农技推广服务中心、农民科技教育培训中心等硬件资源，以广播、电视、网络等现代传播技术为手段开展农业远距离教育。办学层次涵盖了实用技术培训、中专教育、中专后继续教育，开设了 20 个涉及农类和管理类的专业。办学的多层次、多形式、多功能、多学科，满足了农民和基层干部的多样化、个性化和终身学习的需求。

农业广播电视学校办学形式灵活多样，包括学历教育和非学历教育、脱产和不脱产等形式，不仅面向农村基层办学，也面向整个社会办学，服务对象主要是乡村干部、农业服务体系人员、科技示范户、骨干农民等。同时，农业广播电视学校打破了地域和时空限制，把教学直接延伸到广大农村最基层和偏僻的边远山区，把学校办到农民的家门口，把文化知识和农业科技直接传播到村入户，适应了农业教育的综合性、农业行业的多样性和农民个体的分散性等特点，使学者有其校，弥补了农村成人教育和职业教育资源的不足，为广大农村提供了一种有效的教育资源，开辟了一条普及推广农业科学技术，多快好省地培养初、中级农业技术人才，全面提高农民科学文化素质的有效途径。

（3）基于农村社区的社区教育资源

社区教育是社会发展和时代变革的产物。在我国，农村社区教育起步于20世纪80年代初期，它是国家实行改革开放后，在总结原有学校教育、家庭教育、社会教育相结合经验的基础上，借鉴国外社区教育的经验，从国内不同地域的实际出发，通过试点逐步发展起来的。目前，各地的社区教育资源可分为三类：第一类是以全日制学校、社区教育中心（社区学院）为依托，面向社区农民开展"求知、求健、求乐"的各类学习活动；第二类是以社区的市民学校、文化大讲堂、村落文化宫、老年大学、图书馆和各类社团为中心，由社区自主组织的农民学习活动；第三类是由社区内的企业和社会组织共同参与组织的，开展旨在加强农村劳动者素质培养的各类社区文化活动。

农村社区教育资源十分丰富，其中，村民讲坛和农家书屋都是当前新型职业农民培育中喜闻乐见的形式。

①村民讲坛。农村社区定期组织村民讲坛，邀请在某一方面有技术专长的乡村"能人"对本社区农民开展技术或知识讲座。这种模式中，"能人"一般是本地的致富能手，或有技术才能，或有市场经验。村民讲坛或由社区发起，或由农民自告奋勇发起，具有较强的亲和力和针对性，实际效果好，村民参与学习的成本也低。

②农家书屋。农家书屋属于社区图书馆，而社区图书馆又是公共图书馆的基层单位。农家书屋作为信息的存储和传播中心，具有构建知识中心，向广大农民宣传普及现代科学知识、传播社会主义先进文化，满足广大农民日益增长的精神文化需求，提高农民的信息素养的作用。农家书屋日益成为当前推动科技兴农、知识富农，促进传统农业向现代农业转变的重要学习平台。农家书屋配备了大量的农产品市场营销、农业种养技术、农业机械化操作、农业企业经营管理等专业书籍，可以满足农民对知识、技能的自学需求。

一般来说，农家书屋可以从以下三个方面努力：农家书屋可结合职业农民的文化需求，为农民创造良好的阅读环境；农家书屋可为农民参与文化建设提供舞台，鼓励农民自主管理、自我服务，建立读书会、文学社、书画社等农民自助读书组织，引导农民读书、用书；农家书屋可开展丰富多彩的阅读推广、读书指导活动，并结合农家讲台、读书征文、阅读演讲、普法宣传等活动，提高农民的文化素养。

农家书屋是农民终身学习的重要场所，不仅可以帮助农民提高阅读水平，还可以与当地农林、畜牧、文化、教育等单位合作，聘请专家为农民授课。此外，农家书屋还可通过信息化建设，构建与外界联网的农家书屋在线学习平台，开展农民的数字化学习。

（4）基于互联网的远程教育资源

由于农村经济和农村教育的不断发展，很多农民掌握了计算机和互联网运用的技能。因此，他们的学习方式也在悄悄发生变化，一改以往从书本、报纸、杂志中获取信息的习惯，更多地通过互联网获取他们所需要的知识信息。

根据信息技术和互联网技术普及与发展的实际，各地建立新型职业农民学习网站和相应的资源平台，已成为当前新型职业农民培育体系建设的重要一环。农民学习网站通过介入信息服务、生产经营服务、科技服务及产供销过程服务，在恰当的时候为农民提供恰当的教育和培训资源，可以满足农民随时、随地、随机的学习需求。

从各地的实践看，新型职业农民的学习资源平台一般具备三个基本属性：一是公益性；二是开放性；三是方便性。在建设新型职业农民学习网站时，必须重视学习资源的建设。资源应包括大量的数字化课程和教材课件、虚拟实训素材。网站要同时开通科技推广、专家答疑等功能，让农民通过网络学习、咨询，解决生产中的疑难问题。为提高远程教育的吸引力和农民学习的便捷性，各地要积极推进涉农专业的数字化"微课程"建设。

2.按课程资源分类

课程资源包括为学习者提供的一切显现的或潜隐的学习条件，即师资、课程、教材和教学支持系统等。建设现代化的新型职业农民培育体系，不但要重视纸质课程资源建设，更要把数字教学资源建设放在突出的位置。

（1）加强课程与教材开发

目前，我国适应不同专业类别、不同层次学习需要的新型职业农民培育教材还没有完成系列性的开发工作，因此，各地必须加紧部署，并充分发挥地方、行业和职业院校的积极性，制订教材开发和编写计划，开发一批反映农业新知识、新技术、新工艺、新方法及具有职业教育特色的课程，并编写配套教材（包括实训教材和案例教材），尽快形成品种多样、系列配套、层次衔接的新型职业农民的学历教育与职业培训教材体系。

（2）加强数字化课程资源开发和教学支持服务

①加快数字课程资源开发。数字课程资源一般指的是数字教材、电子教案、多媒体课件、教学动画、电子题库、虚拟实训环境。有关部门要通过大力开发数字化课程资源，使资源利用效益达到最大化，使数字化课程资源可以超出校园向更广泛的地区辐射，从而成为开放式的教育资源。通过数字化课件的应用，学习者不必再为寻找学习资源犯愁，而中、高职院校可以充分发挥自己的学科优势和教育资源优势，把最优秀的教师、最好的教学成果通过网络传播到四面八方。

②加强教学支持服务。数字化学习的技术支持服务主要是指设施设备和相关软件支持。一方面，学习服务提供者要根据学习业务的需要，建立先进的支持系统、服务平台，给学习者的数字化学习提供强大的技术保障和支持服务；另一方面，要通过数字化学习的教学支持服务系统建设，实现学习行为自主化、学习形式交互化、教育管理自动化。

学习行为自主化。通过数字化学习平台，任何人在任何时间、任何地点，都可享受现代远程教育的便捷性，享受自主选择课程和学习内容的自由，从而充分满足农民即时学习和终身学习的需求。

学习形式交互化。通过数字化学习平台，实现教师与学员、学员与学员之间远程全方位的交流，拉近了教师与学员之间的距离，增加了教师与学员的交流机会，扩大了交流范围。

教育管理自动化。以计算机网络为基础的教学管理平台具有自动管理和远程互动处理功能。这些功能被应用于现代远程教育的教学管理中，使学员的注册、选课、学籍、作业与考试管理等都可以通过网络远程交互的方式完成。

（二）资源供给的多元化

新型职业农民培育的资源供给体系必须立足目前已有的庞大且复杂的各类资源整合的基础之上。为了提高培育新型职业农民的整体质量和效益，有必要建立以准确把握培育新型职业农民的社会和个体需求为前提，以政府为主导，包括农业农村部门、教育部门、科技部门和社会各类资源的共建共享机制，形成社会力量积极参与的多元化的资源共建体系。

1. 发挥政府的主导作用，建立多元化的资源供给体系

学者们普遍认为，发达国家成熟的农民教育是一种国家行为，农民教育供给是政府的责任，农民教育的舞台应由政府来搭建，政府应是新型职业农民教育资源的主要供给者。

政府要在协调和提高新型职业农民培育资源的供给效率上发挥应有的作用，

一是要加强资源供给能力的建设；二是要努力实现资源供求关系的平衡；三是要完善资源供给的监督机制。

（1）加强新型职业农民培育的制度建设

多年来的事实证明，农民教育项目的供给问题是通过现实中的一系列制度、政策的运行来解决的。因此，新型职业农民培育资源的供给效率在很大程度上也会受到农民教育制度安排的影响。鉴于当前新型职业农民培育资源的供给以政府为主的实际，各级政府理所当然地应该成为新型职业农民培育资源供给制度的设计者和执行者，一是要通过制度建设，强化新型职业农民培育资源的有效供给；二是要对原有的农民教育政策做出合理的调整和修正，或通过制定新政策，做出新的制度安排，激励广大传统农民转型为新型职业农民。有条件的地方要努力将新型职业农民的培育政策上升为地方法规。

（2）发展多元化的新型职业农民培育平台

①鼓励社会力量投资办学。总体而言，当前符合规定的新型职业农民培育机构的资源还相对薄弱。经济发达地区和涉农产业兴旺地区，应改变政府买单的单一办学模式，鼓励新型职业农民培育走社会化、产业化、市场化道路；同时，要打破地方、部门和行业的界限，建立和完善开放式合作机制，鼓励社会力量投资办学。另外，政府可采取招标的形式，面向社会，选择重视"三农"、办学条件好、教育质量高的培训机构来承担新型职业农民教育的培训项目。

②发挥农民专业合作组织的作用。作为农村社区的重要组成部分，农民专业合作组织、家庭农场、农业企业等都是传播现代农业技术、引导农民走向共同富裕道路的重要载体。这些农民专业合作组织要不断增强农民参与的主体意识，依托或借助农民专业合作社等平台，在农民合作组织内建立相应的培训基地，进行小型化、灵活性强、有效性高的新型职业农民培育。

2.发挥部门的监管作用，引导培育机构规范办学

（1）加强对新型职业农民培育机构的监管

对实施新型职业农民中等职业教育的学历教育机构，须按照教育部办公厅、农业农村部（今农业农村部）办公厅联合发布的《中等职业学校新型职业农民培养方案试行》的要求开展资质认定。同时，在监管上，主管部门要按照标准化的要求，督促办学单位按照该方案规定的办学条件、教学要求规范办学。

实施以农业职业技能为主的职业资格培训、职业技能培训的民办机构，须按照《中华人民共和国民办教育促进法》，根据国家规定的申办条件，由县级以上人民政府劳动和社会保障行政部门按照国家规定的权限审批。劳动和社会保障行

政部门应会同当地教育、农业行政部门对民办培训机构进行监管，确保办学单位规范办学、保证质量。

（2）引导农民教育的公共机构突出工作重点

政府举办的新型职业农民中等职业教育机构要以公益性为原则，将工作重心放在具有普及性的教育项目上，旨在提高农民职业能力的整体水平和素质。政府举办的高等学校要将培养农业高端专业人才和领军人物放在首位。

3.发挥经费的引导作用，激励办学者和学习者的积极性

（1）整合涉农项目资金，建立新型职业农民培育与产业发展的扶持资金

第一，各级政府要安排专项资金，支持新型职业农民的培育工作，全额保障公共教育机构所需的办学经费，并对新型职业农民培训学杂费、食宿费给予补贴。第二，建立与新型职业农民培育挂钩的产业发展扶持政策。针对农业产业发展需求，研究探索将相关扶持政策与职业农民培育挂钩，将国家、各级政府和相关部门现有农业产业发展支持政策（如土地流转、生产补助、技术服务、金融信贷、农业保险等）向新型职业农民倾斜，特别是县级政府要整合涉农项目资金，加大对新型职业农民发展产业的扶持力度。现代农业发展项目资金要向新型职业农民倾斜，对具有一定种植规模的按照以奖代补的方式予以补贴。同时，鼓励金融机构创新金融产品，加大对新型职业农民的信贷支持力度。发放的小额贷款及创业扶持资金要向新型职业农民倾斜。引导保险机构积极开设新型职业农民生产保险，扩大保险范围，提高保险补贴力度。

（2）采用"培训券、培训卡"等形式，尝试政府"买单"新形式

政府应制定培训券管理办法，向农民发放新型职业农民培训的"培训券"或"培训卡"。学习者可凭"培训券""培训卡"免费参加新型职业农民培训。实施培训券、培训卡制度时，政府须事先认定并发布一批经认证的新型职业农民培训机构。只有经过认定的培训机构在开展职业农民培训时，才可享受政府培训券资金的补贴。这些培训机构需将年度培训计划上报新型职业农民培育的主管部门，经主管部门审核同意后方可开展相应的培训业务。农民领取培训券后，可上网了解各培训机构的培训计划，自由选择培训机构进行培训报名，用培训券抵培训费。培训结束后，经主管部门验收合格，对接受培训券的培训机构拨付相应的培训补助经费。

（三）典型案例

浙江经贸职业技术学院是浙江省供销社主办的一所高等职业院校。为整合职业农民教育培训资源，2010—2013年，该校与全省五个地区21个县供销社合作成立了"新农村建设人才培训教育基地"；2013年，学院成为浙江农民大学分校

区，为新农村建设人才培训搭建了良好的平台。另外，该校根据专业资源优势组建了浙江省供销社合作经济研究所、农产品营销研究所、农产品技术服务中心等机构，并拓展了这些机构在职业农民培训方面的服务职能；发挥学院供销社行业职业技能鉴定站的职业技能鉴定功能，为职业农民培训提供了支撑。

1. 行业优势和措施

供销合作社最大的特点在于它是农民的合作经济组织，是城乡商品流通的主渠道，其根植于农村，对农民的需求、消费习惯，农村市场的特点最为熟悉，在开展农民培训方面有着得天独厚的优势。

该校以新农村建设人才培训教育基地、浙江农民大学分校区为载体，面向全省，全面整合省内供销社系统的教育资源，并广泛联合省内涉农高校、规模型涉农企业（农民专业合作社）和农民培训基地，通过不断丰富涉农人才培养需求信息库、涉农培训师资库、教材资源库，在系统内充分发挥了学校在新型职业农民培育中的主体作用。

2. 主要做法和成效

（1）培训项目开发取得突破性进展。自从该校的新农村建设人才基地、浙江农民大学分校区等平台建立，新型职业农民培训项目的开发取得了突破性进展，从原来的农产品经纪人、庄稼医生、合作经济管理师等6个项目，已扩展到目前的农产品流通类培训与鉴定、农业经营与管理培训、农产品加工类培训与鉴定、农产品养殖类培训与鉴定4大类19个项目，而且每个培训项目都按照农民的基础，分高、中、初级三个层次进行培训，满足了不同类别、不同层次农民的培训需求。

（2）资源建设成效显著。该校在全省21个新农村建设人才培训教育分基地设立了培训需求信息点，为培训需求的有效收集、分析、评估奠定了基础。该校组织校内外专业人员编写并出版了《农产品经纪人培训中高级教材》《茶叶加工培训》等5本教材，收集、整理了70多份培训课程的讲义、多媒体课件，丰富了新型职业农民教育培训的教学资源库。此外，该校还组建了由67人组成，来源于行业内外、校内外、院校与农村基层相结合的农业培训专家师资库。

（3）培训组织体系进一步完善。在学院层面建立起以分管副院长为负责人、相关职能部门与系部负责人为成员的新型职业农民培育领导机构。以应用工程系为例，该系成立了由系主任担任组长、负责教学的系副主任任副组长、相关教研室与骨干教师参加的新型职业农民培育与社会服务团队。

（4）服务范围、层次和数量不断扩大。三年来，浙江经贸职业技术学院面向农村、农民专业合作社、涉农企业团体及社属企业、基层供销社，举办各类涉农培训135期，规模达15285人次；学院还开展了各类涉农培训的技能鉴定，农产品经纪人、营销师（物资）、合作经济管理师等特有工种鉴定，鉴定总量达16945人次，为全省农村培养了一大批农业实用人才。学院的服务范围从浙北、浙西地区，延伸到浙中、浙东地区，并辐射新疆、贵州等西部省区。办班层次结构也日趋合理，高、中、初级比例分别达到12%、43%、42%，累计培养了1582名高级农业技能人才。

（5）社会影响不断扩大。浙江经贸职业技术学院开展的新型职业农民培训活动，在浙江省杭嘉湖绍、丽金衢地区等31个县域的广大农村受到普遍欢迎。《光明日报》《农民日报》等十多家国家、省、市媒体对浙江经贸职业技术学院开展的农民培训进行了报道，赢得了良好的社会声誉。三年来，学院荣获了"全国供销合作社行业国家职业技能培训与认证先进单位""行业国家职业技能培训与认证突出贡献单位""浙江省供销系统职业技能培训鉴定工作先进单位"等十多项荣誉称号。

三、继续教育和终身学习机制

（一）继续教育与终身学习

1.终身教育与终身学习

终身学习及与之相联系的终身教育等概念，正是在人类社会从工业经济向知识经济转变的大背景下，传统学校教育已不能适应人类社会变革的基础上提出并不断发展的。随着最近几十年来科学技术的高速发展，终身教育的思想不仅成为当代国际社会和教育界普遍认同与接受的理念、教育原则，还发展成为日渐广泛的教育实践和现实的社会活动，在实践中不断丰富了新的内涵。

终身教育（学习）的内涵主要包括以下几方面内容：一是终身教育（学习）应包括生命周期中从婴儿到生命终结前各种环境下的教育和学习；二是教育和学习不再是少数人的事情，而是全体社会成员的权利；三是学习和教育的内涵包括知识、情感、意志、技能和能力及所有的学习活动；四是教育和学习可以通过多种途径和方式，在不同的场合进行，既包括学历教育、正规教育，又包括非学历教育、非正规教育；五是从"终身教育"的基础上，转为更加强调"终身学习"，转向强调以学习者为中心，调动学习者的潜能，关注学习者的多样化需求。

终身教育（学习）的内涵除上述特点外，还强调了终身教育体系和学习型社会的建设。终身教育体系是指能够满足社会成员对终身学习的需求，有利于学习者学习的系统。在这样的体系中，学习者可以根据自己的需要，在一生中的任何时间、任何阶段、任何地点进行学习。如果说终身学习是社会成员从个人角度对社会变化做出的应答，终身学习的实现在很大程度上取决于个人对学习的兴趣、态度、习惯和能力，那么终身教育就是为了实现社会成员在任何时间、任何阶段、任何地点进行学习，在制度、环境和组织等方面提供保证。

2. 继续教育与终身学习

（1）继续教育的含义

广义的继续教育是指那些已脱离正规教育、已参加工作和负有成人责任的人所受的各种各样的教育。

从我国国情出发，对广大劳动者和社会成员开展的继续教育，在过去相当长的一段时期，是面向已脱离了学校（包括小学、初中、高中、大学）教育、进入社会的成员，特别是成人的各种教育活动。在内容上，继续教育包括学历教育和非学历教育、正规教育和非正规教育、正式教育与非正式教育，既包括职业导向的教育，即和学习者就业与提高工作水平密切相关的各种培训和教育，也包括非职业导向的教育，即以不断提高学习者自身全面素质、丰富精神生活为主要内容的教育。

我国继续教育发展的实践表明，继续教育特别是大量的、非学历的教育培训活动，不仅具有周期短、针对性强、传播新知识和新技术较快的特点，而且其教育的内容、模式、方法等与传统的学校教育相比也有着很大的不同，特别是在学习主体的广泛性和多样性，学习者学习时间、空间和内容的可选择性，学习内容、学习形式的针对性、丰富性、实用性，学习机会的充分性等方面，具有许多不同的特点，从而对人力资源开发具有其他类型教育所不可替代的重要作用。

（2）继续教育是满足学习者终身学习需求的重要途径

个人的自我发展和完善是继续教育需求产生的最根本的基础。终身学习的理念对个人和社会最根本的启示在于，人的学习和受教育过程不应该随着学校教育的完成而停止，而是要贯穿人的整个生命历程。而在学校教育之外的人生的大部分时间内，人们不可避免地要产生各种学习的需求，不仅包括理论知识、实用技能的学习需求，也包括休闲娱乐、兴趣爱好等方面的学习需求，这是人的全面发展和自我完善的本能需求。这些学习需求必须要通过正规学校教育之后的继续教育来满足。

《国家中长期教育改革和发展规划纲要（2010—2020年）》提出"更新继续教育观念，加大投入力度，以加强人力资源能力建设为核心，大力发展非学历继续教育，稳步发展学历继续教育"。因此，继续教育作为满足学习者终身学习需求的重要途径，应具备如下特点。

①继续教育要面向已接受了不同层次的学校教育、走上社会的所有成员，特别是成人。从教育的层次看，要对未完成义务教育的公民进行扫盲教育或小学后的义务教育补偿教育。在九年义务教育基本普及的地区，要对社会成员更多地进行初中后、高中后、大学后的各种类型的继续教育。

②继续教育的内容应包括学历教育、非学历教育、职业导向教育（和学习者就业与提高工作水平密切相关的各种培训和教育）、非职业导向教育（以不断提高学习者自身全面素质、丰富精神生活为主要内容的教育）。从我国社会发展水平和学习者的需求出发，当前应将以提高职业适应能力、职业发展能力与创新能力为主的继续教育放在突出位置。

③继续教育的类型、模式、方法等与传统的学校教育有着很大的不同。同时，由于不同地区的发展存在很大的差距，广大社会成员的学习需求在层次、类型方面也有很大的差异，因此继续教育的类别、形式、内容和培养模式等方面应呈现出更加多样化的格局。对新型职业农民培育而言，同样如此。

3.新型职业农民终身学习的意义

在现代化大潮中，我国的农业正由传统农业向现代农业转变，农业的生产方式、经营方式和服务方式发生了深刻的变革，尤其农业的集约化经营和土地的加速流转，导致土地集中，出现了许多种植大户，农业机械化作业趋势加快，农村养殖专业化和合作化向广度与深度发展，而这些都对农业劳动力的素质提出了较高要求。农民的素质得不到提高，农业生产力得不到快速发展，农民收入增长必然减慢。所以说，对传统农民进行继续教育、促进农民的终身学习、提高农民的素质已是大势所趋，势在必行。

现代农业是细分工、高集约，需要从事各生产环节的人都能熟练地掌握相应的生产技能，从而适应产业化进程。现代化的农业需要现代化的农民，尤其是在土地资源日益紧张的当下，更需要农民掌握现代农业生产技术和现代市场经营意识；现代化的农业需要懂技术的职业化农民，因为对科技认识的程度将直接影响农业科技的推广和应用。此外，现代化的农业还需要善于经营的农民，农产品的商品化要求农业生产的高效率和规模经营，需要应对市场中的各种风险，这就要求农民必须具有较强的经营能力。因此，发展现代农业，必须培养新型职业农民的终身学习意识，促进现代职业农民终身接受教育、不断提高自身的素质。

（二）继续教育的机制创新

1.办好城乡"农民大学"

（1）办好基于社区的镇村"农民大学"

提高农民的综合素质，可从农村社区办好镇村农民大学（即农民学校）做起，即像办农村"老年大学"一样，办好社区"农民大学"。

社区农民大学是农民互相学习的平台。农民之间有许多共同语言，情况相似，要学的内容看得见、摸得着，并且可以随时随地学习。社区农民大学是农民的"草根大学"，他们相互学习、取长补短，教师和学员之间没有正规学校般的拘谨，学习的吸引力自然也大。农民喜欢在这样的平台向那些科技示范户，种植、养殖能手，"专家"学习，以获取自己感兴趣的知识。

开办社区农民大学，在课程设置上应按农民的需要呈现出多样化的特点，如国家政策、法律法规、劳动技能、心理健康、家庭教育、文化知识等。课程与农民的日常生活息息相关。只要是渴望学习的村民，都可以成为农民大学的学员。

社区农民大学的教学目标要为满足普通农民的需求而制定。社区农民大学的教学活动与正规学历教育和职业资格培训不同，后两者的课程和教学内容比较规范，考核要求比较严格，且国家都有统一的要求，而社区农民大学的课程按农民的兴趣而设，内容随农民的要求而定，在教学上显得比较随意。在社区农民大学，大家忙里偷闲，能者为师，学习完全是一件快乐的事情。当然，社区农民大学也可以定期聘请农业专家下乡授课，指点农业迷津，让农民感知科技的无穷魅力。农村有很多社区教育资源，社区内的企事业单位都可参与社区农民大学的建设，社区里的退休干部、科技工作者都可在农民大学里大展身手。把社区的"草根大学"办成农民的"快乐学堂"，可以改变农民的学习习惯，引导农民进行终身学习。

（2）办好基于中等职业学校的"农民大学"

广大中等职业学校以"向农、贴农、亲农"为宗旨，挂牌成立"农民大学"或"农民学院"，向农民敞开大门。农民免试进入"农民大学"，接受正规的学历教育或以职业技能培训为主的职业农民资格教育，并最终成为"从农、懂农、精农"的初级或中级职业农民。这些新鲜的"造血细胞"，不仅能为乡村带去新的技术和新的观念，更能发挥带头作用，站在新农村建设的前列，从根本上解决乡村农林科技人员和经营人才缺乏的问题。为方便学员就近学习，基于中等职业学校的农民大学也可依托乡镇成人文化技术学校或乡镇农民大学，建立乡村教学点，以成人学校为依托进行管理，开展一系列教育教学活动。

（3）办好由高等学校支撑的"农民大学"

整合高校和科研院所的成人教育资源，成立农民大学。不同于乡村农民大学，基于高校的农民大学以非学历教育为主，适时、适当开展成人高等学历教育。其中，非学历教育包括农业主导产业带头人培训、现代家庭农场主教育培训等；学历教育包括针对欠发达地区的农科类大学生培养、基层农技人员定向培养等。

基于高等学校的农民大学可按照"省级设立农民大学、市级设立农民学院、县级设立农民学校"的思路，建立省域范围内的办学体系。市级农民学院、县级农民学校也可采取与当地各级农民大学共建的方式设立。

比如，2013年12月17日，浙江农民大学授牌仪式在浙江农林大学举行。这是我国较早依托高校和科研院所力量建设的省级农民大学。除浙江农林大学外，全省还有 6 个分校区，分别为浙江大学校区、浙江省农业科学院校区、浙江海洋学院校区、浙江旅游职业学院校区、浙江经贸职业技术学院校区、浙江省农村致富技术函授大学校区。浙江农民大学成立后，浙江省在各地普遍设立了相应的"农民学院"。同时，浙江省所有县区都成立了"农民学校"，分级分层设立农民培训基地，把人才植根在农村，把课堂开设在田间地头，把论文书写在大地上，把创业规划在农场中，成为浙江农民大学的办学方向。

2. 高等学校继续教育要从"离农"到"向农"转型

虽然新型职业农民的培育有赖于各级政府发挥主导作用，但高校继续教育作为国民教育体系的重要组成部分和大学服务学习型社会的主要载体，从"离农"到"向农"转型，把新型职业农民继续教育纳入自己的服务对象责无旁贷。

高校继续教育应树立服务"三农"的意识，实现从"离农"到"向农"的转型发展：一是要对高校的继续教育办学特色和服务方向进行重新定位；二是要采取与地方共建的方式打造新型职业农民继续教育体系；三是要根据农村社会经济发展需要，主动优化人才培养模式，及时进行学科调整和专业重构，开设与"适农""为农"相关的教育内容，提高服务农村的能力。

高校由"离农"到"向农"的转型，关键在于建立长效的"校地联动、供需对接、相互依托、共创双赢"的合作机制。地方政府应是农民继续教育的主导者、决策者和高校继续教育的支持者，而高校则是地方政府新型职业农民继续教育决策的设计师、服务员和农村成人教育发展的引领者。

高校"向农"转型后，要努力做到与地方重要决策对接、与发展战略对接，教师与学员对接，供给与需求对接，力求开展应需培训、应时培训、应人培训、应地培训，将合理的学习时间、便利的学习场所、灵活的学习形式和乐观的培训内容提供给农村的"乐学"农民。

3. 以学习者为中心，变革继续教育的教学模式

新型职业农民继续教育要以学习者为中心，深刻变革教学模式。"怎样培养人""怎么教"的问题，是教学模式的改革导向。

新型职业农民继续教育应以学习者为中心，改革相应的教学模式，涉及教学目标确定、教学计划设计、教学内容选择与处理、教学方法选择、教学辅助工具使用、学习效果评价等要素。具体要求如下：一是提高教师个体的教学技能，由于新型职业农民继续教育的对象是农民，教学目标、教学内容都要为农民的终身学习服务，这是对继续教育教师的教学技能提出的挑战；二是设置满足职业农民需求的新颖课程体系，即采用能力本位式课程体系和工作过程系统化课程模式；

三是提供符合农民学习特点的教学知识，即农民"需要什么"就引导教师"教什么"，针对农民的学习特点，设计教师怎么教。

以学习者为中心，还要积极探索研究性学习、讨论式学习和案例式教学等教学方法，加强教学环节和实践环节的紧密结合。

（三）典型案例

2013 年，浙江农民大学在浙江农林大学挂牌成立。该校方表示，这标志着我国首个依托高校和科研院所力量的省级农民大学正式成立。

1. 浙江农民大学的创办缘由

浙江农民大学的成立，与中国国民党革命委员会浙江省委员会（以下简称民革浙江省委会）的积极推动、长期关注"三农"问题是分不开的，特别是民革浙江省委会在 2013 年年初浙江省"两会"上提交了一份名为《关于加强农民职业教育推进城乡一体化发展》的提案（以下简称提案）。

2012 年，"中央在一号文件"中首次提出"新型职业农民"这一构想，农业农村部（今农业农村部）也列出计划，要在全国重点培训 500 万职业农民、专业合作社管理人员和科技示范户。民革浙江省委会紧抓这一信号，将"如何培育一批具有浙江特色、热爱农业的新型职业农民"列为重点调研课题。同时，民革浙江省委会的举措引起了中国国民党革命委员会中央委员会（以下简称民革中央）的重视。时任民革中央常务副主席齐续春率中央课题组赴浙江，与民革浙江省委会开展联合调研。

调研认为，面对工业化、城市化推进过程中农业从业人员不断减少以及农业现代化对农民素质要求不断提高的现实，需要实施以培育新型职业农民为目标的"农民大学生"培养工程。"把人才植根在农村里，把课堂开设在田间地头，把论文书写在大地上，把创业规划在农场中"是实施培养工程的预期目标。

提案指出，要充分发挥各级院校在农民职业教育中的作用，在全省 11 个市（地）的高等职业技术院校中，每一个市选择一所重点扶持的涉农职业院校作为市属农科类大学生的培养基地。同时，要让省部属涉农院校、省农科院等机构的专业人员和师资力量通过合作方式为市属涉农院校所用等。

该提案提出后得到了浙江省教育厅的高度重视，被列为重点办理的提案。浙江省教育厅专门成立了以厅长为组长、副厅长为副组长的办理工作小组，并制订了一套办理工作方案。不久，浙江农民大学正式在浙江农林大学落成。此外，浙江农民大学还在 6 所学校设立了分校。根据计划，浙江农民大学以非学历教育为主，适时、适当开展成人高等学历教育。

2. 浙江农民大学的办学模式

浙江农林大学是浙江省唯一的以农林学科为特色的多科性大学。该校培养农科类大学生的模式经历了两个阶段。

第一阶段是通过成人高考招收农民大学生。早在 2006 年，该校就开创了招收、培养农民大学生的模式。该校根据浙江省启动并实施的"扶千名人才、促千村发展"计划，在全省 211 个欠发达乡镇招收 25 周岁以下、具有高中文化、从事农林业生产的贫困农民子女开展成人学历教育。浙江农林大学（原浙江林学院）在"科技下乡"、推广普及农林实用科技的过程中发现，很多欠发达地区的青年农民因为经济条件困难等原因上不了大学，而那些考上大学的优秀学子，为了摆脱农村生活，大多留在城里工作。为了使农民中的一批先进分子发挥自身的潜力，使当地的农林资源得到合理的开发与利用，学校向省扶贫开发办公室提交了一份报告，希望能从农村中选拔优秀青年进大学深造。从 2006 年春季开始，首批来自省内欠发达地区的 84 名青年农民大学生正式进入学校就读。

这些农民大学生和普通全日制大学生不同的是，其要参加全国成人高校统一招生考试，被录取者在校脱产学习两年。学习期间，学生只需要支付住宿费，所需的学费、学杂费和教材资料费等由省扶贫经费全额资助。毕业成绩合格者，由浙江农林大学颁发成人高等教育专科文凭，且国家承认其学历。同时，农民大学生在校学习期间表现优异的，和该校其他学生一样可享受奖学金。农民大学生在校期间不转户口，毕业以后依然回到原籍工作，他们将把新技术与新观念带回家乡，为新农村的发展注入新的活力。

第二阶段是创办浙江农民大学，以非学历教育为主培养农民大学生。新成立的浙江农民大学与原来的通过成人高考招收农民大学生模式，在学习知识的培养目标上是一致的，都是为了培养新型职业农民。不同的是，农民大学生的培养以非学历为主，不通过高考选拔。

朱钢飞是浙江农民大学的农民大学生，他是浙江省的一名农民，在家里从事过各种劳动，也出去打过相当长时间的工。在打工和劳动的过程中，他自己越来越觉得没有知识、光靠力气根本不可能脱贫致富，但是由于家庭经济条件不允许，他没有机会进高校学习。后来，他从新闻上得知浙江农民大学（浙江农林大学）招收贫困农民免费读大学，后来村里推荐他报考，让他有机会在大学校园里读书、学习技能。

据了解，农民大学生都十分珍惜上大学的机会。学校里最迟熄灯的教室经常是他们的专用教室，校园里最早起来看书的学生也经常是他们。他们毕业后绝大部分回到了农村，在种植、养殖、开办农家乐、苗木公司等领域，带领更多的农民脱贫致富。比如，来自文成县石墙乡上墙村的周光坤回老家开发生兰花；家在天台县龙溪乡柱峰村的叶兆凯在家里筹建万亩中药材栽种、建设、加工基地。

这些"有文化，懂技术，会经营"的新型农民回村后，不仅为乡村带去了新的技术和新的观念，更能发挥带头作用，站在新农村建设的前列，从根本上解决欠发达乡村农林科技人员和经营人才的缺乏问题。对欠发达地区农村而言，这批农民大学生就像一批新鲜的"造血细胞"。

农民职业教育不离乡土，接地气，深受农民和农村的欢迎。农民大学生服务新农村，有很多一般大学生所没有的优势。农民大学生本来就来自农村，土生土长的他们和农村有感情，也有一定的技术和知识。因此，很多农村干部反映，让农民大学生回乡服务建设是最合适的。

第五章　高等职业院校开展新型职业农民培育的必要性研究

推进农业现代化，关键在于人的现代化。新型职业农民对推动农业现代化的发展有着举足轻重的作用，对乡村振兴战略的作用亦是如此，而高层次、高素质的新型职业农民更是促进农村发展的精英型人才。高层次、高素质的新型职业农民具有较高（大专及以上）学历，经过专门的职业教育培训，拥有丰富的经验和农业技术知识、开阔的视野和敏锐的创新意识，而且通过了新型职业农民资格的考核并获得证书。这类人才是现代农业发展急需的高层次农业人才，也是现今乡村振兴战略实施的时代背景下助力农业、农村现代化建设的强悍力量。高职院校主要负责培训具有大大专学历的农民学员，其因独特的人才培养优势在新型职业农民培育中发挥重要作用。

第一节　高等职业院校开展新型职业农民培育的优势

一、高职院校植根于农民，具有独特优势

（一）高职教育区域性和开放性兼具的优势

高职院校依托本地区的重点支柱产业，在人才培养目标、经费投入机制、专业设置类型及校企合作方案等方面均紧扣区域经济发展的实际需求，直接、有效地为地方生产、生活服务。在办学视野上，我国高职院校能跳出区域限制、紧跟世界水准，无论是专业技能大赛、职业资格等级考试，还是中外合作办学，都证明我国高职教育已渐趋国际范。鉴于高职院校着力为区域服务又兼具开放、开拓的特点，在培育新型职业农民的过程中，无论是对本地乡村经济发展规律的准确把控，还是在乡村本土人才培养的质量保障方面，高职院校都能堪当大任。

（二）高职教育技术性与技能性兼具的优势

技术通常是指某一领域的专业理论知识，而技能则是指把技术灵活应用到生活和工作中的能力，前者强调科学性，后者则注重实践性。兴起于20世纪80年代的高等职业教育就是以培养高素质技术技能型专门人才为根本任务的教育，它以社会需求为目标，以岗位要求为主线，以专业技术教学的针对性、实用性为特征，以"校企合作""工学结合"为主要路径，构建了"强能力""重应用"的人才培养体系。从技术门类看，农林牧渔、资源与环境、土木工程、水利建设、机械制造、电子商务、信息工程、旅游、公共管理与服务等，几乎覆盖了三大产业，其中与新农村发展密切相关的专业甚多，基本能适应现代化农村不断涌现的新型职业岗位（群）的知识需求。另外，高职院校与世界接轨，对学生的职业技能水平有明确的要求，即把拥有全球通用的职业资格证书作为衡量学生动手能力的重要指标。高职院校毕业生不仅拥有大学学历，还具备相应的岗位操作资格，这一点与以学术理论研究为重点的普通高等教育明显不同。在国家大力推进新型职业农民培育的进程中，提高农民掌握科学理论的水平、规范农民的职业资格水准、提升农民的生产经营管理能力等，离不开对其进行现代农业、工业及乡村旅游、电商等服务业领域专业技术和应用技能的培养，对此，高职院校有着丰富的经验。

（三）高职教育高等性与职业性兼具的优势

高等职业教育作为中国高等教育的重要组成部分，与高级职业培训不同，它是在完成中等教育的基础上进行的职业教育，是我国职业教育体系中的高层次教育，即通过系统的理论学习、实践训练和科学研究培养高层次职业从业人员。与中等职业教育重技术技能、轻理论研究而导致的学生创新后劲不足不同，高等职业教育的人才培养既有职业性特点，又兼具研究性特质，即培养的学生既能担当蓝领工人，又能成长为技术工程师。在办学过程中，我国当前的高职院校一直坚持专业与产业的无缝对接，培养的学生能胜任一些新兴产业，如先进制造业、高效生态农业等的转型升级。而且，随着国内"双一流"建设战略决策的提出和实施，高职教育正逐步向内涵式、高质量方向发展。对照乡村振兴及新型职业农民的标准，仅仅对现有农民进行农业生产技术培训是远远不够的。乡村全面振兴需要的不仅仅是有一技之长的职业农民，更是具备一定文化素养、良好精神风貌和优良政治品质的新型高素质农民，而高职院校的高等教育属性使其具备良好的教育教学氛围，这些都赋予了其担当培育新型职业农民重任的独特优越性。

二、高职院校人才培养目标符合新型职业农民培育需求

可以说，新型职业农民是农业、农村现代化建设的主力军，是实现农业强、农村美、农民富的骨干带头人物。同时，由于新型职业农民的培育带有明显的区域性特征，培育机构必须了解当地农业发展的需要，从而有针对性地展开培育。这就要求培育机构既能培育出高素质人才，又能助力当地经济的发展。

高等职业教育的目标主要是培养地区经济发展所需要的人才。这种人才以高素质和技能型为主要特征。这种高素质、技术技能型人才与乡村振兴需要的高层次、高素质新型职业农民相吻合。高职院校对地方经济发展情况、区域农业现代化需求有详细的了解。因此，高职院校可以很好地承担起新型职业农民培育工作的责任，通过为地方农业发展输送一批生产、管理与服务型人才来助力区域经济增长，促进区域农业、农村由传统向现代化发展。

三、高职院校拥有资源优势为新型职业农民培育提供保障

国家历来重视新型职业农民培育工作。作为新型职业农民培育重要主体的高职院校，享受到了国家的政策保障和资金支持。同时，各级政府和教育主管部门为响应国家号召，纷纷从政策、资金和人力等方面加大对高职院校的扶持力度。

高职院校的专业设置贴近地方经济发展和行业发展，教学模式更加灵活、开放，师资队伍实践经验丰富，在设备、基地建设、管理、职业技能鉴定、政策信息等方面都有很大的优势。高职院校完全可以充分发挥自身的资源优势，挖掘资源潜力，专业而系统地开展新型职业农民培育工作。

首先，高职院校资金优势明显。国家加大对新型职业农民培育的投入，让农民学员可以免费接受培育。同时，高职院校培育资金充足，使农民接受培育的场地等基础设施具有良好的条件，这就为培育提供了良好的外部环境支撑，使培育工作能够有效地进行下去。高职院校不仅有来自国家方面的资金支持，也与对口企业开展合作，使高职院校办学条件大为改善，为高职院校将理论付诸实践提供了良好的实训基地，很好地解决了高职院校在培育新型职业农民时所遇到的实训场地不够、设备不足等问题。

其次，高职院校具有区位优势。高职院校属于地方性高校，区域的特殊性在一定程度上决定了地方高校的发展定位和教学科研特色，同时它所处的特定地理区位为其开展新型职业农民培育提供了具有区域特征的空间。地方政府在寻找开展新型职业农民培育的合作伙伴时，高职院校无疑是最佳选择之一。

再次，高职院校长于课程建设。高职院校汇聚了一批专家与教师。在设计课

程的时候，专家与教师作为主力，制定课程标准。高职院校一直都有校企合作的传统，教材的编写可以邀请涉农企业的专家一起参与进来，听取他们的意见，从而使课程建设更加符合实际。高职院校历来有在校教师到企业挂职锻炼的优良传统，这有利于增强教师的动手实践能力。同时，高职院校会聘请一些校外的专家学者、专业技术人员来学校担任兼职教师，以优化学校教师队伍结构、增强教师队伍。高职院校具备健全的教育培养与培训体系。不少高职院校建立了在线教育网络平台，可以打破空间与地域的限制，开展远程学历与函授教育，使农民足不出户就可以提升学历，学习到最新的现代化的农业生产知识、技术及现代化的经营理念。此外，由于高职院校不少专职教师都是本地人，生于斯长于斯，他们对家乡怀有浓厚的情感，能够用当地方言与地方农民展开亲切的交流，迅速打破培训教师与农民学员之间的隔阂，使学员快速进入学习状态，从而更好地掌握教师所教授的知识与技能。

最后，高职院校具有政策优势。开展新型职业农民培育工作是深化我国农村改革和全面建成小康社会的重大举措，因此，各地政府都要高度重视。在政府的主导下，由高职院校来承担新型职业农民培育工作，不仅有利于争取到更多的新型职业农民培育项目，更有利于构建完善的资金筹措机制，保证培育经费落实到位、培育工作顺利开展。

四、高职院校培育平台为农民接受终身教育提供服务

日新月异的现代社会向人们提出了终身学习的要求，因此要想追赶上时代飞速发展的步伐，人们必须坚持终身学习。新型职业农民亦然，十几年前的农民不会预想到今天农业的规模化与现代化，也不会想到今天的农业发展对农民提出了如此多的要求，而身处现今，为了不落后于时代，农民也必须要有终身学习的思想与理念，必须将接受教育贯穿人的生命的始终。时代赋予了新型职业农民推广普及现代农业科技知识成果、促进农业农村现代化的重要任务与使命。为了更好地完成使命与任务，新型职业农民必须树立终身学习的观念，活到老，学到老。新型职业农民要及时关注并学习随着时代的进步快速更新的知识与技能，包括但不限于农业知识，其他方面对自身发展有益的知识都可以纳入学习的范围中。

高职院校为农民接受继续教育提供了现有的培训平台，可以说，农民若是想要接受继续教育以提升自己，高职院校是一个良好的选择。首先，每个地市都有属于本地市的高职院校，若农民去当地高职院校接受培训，可以节省资金投入，使每个地市的教育资源得到充分的利用，实现效益最大化。其次，高职院校经过多年的发展，其培训体系日臻完善、办学特色鲜明、专业门类齐全，集大专学历

教育、成人教育、短期培训于一体，既能满足农民提升学历的要求，也可以为农民提供短期技能培训服务。此外，高职院校也可以利用在线教育平台提供在线网络教育，使农民培训长效化。

第二节　高等职业院校开展新型职业农民培育的意义

一、高职院校培育新型职业农民有利于开发农村人力资源

人力资源又称劳动力资源或劳动力，是指能够推动整个经济和社会的发展、具有劳动能力的人口的总称。若想解决农村劳动力不断流失的问题，就必须从我国现实状况着手。高职院校立足乡村振兴战略的目标与要求，从农业、农村发展的需求出发来培育新型职业农民，这是破解农村人力资源开发难题的关键一步。高职院校着眼于培育新型职业农民，有利于提升农村人力资源的自我发展能力和辐射带动能力，形成"以点带面"的独特效应，能促进农村劳动力整体素质的提升，缓解当前农村"无人可用"的尴尬局面，进而促进农村平稳发展。另外，高职院校培育新型职业农民对转移农村剩余劳动力、提高农民的科学文化素质、推动国民经济持续健康发展有着极为重要的现实意义。因此，要想解决农村人力资源开发的难题，通过高职院校来培育新型职业农民不失为一个正确选择。

二、高职院校培育新型职业农民有利于积累农民人力资本

首先，有利于促进农民素质提升，强化乡村振兴人才支撑。高职院校对农民的教育培训通常分为两部分，一部分是通识理论课，另一部分是实践实训课。通识理论课是对农民进行专业基础知识与文化素质教育，注重普及文化基础知识与必备的农业和法律知识。而实践实训课程中，高职院校的培训教师重点对农民普及最新的农业生产技术。高职院校培训的内容全面，通过培训，有利于提高农民文化水平，增强农民的学习意识与能力，促进农民人力资本存量的积累，促使农民成功转型为新型职业农民。

其次，有利于增强农民的职业技能，提升劳动力就业质量。大部分农民的思想较为保守，文化素质不高，对新技术、新措施主动学习的积极性不足，为此，需要通过高职院校来培育农民，促进新技术、新措施的推广，以提升农民的职业技能。高职院校通过对传统农民进行技术、技能培训，有利于促进人口资源的开发，变巨大的人口压力为人才优势；有利于提升农村现有劳动力的整体素质，激

发广大农民在经济活动中的主动性、积极性与创造性；有利于调动农民的内生动力，使农民掌握最新的生产技术和知识，促进农业科技在农村的推广普及与应用，促进农业的组织化与规模化生产。通过高职院校的培训，农民已经成为习得现代农业生产技术并具备现代农业思维的新型职业农民，而不是沿袭旧有农业生产方法的传统农民。成功转型的新型职业农民，较之传统农民在市场经济中具备更强的竞争力，这也在一定程度上增强了农业经济的稳定性。

在现实意义上，培育新型职业农民是有效破解"三农"难题的根本途径，是建设中国特色社会主义新农村的现实选择，是农村脱贫攻坚战略的有力手段，是建设新型农业生产经营体系的战略选择和重要工程，是实现国家"大扶贫和大数据"两大战略任务的助推器。培育新型职业农民有助于农村社会资源的优化组合和合理配置，有助于我国新农村建设和"三化同步"建设战略的顺利实施。此外，培育新型职业农民有助于缓解日益严重的农民人口老龄化问题。

第六章　高等职业院校服务新型职业农民培育路径研究

第一节　明确供给目标　更新培育理念

一、转变观念，明确培育的发展方向

理念是教育改革行动的先行者。伟大的教育变革必然有与之相应的先进理念，其后通过实践不断完善，不断联系实际，融合周围环境，将理念落地生根。理念具有引领性，直接关乎新型职业农民培育工作的成效。党的十八届五中全会提出了贯彻创新、协调、绿色、开放、共享的"五大发展理念"，这关系到国家经济社会发展的前进方向，也是引领教育改革的创新思维。在乡村振兴的时代背景下，新型职业农民培育作为建设农村高素质实用性人才队伍体系中的关键一环，必须要以"五大发展理念"为理念，破解培育过程中的困境和难题。一是要秉承创新理念，改变以往固化的培育模式，积极开展多形式、多层次、多渠道的培育活动，立足当地农业实际和农业特色，充分整合优质教育资源，努力挖掘培育工作的新动力。二是要推进协调理念，构建以政府力量为主、社会力量为辅的联动机制，完善"政府主导、充分依靠企业力量、充分发挥行业优势、社会力量积极参与、职业院校联动发展"的多元主体培育体系，统筹协调农广校、农业科研院所、农业合作社等培育资源，建立多种培训力量交叉的螺旋关系，促进新型职业农民培育工作的持续、健康发展。三是要切实落实绿色理念，注重培育对象的遴选工作，着重培养家庭农场经营者、专业大户、农业合作社带头人等，将有限的培育资源用在刀刃上，增强培育的精准度，提升培育的吸引力。四是要注重开放理念，合理引入市场机制，不断拓展新型职业农民培育供给主体和供给形

式，建设新型职业农民培育的大平台，进一步推进培育工作的多样化发展。五是要贯彻共享理念，充分利用新媒体和互联网平台，不断扩大优质培育资源的开放、共享，提高辐射范围的培育能力，共享资源、共享成果、共享共建，从而提高培育活动的参与度。

二、重视农民培育需求的调研

需求调研是开展新型职业农民培育工作的前提，其直接影响培育目标、课程体系、教学方式、师资配置等要素的制定和设置，对新型职业农民培育的质量和效率影响甚大。首先，新型职业农民培育工作开展之前要在负责范围内进行调查摸底工作，全面、客观地调研当地的农业产业结构、农业劳动力结构、农业生产活动情况，真实了解农业发展和农民群体的整体需求，整体把握农业转型升级发展对农业实用人才素质结构的要求，从而进行宏观的统一供给。其次，新型职业农民培育工作要注重将培育目标任务和农民个体需求结合起来，按照参与对象性别、文化程度、职业身份、经济水平等因素差异，制订适合不同层次农民的个性化需求的教学方案，实现因人制宜、因材施教。再次，培育部门要构建良好的沟通反馈通道，实时把握农民培育需求的变化，根据实际情况进行及时调整，提高培育的精准性，保障培育的有效性。最后，在新型职业农民培育后期的认定考核中，培训者要在遵照相关认定标准的前提下，充分考虑当地农业生产实际，开展不同类型、不同层次的考核制度，如针对生产经营型农民主要进行生产规模、承包土地数量、农业生产收益和辐射带动能力等方面的考察，而对专业技能型农民，则主要开展农业实用技术、良种良法、农机服务等方面能力的认证。总之，新型职业农民培育工作要积极适应农民的个性化需求，为农民群体的全面发展搭建良好的平台。

三、扩大培育目标的遴选范围

新型职业农民的培育不仅要关注现有农业生产经营主体的教育培训，更要注重加强对农业后继者的培养，确保农业生产"后继有人"，这关系到未来农业的长远发展。因此，将真正热爱农业、自愿从事农业、把农业活动当成职业来经营的目标人群视为新型职业农民队伍的储备库，多方位、多渠道地开展培育活动，扩大新型职业农民培育对象的来源，促进我国更多新型职业农民的形成。一是重点培育现有农业生产经营者的带头人和骨干力量，如农业合作社带头人、家庭农场主、专业种植养殖大户等，集中传授农业生产经验和提升农业生产经营能力，实现最直接的农业增收，充分发挥这些关键群体的辐射带动能力和典型示范作用，吸引更多的农业生产经营主体加入培育活动。二是着力推动脱农、离农人群回归农业领域的生产，为未来农业发展注入新的力量。培育主体要不断优化农业生产环境，营造尊重农民、热爱农业的社会舆论环境，加强农业产业的市场竞争力，吸引游离在农业生产领域的边缘人群加入建设现代农业的大军中。三是针对涉农高校、涉农专业的大、中专生不愿回乡从事涉农产业的问题，各大高校和高职、高专院校需要进行培育模式的创新，开展委托培养、订单式培养，根据区域农业经济发展优势和特色产业，有针对性地进行相关农业人才的培养和教育。同时，政府应该完善激励扶持机制，促进涉农优秀人才的有效分流，让新型职业农民回归根源，并深入挖掘潜在的农业目标人群，培育真正具有先进思想观念、高水平文化素养、高水平生产经营能力的农业生力军和接班人，而不是为了行政指标盲目选人，造成资源浪费、重复培育，从而影响农业生产的可持续发展。

第二节　提升供给质量　创新内部工作机制

一、转变高职院校培育观念，树立正确的新型职业农民培育观

先进、科学的培育观会引领高职院校的培育工作，对其产生正向作用；错误的培育规则会阻碍高职院校培育工作的开展，对其产生负面作用。新型职业农民培育工作自2012年始已经10年，这10年的新型职业农民培育史可以被视为新型职业农民培育理念与时俱进、不断创新和完善的过程。随着时代的发展，全国各地在培育新型职业农民的过程中也逐渐衍生出诸多具有前瞻性与创新性的新型职业农民培育理论。因此，当前阶段，高职院校在培育新型职业农民的过程中，要结合乡村振兴战略这个时代背景，进一步探索出适合我国国情的新型职业农民培育观。

首先，高职院校要树立"大职业培育观"。乡村振兴战略是涵盖政治、经济、文化、生态等多个领域、多个方面的全局性战略。乡村振兴战略下的农业范围也得以进一步扩大，不仅仅局限于传统的种植养殖业，而且将与农业有关的工业、制造业与服务业一起吸纳进来，这对新型职业农民的培育提出了更高、更全面的要求。高职院校在培育新型职业农民时，不能局限于传统意义上的农民与农业生产，而应该树立大职业培育观，以更加开阔的视野来组织新型职业农民培育；要突破以往培训的局限性，从只培训农民的农业生产技能拓宽到职业道德、生态意识、法治观念与农业生产技能等包含多方面内容的综合素质的培育。

其次，高职院校要树立正确的人才观。人才观是对人才的本质及其发展规律的观点。人才观影响高职院校对人才的培育、考核、引进等多方面的工作。人才的本质特征具体表现为有才能、有远见、有较强的开拓和创新能力。高职院校在培育新型职业农民的时候，要摒弃以往只有高学历、高职称的人才是人才的错误观念，应时刻牢记新型职业农民是乡村振兴所必需的建设人才，而接受培训的农民学员是新型职业农民的潜在发展对象，要以平等的眼光看待接受职业教育培训的农民，把一切可能发展的对象都吸纳到培育队伍中，努力培育出一批服务于农村和农业生产各个领域的生产经营型、专业技能型和专业服务型人才，并把他们打造成新农村致富带头人与农业科技应用的推广者。

最后，高职院校要树立终身教育的培育观。新时代要求农民拥有更高的素质和更多的技能。农民仅仅掌握一门技术很难适应竞争激烈的现代社会。为此，高职院校要树立终身教育的新型职业农民培育观，一方面帮助新型职业农民树立终身学习的观念，改变以往农民群体过分注重教育功利性的观念；另一方面有必要设立具体的长效跟踪服务机制，在新型职业农民培育结束之后，对培育对象开展一个周期的跟踪指导，及时解答农民学员在农业生产中遇到的实际问题，同时打造信息化服务平台，建立线上跟踪服务平台，以便及时解答农民学员的问题。

二、强化主体价值，增强高职院校自我发展的内生动力

作为新型职业农民培育的"教育者"，高职院校承担着培育新型职业农民的时代责任。在我国，承担新型职业农民培育任务的主体众多，如中职院校、农广校等。若想为高职院校培育新型职业农民提供可行的具有针对性的路径，就需要从高职院校内部出发。这样，高职院校才能够更好地承担起乡村振兴战略实施背景下时代赋予的责任。高职院校要明确自己作为新型职业农民培育机构的主体地位，在培训对象的选择、培训资金的募集等环节充分发挥主体作用，进一步探索出适合我国国情的培育路径。

（一）高职院校应创新招生政策，拓宽培育对象来源渠道

高职院校可以采取定向培养与非定向培养相结合的方式，增加新型职业农民队伍力量，为新型职业农民培育储备更多的后备对象，以解决当前和长远的新型职业农民培育问题。

一方面，利用高职院校生源，进行非定向培养。高职院校应对涉农专业学生进行非定向培养。高职院校尤其是涉农高职院校中的学生都可以作为新型职业农民培育的后备军。如果对现有农民进行培训使其成为新型职业农民是一种现实选择，那么培养高职院校特别是涉农高职院校的学生成为新型职业农民，是一种前

瞻性的策略。要培育新生代职业农民，高职院校涉农专业就要制定能够吸引学生报名的招生政策，以及能够突出专业优势的招生计划。高职院校要将招生重点放在中职院校涉农专业学生和高中毕业生上，为培育高素质的新型职业农民打好基础。同时，为使学生"学农不离农、不弃农"，毕业之后从事与农业相关的工作，高职院校要通过潜移默化的方式培养学生对农业的热爱之情，让他们真正认同新型职业农民这个身份。高职院校可以组织丰富多彩的下乡活动，让学生在实践活动中学习农业生产经营知识；让学生真正走到田野中、走到农民中去做调研；让学生通过自己的双眼来认识到农村的魅力与其等待发展的不足之处。总之，高职院校要通过各种活动来加强学生对农村与农业的了解，激发他们对农村与农业的热爱之情。另外，高职院校应完善学生的就业指导工作，引导涉农专业学生确立正确的就业、择业观。

另一方面，拓宽招生渠道，进行定向培养。高职院校要主动拓宽培训范围，涉农专业不仅要着眼于为地区现代农业的发展培育后备力量，也要通过对现有农民的培育来提升他们的素质与知识技能。由此可知，高职院校在招生的时候，应放宽眼光，不仅可以从初、高中毕业生和中职毕业生中选拔培育对象，还可以面向农民进行招生，精准把握、科学遴选培育对象，重点面向以下人群进行招生：种植养殖大户、农村合作社带头人、家庭农场经营者等；返乡创业农民工；农村留守妇女；农村初、高中，大、中专院校毕业生等，并逐步扩大非应届毕业生的生源比例。以上人群可以选择非全日制的培训方式，接受不定期培养。

（二）多措并举筹集资金，为培育工作提供充足的物质条件

高职院校虽然有来自国家财政的支持，但是每年国家划拨给高职院校的资金是有限的，因此，高职院校必须根据获得的资金支持进行"精打细算"的组织培育，以免出现财政赤字。在这种情况下，高职院校培育人才的速度与乡村振兴战略实施的需要相差甚远。不管是为了更好地促进院校的发展、增强学校的竞争力，还是加快培育出一大批乡村振兴战略急需的农村人才，将我国农村大批农民培育成新型职业农民，高职院校都要多措并举，创新资金来源渠道，促进学校的建设和发展，同时为新型职业农民培育工作提供更多的资金支持。

首先，利用自身优势，鼓励教师独立自主创新项目。高职院校拥有精湛的设备、雄厚的师资力量，其中有不少教师是兼具理论和实践教学能力的"双师型"教师。基于上述条件，高职院校必须充分利用现有资源，鼓励教师承接项目，研发新产品，攻克技术难关，这样既可以在实践中锻炼教师的科研能力，又可以对外出售自己学院开发的产品来增加学院的资金收入。不过，新产品的研发不是一朝一夕就能完成的，要有充足的耐心等待科研成果的诞生。高职院校既要制定完

备的奖励制度，鼓励教师积极投入科研中，还要有健全的支持措施，对搞研发的教师给予必要的物质与人力支持。

其次，校企合作，共促双赢。高职院校可以选择"订单式培养"模式，与对口企业加强合作，培养企业所需要的人才，而企业也可以为学校提供必要的设备支持。另外，高职院校在职业技能培训方面有着丰富的经验，可以利用这方面的优势，通过为企业开展价格公道、时间间隔固定的员工培训来增加院校收入。

再次，开源节流，校校联合。高职院校可以通过加强与当地中职学院的合作来减少支出、增加收入。高职院校可以为中职院校的学生提供实地学习与实习的机会。高职院校的实训基地的设备、场地都优于中职院校。为了更加充分地利用实训资源，高职院校可以考虑与中职院校进行合作，为中职院校的学生提供实训基地和培训教师，如此，既能提高本校的竞争力，增强学院教师与领导的忧患意识，又可以实现强强联合、共同发展。

最后，面向社会，开展培训。面向社会承接短期培训，是高职院校增加收入的一条途径。当前，不少上班族有着继续提升自己技能的强烈意愿，但由于无法参与学校的长期教育，不少人纷纷将目光放在了短期培训上，希望以最短的时间学习到新的技能。高职院校专业门类齐全，可以开设经典课程以保证固定的生源，也可以根据时下热点开设"网红"课程。高职院校通过开设各种培训课程，既可以为学校提供一定的生源，充分调动学校的内部活力，又可以拓宽资金来源渠道，使高职院校各项工作都能有足够的资金支持。

三、创新新型职业农民培育方式，力促培育方式多样化

当前新型职业农民培育对象大多拥有一定的文化基础知识和农业生产技能，这为高职院校新型职业农民培育工作的开展打下了良好的知识基础。高职院校的培育方式看似多样，包含集中面授、参观学习、集中指导与实践操作、经验讨论与线上培训等多种方式，但是在具体的培育过程中，高职院校也主要以集中面授与参观学习为主，利用互联网技术的线上培训则较少被采用。在互联网高速发展的时代，农民获取信息的渠道呈现多样化趋势，而智能手机、电脑等电子设备已成为常用工具。基于此背景，高职院校在组织新型职业农民培育时应紧跟时代潮流，整合能够利用的多种资源，进一步创新培育方式。

（一）分类培养、分型发展，以突出新型职业农民培育的针对性与具体性

首先，以文化程度、年龄、从业取向及发展意向为标准进行分类培训。参与培训的青壮年农民学员的思想活跃，接受新事物的速度较快，有望通过培训成为农村发展、创业致富的带头人。这类农民学员的培训内容应该具体、全面，围绕

当地现代农业发展需求，加强对他们的创业技能、政策法规、职业道德、心理健康等多方面的培训。而年龄较大的农民学员往往思想较为保守，对市场也缺乏足够的敏感性，但是他们具有深厚的土地情结，可以说，他们对土地的热爱与浓厚情感是在几十年与土地打交道的过程中培养出来的。针对这些农民学员，高职院校应着重培训他们农业技术与生产管理等方面的知识，以提高他们的农业生产效率。

其次，乡村振兴战略需要的是全方位的综合型人才，因此，各类新型职业农民的培训内容应该各有侧重，而且重点面向人群也应做出明显区分。生产经营型农民培训应面向农企老板、家庭农场主等，着力在现代企业与经营发展方式、创新创业与科学发展等方面培训他们；专业技能型农民培训应面向农业企业、专业合作社、家庭农场等新型经营主体中专门从事某一方面生产经营活动的骨干劳动力，培训时应侧重最新的农业科技的推广传授，也可以组织跨区域的专业技能型农民之间的交流，相互借鉴、互通有无；专业服务型农民培训应面向经营型组织中或个体从事农业产前、产中、产后的社会化服务人员，如贩销大户、村级动物防疫员等，应重点培育他们的市场推广营销技能及他们具体从事职业方向的最新技术，促进技术与理念的更新。

（二）加强与社会组织机构的合作，丰富新型职业农民培育的形式

高职院校可以利用当地的农村合作组织、涉农企业、农村合作社、家庭农场等进一步丰富新型职业农民培育的方式。这些涉农的社会组织各有优势，通常拥有一定的资金、技术、人才支持，具备丰富的农业生产和管理经验，而且拥有充足的劳动力资源，能够迅速调动一批专业技能熟练的农民加入新型职业农民培育中，为高职院校培育工作提供充足的后备培育对象。高职院校在组织新型职业农民培育工作时，通过整合涉农企业、农村合作组织、农村合作社等社会资源并对其加以利用，如组织新型职业农民培育对象到涉农社会组织参观、考察和实践，以进一步巩固新型职业农民培育的理论成果。

（三）利用日新月异的互联网媒介开展培育工作

以智能手机为代表的大众传媒已成为每个寻常百姓的必备之物，便利的网络让人们足不出户就可以接收到各种信息。基于此，高职院校应充分利用时代优势，建立线上培训平台，开展线上培训，设置线上课程，并创建信息化服务云平台，整合农业专家和农机推广等线上服务，利用互联网对农民学员进行全程跟踪指导，进而提高培育效果。

四、依据 PDCA 循环理论，构建培育质量保证体系

（一）新型职业农民培育质量生成分析

新型职业农民培育工作由农业主管部门统筹管理，采取的是政府购买服务的方式，主要是将培育任务委派给大、中专院校、农业学校等教育机构，因此，培育质量产生的主体包括农业主管部门和教育机构。农业主管部门负责教育机构资质审核、培育任务下达、培育方案审核、培育工作过程督查等，规范教育机构培育工作，确保工作质量；教育机构负责根据任务要求，确定培育目标和培育标准、编制培育方案、确定培育内容和教学方法、开展教学实施和考核鉴定等。培育质量保证体系由工作管理质量监控链和教学质量监控链组成。通常情况下，两条质量控制链处于并行运行状态，即农业主管部门围绕培育要求对培育工作的规范性进行督查，对存在的问题进行分析，并反馈给教育机构，发出工作改进指令，督促教育机构进行整改；教育机构培育目标是对考核鉴定结果进行分析，找出影响培育效果的原因，组织教学改进，重新开展培育方案设计。工作管理质量监控链和教学质量监控链是并行独立运行的，未能形成完整的质量保证体系，导致层级脱节、信息未能及时共享、工作未能实时联动、问题未能合并解决，这使新型职业农民培育质量提升的目标难以充分实现。

（二）培育质量监控的理论模型构建

新型职业农民培育质量监控是指在"有文化、懂技术、会经营、善管理"的人才质量标准的指引下，根据农民培育质量目标，由培育行政管理部门和培育实施机构，按照规定的流程，对培育实施成效进行督查和考核，以确保培育实施机构的工作质量和培育对象的学习质量。同时，培育行政管理部门要把督查中发现的问题反馈给培育实施机构，督促培育实施机构进行工作整改，为下一次任务高质量实施做好准备；培育实施机构客观分析培育对象的考核成绩，找出影响成绩的原因，进行教学整改，为下一次任务高质量教学做好准备。

1. PDCA 循环质量控制

PDCA 循环又叫"质量环"。人们通常把 PDCA 分为四个阶段，即计划（Plan）、执行（Do）、检查（Check）、调整（Action）阶段，而在实际运用的时候，人们又把 PDCA 循环划分为八个步骤，即现状调查、原因分析、要因确认、制定对策、实施对策、效果检查、巩固措施、遗留问题。质量管理活动要求把某项工作按照目标制订计划、实施计划、检查实施效果，然后将成功的纳入标准，不成功的留待下一循环去解决。PDCA 循环可以使质量管理的思想、方法和工作步骤更加条理化、系统化、图像化和科学化。当某项工作进行到最后一步（调整）

之后，并不意味着此项工作的结束，而是要求把调整过后的工作继续用PDCA去规划和执行，在每一轮的PDCA中解决一些问题，而未解决的问题继续进入下一个循环，让整个工作呈阶梯式上升。

2. 基于PDCA循环理论构建"双循环"培育质量监控模型

新型职业农民培育质量监控是为保证教育质量而实施的质量管理过程，具有周期性质量管理工作的普遍性特点，突出培育工作过程管理，力求外在督促改进和内在诊断改进相结合，追求培育质量的阶梯式上升。PDCA循环作为科学化的质量管理方法，表现出质量管理方法的普适性，能够适应新型职业农民培育质量管理环境，指导培育质量监控过程。

依据PDCA循环理论，构建培育质量监控模型。借鉴PDCA四个阶段，把新型职业农民培育工作管理质量监控链和教学质量监控链分别设计成质量设计、质量运行、质量监测、质量改进四个环节，将两链中的四个环节分别划分为若干个步骤。培育工作管理质量监控链划分为接收任务、培育目标、培育标准、培育设计、培育实施、上级督查、问题诊断、工作改进8个步骤；教学质量监控链划分为培育设计、培育实施、考核鉴定、教学改进4个步骤（见图6-1），其中培育设计和培育实施既是质量生成的重要步骤，也是两条链的公共步骤。基于此，将工作管理质量监控链和教学质量监控链组成有机的整体，形成既能环环相扣、各自独立运转，又能相互制约、交叉支撑的"关联型"培育质量监控模型，保证培育管理工作和教学工作能在原有基础上不断提升。

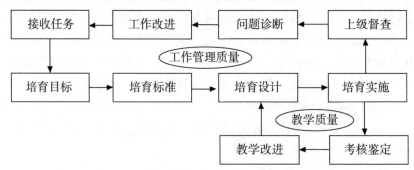

图6-1 "双循环"培育质量监控模型

（三）基于"双循环"培育质量监控理论完善培育质量保证体系

依据"双循环"培育质量监控模型建构的培育质量保证体系是一个多环联动、两链互动的动态体系，既涉及教学层面的培育设计和教学质量预警，又涉及管理层面的顶层设计和管理质量监测预警。一方面，根据培育目标和培育标准规范培育机构的教学运行管理，并及时将问题反馈给培育机构，督促其进行新一轮的顶层设计；另一方面，引导教师围绕培育目标和培育标准开展培育设计及教学，并根据考核鉴定结果及时自我优化培育方案，调整教学方法，紧扣培育目标和培育标准，形成质量设计、质量运行、质量监测、质量改进联动机制，保证培育质量信息能及时传递到管理层面和教学层面，使管理和教学层面针对问题及时进行整改。这一体系以培育目标为指引，以培育标准为关键，以问题为导向，以两链互动为基础，以自我改进和督促改进互补为保证，在良性循环提升的生态中提升新型职业农民培育质量，具体需要做好以下四个方面的工作。

1.精准确定培育目标，夯实培育质量保证体系的决策基础

培育目标是"根据培育目的、结合自身特点、对受教育者的身心发展所提出的总体要求"，是对培育对象在知识、能力、素质等方面的预设，在农民培养工作中具有指引作用。"新型职业农民"本身就是培育目标，通常将"爱农业、懂技术、善经营"作为新型职业农民培育的主要目标。从职业属性方面看，新型职业农民一般分为生产经营型、专业技能型和社会服务型三种类型，每种类型具有自身独特的培育目标；从生产内容方面看，新型职业农民从事农业、林业、畜牧业、渔业等工作，每类工作都具有自身独特的培育目标。确定培育目标，既是制订新型职业农民培养计划的前提，也是提高教学质量的前提。因此，必须理解国家关于新型职业农民培育的政策方针，正确把握培育方向，明确农业生产领域中的预期发展状况；正确把握培育规格，明确培育对象应达到的知识、能力和素质的规定要求；正确把握服务面向，明确培养对象面向服务乡村振兴的农业生产一线，促进农业转型升级、农村持续进步。

2.精准确立培育标准，夯实培育质量，保证体系的实施基础

培育标准建设是质量保证体系的关键，是质量评价工作的依据，具有培育质量生成过程把控和培育成效判据的功能。新型职业农民培育标准应包括培育运行管理质量标准和培育项目课程（任务）质量标准，具体包括计划、师资、资源、管理、过程、监控等细分标准，各要素在培育实施过程中既相对独立又相互关联，构成相互联动的目标链，形成充分支撑培育质量保证体系的实施基础。

（1）确立培育运行管理质量标准。一是应根据新型职业农民培育工作的指令性属性，对培育机构的师资水平、实训条件、教学管理制度等提出要求；应制定培育机构教学工作规范，对课程教学工作、学员管理工作等提出要求；应制定培育机构工作绩效标准，对培育机构提出必要的奖惩要求；应发布农业职业标准、农业行业技能鉴定标准、新型职业农民认定标准，对培育机构的教学、评价提供依据。二是以培育机构为主体的教学行政管理，应制定培育项目开发制度，对指令性任务解读、培育调研、培养方案制订、课程（任务）标准等进行全过程控制；

应制定教学工作管理制度，对教师培训前的备课、培训中的授课、培训后的考核等提出要求，对学员学习的过程行为提出要求。

（2）确立项目课程（任务）质量标准。课程是新型职业农民培育的核心要素，课程质量的优劣直接关系到培育质量，因此必须对课程进行标准化。课程标准是以纲要的形式规定生产经营、专业技能和社会服务有关农业生产需要的教学内容的标准文件，其将教学内容进行序化和编排，设置了新型职业农民培育的教学目的与任务，知识与技能的范围、深度和结构，规定了教学的进度和教学方法的基本要求。它体现了农业主管部门对培育项目教学的要求，是编制教学方案、教学设计，选择教学内容和教学资源的直接依据，也是评价教学质量的重要依据。

3.强化培育组织建设，夯实培育质量保证体系的执行基础

新型职业农民培育管理组织机构既是质量保证体系中的组织者，又是检查和督促措施实施的执行者。"双循环"培育质量监控理论下的治理结构应当推行二级管理，以农业主管部门牵头成立培育工作督导委员会，侧重统筹、协调；以培育机构牵头成立培育工作指导委员会，侧重落实、执行。两个层级都应建立各自完善的教学质量保证组织构架，明确人员组成、分工和职能，各负其责、双管齐下，管理、监控内部的教学质量。

（1）建立培育工作督导体制机制。为保证新型职业农民培育制度和国家农民培育方针、政策的贯彻执行，提高培育质量，推动农民教育事业科学发展，应该加强农民教育治理体系和治理能力建设，由农业主管部门牵头，联合农业行业专家、农业院校专家、企业专家成立培育工作督导委员会，负责统筹规划、组织实施培育督导工作，制定有关培育督导与评估的规章制度和实施方案；对培育机构规范办学实施监督、指导，在对培育机构的教学工作进行深入调查、研究的基础上，对培育机构的教学建设、教学改革、教学管理、教学研究、教学服务与质量控制等方面提出建议和意见，为培育机构在这些方面的决策提供科学分析和指导。

（2）建立培育工作指导体制机制。教学质量是培育机构的立足之本。作为培育质量生成的主体，新型职业农民培育管理组织机构应该加强内部教学治理体系和治理能力建设，联合农业主管部门专家、行业专家、企业专家成立培育工作指导委员会，负责规划协调、组织实施培育指导工作，制定有关培育指导与考核的规章制度和实施方案；在农民培育过程中充分发挥民主决策作用，对培育教学体系、人才培育方案进行规划和设计；对人才培养改革和建设、教学研究、教学运行和管理等相关事项进行指导和审议；对课堂教学评价、教学检查、教学督导、听课、教学信息反馈、教学工作考核等制度的执行情况进行监督和指导；对项

目（课程）建设、教育、教学和教改实践中出现的新情况、新问题进行专题研究，并提出改进意见或实施方案。

4.加强培育诊断改进，夯实培育质量保证体系的成效基础

诊断与改进是 PDCA 循环的末端环节，也是决定整个培育工作呈阶梯式上升的重要环节。通过对培育过程的两级监控信息与执行结果进行综合总结和分析，对照培育目标和标准制订改进方案，可以解决相关问题。

首先，完善检查信息反馈机制，搭建信息化平台，通过督导评价系统等渠道进行培育信息采集，形成问题清单。农业主管部门将督查中发现的培育管理问题反馈给培育机构，而培育机构将检查中发现的教学问题反馈给项目团队或负责人。

其次，完善问题分析机制。每次培训结束后，农业主管部门都要召开培育管理层面和教学层面的整改工作会议，对培育工作做全面总结，并不断反思培训问题，积累培训经验，对反馈问题进行多维度剖析；通过调查数据、问题清单等信息的探索找出更深层次的质量问题，针对已经发现的管理和教学问题及未来可能出现的问题，形成分析报告，并向相关责任主体发出整改通知书，实行追踪办理、限期整改。

最后，完善改进机制。培育机构应当针对目前培育管理和教学过程中已经发现的问题、薄弱环节和未来可能出现的问题，建立有效的纠正和预防措施，达到持续改进的目的。一方面，要努力优化教学质量监控和专项评估工作的功能定位与实施程序，更加注重评价、监督、引导功能的发挥，对督导检查、评教评学和专项评估中发现的问题进行持续监控，对反馈给有关单位的重大教学质量问题实行建档督办、限期整改、改后复评；另一方面，要建立行之有效的约束机制，进一步明确教学质量责任主体、强化责任意识，将培育质量监控与评估结果作为培育机构资金投入、培育计划制订、项目调整等有关工作的重要依据，同时将教师教学质量的评价信息和有关质量问题作为教师各种奖惩、考核与评聘的首要条件，引导基层教学组织和广大教师注重教学质量的改进与提升。

第三节　改善供给设施　创新教学方式

一、创新和丰富教学方式

考虑到农民群体的职业特性，新型职业农民培育模式要区别于一般的传统教

育培训模式，着力增强培育模式的灵活度和适应性。在培育地点上，新型职业农民培育活动要考虑农业活动的复杂性，将培育地点从传统的课堂扩展到田间地头、示范园基地、农业合作社，甚至是种植大户的种养基地和养殖大户的繁育基地等"第二课堂"，坚持理论联系实际、知行合一的原则，增加农民现场参观和动手实际操作的机会，充分发挥农民参与培育活动的主体性。在培育时间上，新型职业农民教育要充分尊重农业活动的季节性和农民的生活节奏，根据不同农业活动的实际和特点，及时调整和变更，进行分时段教学，在农忙时节通过发放文字教材和影像教材等资料的方式鼓励农民自主学习；在农闲时节可以将农民集中起来统一教学，形成集中教授和个人自学相结合的教学模式。在培育方式上，新型职业农民教育要结合农民的学习特点，坚持课堂教学和实践教学相结合。理论教学除了课堂教学之外，还可以采取专题讲座、知识论坛、研讨小组等形式开展，以增加理论知识学习过程中的互动交流。实操课程可以借助实训基地、田间学校、培育学院开展案例教学班和经验分享会，使新型职业农民在做中学、学中做，加深农民群体对所学知识的理解与运用，实现其知识水平和专业技能的双重提升；同时，利用大数据时代信息技术方面的优势，将传统教学优势和新媒体新技术结合起来，构建远程教育和指导模式，以提升供给范围和能力。在教育模式上，新型职业农民教育要充分利用具有带头作用的农业龙头企业、农业合作社、家庭农场的行业专家、种养大户、农业能人等，开展"政—校"协同、"政—企"协同、"校—企"协同的培养模式，通过送知识、技术到家门，送技术服务入户等方式，开展多角度、多方位的培育工作，满足农民日益复杂化、多样化、个性化的需求，构建多元、灵动的学习平台和渠道。

二、加强实训基地和田间学校的建设

新型职业农民培育需立足农民增收、创收这一实际要求，以实践教学为主，以理论传授为辅，不仅要注重农业生产经营基本理论知识的传授，最重要的是要切实提高职业农民的动手能力、实践能力、分析问题和解决问题的能力；在坚持培育过程与个人实际相结合、与农业生产实际相结合、与个人全面发展相结合，提升技术技能和个人长远发展、农业特色、产业结构的契合度，有效提升培育的质量和成效；同时，要创新实践操作教学和实地教学的模式，加强农民实训基地、田间学校的建设，做到以基地和田间为课堂、以农作物为天然教材，以实际操作和实践教学为主的教学方式，促成面对面传授知识、手把手教授技术、一对一解答疑惑的教学模式；有效搭建起涉农院校、龙头企业和职能部门三圈合作的桥梁与平台，充分利用政府政策优势、师资优势、信息优势和组织优势，对接涉农高校建设教学科研基地，对接龙头农业企业建设农业示范基地，对接基层农技推广站建设综合试验基地，推动校企合作、产教融合，实现多元平台、共享资源、共育人才、合作共赢的农业人才培育体系，努力将实训基地和田间学校建设成农民学习和施展才能的舞台。

三、优化教师队伍，建设专业师资库

为了促进新型职业农民培育工作的顺利开展，创新人才引进与激励机制、加强新型职业农民培育师资队伍建设是当务之急。新型职业农民培育师资队伍建设是提高培育质量和效果的关键因素。从根本上讲，新型职业农民培育的质量有无实效，取决于师资队伍的素质。因此，进一步提高新型职业农民培育的质量、建设一支高素质师资队伍是发展新型职业农民培育事业的根本任务。

（一）以梯队培养、结构合理为人才引进导向

新型职业农民培育对象来源复杂、身份特殊、个体差异较大，因此。新型职业农民培育师资必须要符合知识层次高、技术技能硬、授课方式活的要求。首先要打造"专兼结合"的师资队伍。高职院校需要聘请高学历涉农专业科研人才补充现有的教师队伍，以提高新型职业农民教师队伍的质量；要"不拘一格降人才"，摒弃学历歧视，坚持教师资源"不为所有，但求所用"的理念，积极吸收社会各行业优秀人才进入培育体系，有力补充各类农科院所和科研机构的农业专家，涉农高校或涉农专业的优秀大、中专毕业生，实践经验丰富的基层农业技术推广员、优秀学员代表等作为兼职教师，以充实培育师资的储备库，也可以聘请涉农专业专家、当地种植养殖大户、农村实用人才带头人、农技推广员等为校外兼职教师来补充师资队伍；利用大数据、互联网等现代信息技术组建兼职教师师资库，对兼职教师实行动态管理，以便加强对教学质量的监督与考核；对于现有的教师资源和教师队伍，应尽量多地提供校内培训学习和校外进修学习的机会，学习农业产业发展的新观点、新知识、新方法、新技术等，努力提升其知识理论水平和技能实践水平，从中选拔出一批知识技能水平高、授课经验丰富的教师聘为专职教师，作为培育工作的主力军和常驻队，以增强培育师资队伍的稳定性。

（二）加强校企合作，共谋发展

与对口企业进行合作一直是高职院校的优良传统。高职院校应致力于培养本地区经济发展所需要的技能型人才。高职院校教师，特别是涉农专业教师必须了解当地企业的需求及相关岗位设置，才能更好地培养企业所需要的新型职业农民。为了提高涉农专业教师的专业水平，高职院校可以让企业参与到涉农专业教师的培养中，让涉农专业教师到实训基地、对口企业定期轮岗培训。

（三）分类、分层、有针对性地培养涉农专业教师

高职院校可以将教师分为骨干教师与青年教师两个层次，对不同层次的教师采取具体的不同的培养措施。高职院校可以通过涉农企业顶岗、聘请农业专家讲座、外出考察交流等方式提升骨干教师教学、科研和校本课程以及教材开发等多方面的能力，使其成为带领当地新型职业农民培育的专家型、研究型教师；对于青年教师，特别是刚入职不久、没有多少教学经验和实践经历的青年教师，高职院校可以通过师徒结对的方式进行培育，使他们打好扎实的基本功，树立现代农业的教师理念，迅速成长为能够独当一面的骨干型教师。

（四）严格考核机制

为防止新型职业农民教师队伍出现浑水摸鱼者进而影响新型职业农民培育的效果，高职院校必须建立严格的考核机制，定期对教师进行考核。考核通过且表现良好的教师享有评优、评职称等方面的优先权，这可以激励教师不断提升自己的能力。考核内容主要包含教学和教师终身学习的情况：对教学的考核分为对教师的理论教学和实践教学的考核，希望以此来促进教师不断更新自身的理论知识与加强实践操作练习；对教师终身学习的考核则是希望教师能够不断进步、不断学习，以此提高自身的竞争力。

第四节　优化供给结构　改革课程体系

教育者与受教育者之间的纽带是教育影响，其对教育活动的开展具有重要作用。作为教育影响的重要形态之一的教育内容对教育目标的实现尤为重要。[①] 高职院校在组织培育工作时，会受到政府、社会等多方关注，加之乡村振兴战略的实施对高职院校培育工作提出了更高的要求，因此，高职院校在设置新型职业农民培育内容时，应注重培育内容的科学性、实践性，具体应从涉农专业群结构和课程体系的优化两方面来保障培育内容的科学性。

一、优化专业课程设置结构

新型职业农民培育课程应该紧密结合农村生产经营水平实际和农业生产特色项目，立足区域农民的个人特点和实际需求，坚持理论和实践相结合的原则，坚持需求导向和问题导向的原则，避免简单地按照培育标准生搬硬套，科学规划不

---

① 陈佩瑶. 乡村振兴战略实施中农民教育问题研究 [D]. 武汉：华中农业大学，2019.

同专业门类、不同课程类型的多元立体课程体系。培育主体要加强课程体系的改革和创新，公共基础课模块应根据区域内农民的文化素养和知识水平进行相应的调整，避免"一刀切"的行为，适当删减理论性过强、实用性不强的说理性内容，多增加一些与农业生产经营活动密切相关、与农民实际生活联系紧密的实用课程，遵循"理论够、重实用"的原则，从而有效提高参训农民的职业水平和职业素养，为他们其他技能的发展打好基础；专业技能课模块要根据农民的实际情况设置相应水平的课程，如初级农民要侧重于学习农业生产过程中的关键技能，中级农民侧重于学习农业生产过程中的先进技术，高级农民侧重于学习农业生产技术的推广和理论提升，真正做到从农民的实际需要出发，切实提升参训农民的专业技能；此外，能力拓展课模块可以设置为开放课程，从"上菜"转为"点菜"，根据农民、农业生产的多样化、综合化需求，深化专业技能课的内涵，让农民根据发展需要自由选学。总之，新型职业农民的培育要根据参训农民的学习规律和区域农业产业特色，规划出一批优秀的特色专业课程，以加强参训农民在文化素养、专业技能、经营能力、思想道德层面的教育，为农村经济建设和发展培养生力军和接班人。

二、构建多方联动的课程开发途径

新型职业农民培育是政府主导、社会力量协同的系统性工程。新型职业农民课程调动和整合区域内的农业广播电视学校、农科所、涉农高校和中高职农业院校、农村合作社、涉农企业等涉农主体力量，打破一元化模式，走多元化的课程开发模式，不断提升新型职业农民培育课程的现代化、专业化和标准化水平。一是创新职能部门协同开发课程模式，由当地政府主管部门牵头，发动农业农村部门、劳动部门、教育部门、卫生部门等职能部门，组织高水平的农业专家共同开发课程资源，创建区域范围内的课程信息资源库，在资金、项目、扶持上发力，调动相关职能部门的参与积极性。二是创新校企合作课程开发模式，加速涉农院校和职业农民培育学院与企业的合作交流。一方面，以企业的实际需求为基点，在课程中嵌入相关的课程，实行订单式、委培式培养，充分利用企业的培育基地和实训场地，致力于开发实践课程，实现涉农优秀人才的分流；另一方面，充分利用涉农院校的科研和教学资源，为新型职业农民培育课程的开发注入高水平、高层次的技术力量，提升课程的科学性和先进性。三是创新互联网课程开发，依托"互联网+"服务和远程培育网络，构建新型职业农民培育课程的网络平台，整合优秀的专业基础课程、典型的农业生产成功案例、先进的农业代表故事、成功的创业创新课程等各类资源，打造精品课程，发挥优秀特色课程的最大效用，扩大培育辐射的空间范围，拓宽农民和农民之间、农民和教师之间的互动交流渠道，实现资源共享、平台共建。

三、完善课后跟踪服务

新型职业农民培育课程不仅要注重优秀特色课程的开发，着力课程实施的过程和成效，更要完善课后服务，形成全过程、全方位的课程设置体系。首先，要切实跟进课后跟踪服务。新型职业农民培育课程可以充分利用学员微信群、远程教育网络等现代技术平台，方便农民就学习内容和学习心得进行及时沟通与交流，方便教师、专家对学员的远程指导，促进师生互相学习、共同进步。其次，要建设课后教学效果的反馈评价通道。农民群体可以利用这一渠道加强与教师、专家的沟通与交流，在学习和实际应用中遇到问题时可以及时寻求专家、教师的帮助，还可以就农业生产和自身实际需求提出真实、客观的教学改进建议。同时，教师和专家可以通过这一渠道了解农民群体对课程和教学的真实反馈和评价，即时、及时掌握农民的知识实践情况和市场的动态变化，以便有针对性地调整教学内容和创新教学方式，提升培育的质量和效率。

（一）高职院校在新型职业农民培育中的课程设置

高职院校在设置新型职业农民培育内容时，为了保证内容的科学性，需要遵循以下两个原则。一是满足时代的需求。乡村振兴战略是一项具有全局高度的战略举措，其内容涉及多个领域。由此，高职院校要结合乡村振兴战略中的任务目标设置内容，即内容的设置应围绕"产业兴旺、生态宜居、乡风文明、治理有效、生活富裕"展开，从科技素质、环保意识等多方面提升培育对象的素质。二是坚持以人为本。新型职业农民的培育对象从大类上来说有种植养殖大户、家庭农场主等，从具体类别上来说有生产经营型等三类。不同类型的农民有不同的需求，因此，高职院校应根据不同学员的需求设置有针对性的培育内容。

高职院校具体应从涉农专业群结构和课程体系的优化两方面来保障培育内容设置的科学性。

首先，促进涉农专业群结构优化。专业群结构的优化可以分两个方面来看：针对没有开设涉农专业的高职院校和开设涉农专业的高职院校，有不同的做法。对于前者，高职院校通过对区域内新兴涉农专业的调研，与区域内的龙头企业、家庭农场等开展合作，把握产业需求，厘清新型职业农民培育的目标、类型与数量，继而整合相关专业以培育新的涉农专业或专业方向；对于后者，高职院校要设置涉农专业，就必须使专业的发展服务于本地区的经济发展，更确切地说，要使本专业的发展能够为地区农业经济的发展做出贡献。为此，高职院校要以本地农业和各类新型职业农民发展的实际需要为依据，使高职院校培育工作的目标与计划更具针对性，使专业链的设置与产业链的需求相吻合，进而发挥培育工作的更大效果与作用。

其次，构建能力基准课程体系。一是调查研究，了解需求。在调查研究的基础之上，把握地区农业发展的相关情况与需求，制定人才培养目标，构建职业知识、实践能力和综合素质三个层面的课程体系，以满足现代农业发展和新型职业岗位的需求。二是多方合作，优化课程。作为人才需求侧的家庭农场、涉农企业等机构最了解新型职业农民应该具备哪些素质，以及企业未来与农业发展需要什么样的人才。因此，高职院校应加强与涉农企业、家庭农场及农业合作社等机构的合作，要求相关涉农机构参与到人才培养计划、目标制定及课程体系建设中，并通过不断与涉农企业、机构的沟通反馈灵活地调整课程结构。三是扬长避短，突出特色。专业性和职业性是高等职业教育的特色，因此，高职院校在组织培育工作时，要以培养农民的职业性与实践能力为导向，促进农民农业生产经营技术与现代农业经营理念的更新。为了突出职业性与实践性，高职院校在构建农民培育项目时，可以邀请涉农企业专家加入，保证课程体系的开设要满足岗位职业要求，同时突出实践课程所占比重，加强对教学实践环节的实施和管理。

（二）高职院校在新型职业农民培育中的课程体系设计

课程是新型职业农民培育的重要中介和载体。职业农民培育活动的顺利开展和进行，以及培育目的与功能的最终实现，都离不开培育课程这个重要的载体。随着现代农业的发展趋向产业化、标准化、系统化，其对农民也有了更高的要求，同时对培育的课程提出了新的挑战。在培育中，培育机构希望农民通过对课程的学习，逐步提高科学文化素质、职业技术技能及管理才能，使他们适应并积极参与农业发展的各项工作。因此，进行课程体系设计是新型职业农民培育的重要课题。

1.课程体系设计模型的结构

由于对课程含义的理解不同，课程构建也产生了多种模式，如目标模式、过程模式、情景模式、批判模式等。笔者从经典目标模式的角度来构建新型职业农民培育课程体系，认为课程的内在结构包含课程目标、课程门类、课程实施及课程评价要素，如图6-2所示。

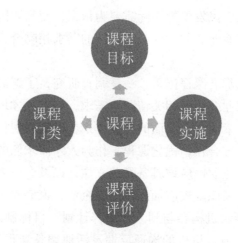

图 6-2　课程的内在结构

　　根据课程构建的目标模式，课程目标的确立要兼顾农民和社会两个因素，以培育目标为准则，以能力要求为核心，在注重基础知识、基础技能的同时，着重强调农民的实践操作环节，同时注重多方面共通能力的发展。

　　课程门类是课程的核心要素，是根据特定的课程目标选定的，并在一定程度上体现了课程目标的要求。针对培训对象的分类与现代化农业的需求，课程内容体系主要包括基础生物类课程、专业知识课程、专业技能课程和创业类课程四个模块。在这里，生物类课程模块是后面三个专业课程模块的基础，是职业农民培育的入门课程，其可为后面的学习做好铺垫；专业知识课程模块是专业核心知识课程，是专业技能模块进行技能操作的基础，该模块的课程以理论内容为主；专业技能课程模块是本体系最为关键的课程内容，重点是能够掌握操作各项技术技能；创业课程模块主要是针对外出务工返乡的农民，以创业理论、创业实践、创业指导和创业服务为内容，着力培养创业型农民。

　　课程实施是将某项课程计划付诸实践的过程，它不是一个简单地将理论执行的问题，而是在教与学中，根据不同的学员采用不同的学习方法、教学组织形式，让学员"体验式"参与课堂教学的一个动态过程，其具有灵活性和开放性的特点。

　　课程评价是新型职业农民培育课程体系构建必不可少的环节，它是根据课程目标，通过课程设计、课程实施、学习成绩和课程系统的反馈信息的分析，来调整课程内容和课程实施，以满足新型职业农民的学习需求的。其中，学业评价是课程评价中最核心、最基本的活动，也是对整个课程开发中每一项工作是否合理的测定。

2.课程体系设计模型的主要内容

（1）课程目标

新型职业农民培育课程设计要根据社会发展需要和农民自身的特点来设计，总目标就是要满足当代社会的需要、新型职业农民的需要，是活动预期要达到的结果。因此，新型职业农民不仅要掌握现代农业教育和技术的基本理论和最新发展动态，更要掌握现代农业技术操作的技能，并能将其运用于农业生产实践，在此基础上形成四大核心能力：现代农业技术实践能力、现代农业技术管理能力、创业能力、团队合作交流能力。

（2）课程门类

新型职业农民培育的课程体系区别于普通的高等、中等院校的课程设置。根据农业的产业特点，课程门类可以考虑设置基础生物类课程、专业知识课程、专业技能课程和创业知识课程四个模块，如图6-3所示。

图6-3　课程门类模块

模块一：基础生物类课程。对于现代的农民来说，基础生物类课程相对较容易，主要是掌握动植物生长、发育、营养、遗传等的基本知识和原理，了解动植物生长与外界环境的相互作用，并能解释一些农业现象。

模块二：专业知识课程。专业知识课程包括现代农业科学技术课程、现代农业经济学课程、现代农业经营管理课程，如图6-4所示。

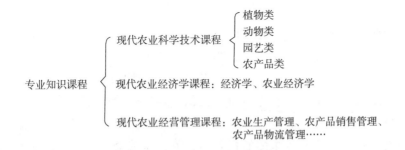

图6-4　专业知识课程体系

模块三：专业技能课程。专业技能课程主要包括现代农业科学技术课程、现代农业经营技术课程、现代农业管理技术课程。现代农业科学技术可以开设四个门类的课程，包括植物类、动物类、园艺类和农业综合实践；现代农业经营技术开设的课程有园艺产品销售技术、农产品销售技术等；现代农业管理技术开设的课程有杂草管理（实验）、温室生产管理技术、农田生产管理技术、动物生产管理技术等。

模块四：创业知识课程。创业知识课程主要以创业理论、创业实践、创业指导和创业服务为主要内容。

（3）课程实施

课程的实施是将某项课程计划付诸实践的过程，在教与学的过程中采用不同的教学方法和教学组织形式。

第五节　建设供给环境　健全保障机制

一、营造良好的社会环境

新型职业农民培育工作是一项涉及范围广、持续时间长的系统工程，需要全社会的关注和支持。首先，营造良好的社会舆论环境、改善农民群体的弱势形象和提升农民群体的社会地位，是有效开展新型职业农民培育活动的先行条件。因此，要通过各种方法、工具和手段来宣传开展新型职业农民培育工作的时代意义和社会意义，利用传统报纸、电视广播、新型网络媒体等传播媒介，广泛宣传优秀典型农民生产代表、致富能手、培育典型案例和先进模式等工作，营造热爱农业、尊重农民的社会氛围，引导社会大众树立公平的职业观念；此外，还要加大对致力于农业活动的单位和个人进行奖励和扶持的力度，采取有效措施缩小职业农民和其他职业之间的待遇差异，切实提高农民的职业地位，从而吸引更多优秀人才从事农业活动，保障农业生产后继有人。其次，培育工作要破除政府包揽包办的桎梏，破解政府越位、错位、缺位的困境，利用市场规律，发动社会力量，构建"政府统筹管理＋社会多方力量辅助"管办分离的培育体制。一方面，政府要积极发挥其主导作用，制定相关激励政策，完善资金投入和管理体制，制订培育整体方案和标准，明确各主体的权利和义务，让其余参与主体在开展活动时有据可依、有例可循，发挥自上而下的统领作用。另一方面，政府要起到"牵线搭桥"的作用，积极引导涉农高校、职业院校、培育学院、龙头企业、农村合作社及其他社会力量的有效参与，充分发挥各个主体的培育优势，整合社会资源，搭建上下联动、左右互动的"立交桥"，激活农民培育市场活力，形成良好的有效互动和良性竞争的大环境，源源不断地为新型职业农民培育注入新的活力。

二、健全惠农保障体系

新型职业农民培育是集公共性、社会性、基础性于一体的工作，因此培育工作需要在职业农民发展过程中加强政策支持、完善激励保障机制、加大专项经费投入、整合软硬件资源，并在政策和法律上给予一定的优惠和支持，为新型职业农民培育的开展创造良好的环境。首先，随着城镇化的发展，农村居民和城市居民在生活条件、收入水平、医疗卫生等方面都存在着较大的差距，农村居民无法享受到和城市居民同等的社会保障服务，越来越多的农村青壮年涌入城市，导致大量农村优质劳动力流失。因此，政府要根据当地农业的实际生产情况，健全相应的农业生产补贴和职业津贴制度，积极落实与其他城市居民均衡的社会保障体系，助力农村土地流转制度、农业机械化程度、农产品市场开发等与农民、农业生产切实相关的"福利"政策，从而提高农村"留得住人、留得住心"的吸引力，壮大农业实用人才队伍，切实推动农业的现代化、规模化、集约化发展。其次，新型职业农民培育是一项涉及面广的长期工程，而政府的财政投入相对于新型职业农民培育所耗费用而言无疑是杯水车薪。一方面，政府要持续加大政府专项资金拨款投入，实行专款专用的管理体制，完善资金预算、支出的监督管理机制，规范资金使用行为，提高资金的利用率；另一方面，政府要积极发动社会各方力量加入新型职业农民培育活动，吸收闲散资金，给予参与投资的社会力量一定的政策优惠和倾斜，持续增加培育活动的吸引力。

三、完善认定管理机制

随着我国新型职业农民培育工作的逐步推行和开展，越来越多的农民进入了新型职业农民阵营。首先，要通过建立认定管理体制，完善认定工作细则，对不同等级、不同层次的新型职业农民进行认定考核，促使新型职业农民培养和认定工作标准化和规范化。目前，我国新型职业农民有生产型职业农民、专业型职业农民、服务型职业农民三种类别，有初级、中级、高级三个层次，因此针对不同类型、不同层次要制定与之相匹配、相适应的具体细则，根据不同地区、不同产业的具体特点，在制度框架下进行相应的细则调整；另外，要打通不同层次和等级之间的通道，建设晋升渠道明确、认定标准公开、准入资格清晰的认定标准体系，有效激励农业从业者的发展和进步，激发农业产业的发展活力，促进行业的蓬勃发展。其次，新型职业农民培育是动态化的过程，认定管理工作同样需要进行全过程的监督管理和周期性的考核认定。在培育实施过程中，相关部门要做好新型职业农民信息档案的归档管理，根据新型职业农民在知识、技能、经营等方面的情况进行等级评定。对基础知识实、技术含量高、经营规模大的先进代表，进行一定的农业补贴和政策扶持，帮助其向更高等级晋升，从而激发其他职业农民的积极性，形成内部循环的良性竞争机制；对知识技能水平和生产规模收益低于评定标准的要及时进行相应的降级调整，对影响因素进行考察、分析，帮助农民及时调整生产思路、改变工作方法，从而提高农民个人综合素质和能力，以及提升农业效益。

四、加强政府管理机制建设

（一）建立组织管理机制

1.完善地方负责、分级管理的机制

新型职业农民培育的根本任务是提高农民各方面素质，培养一批能与现代化农业背景相适应的有文化、懂技术、会经营的新型职业农民。新型职业农民培育机制是随着我国农民培训长期发展而不断变化而来的。随着当前农业产业不断向现代化、规模化发展，政府相关组织管理机制也应不断健全和完善。新型职业农民培育涉及面广，任务艰巨且繁重。新型职业农民培育涉及多层次部门，因此必须完善好地方负责、分级管理的机制。首先，各地方政府必须进行合理的安排和规划，制定好新型职业农民培育的整体规划，明确各部门的具体职责，制定相应的规章制度，同时协调好各个部门之间的工作，整合相关资源。其次，对各市、县、乡分级管理做出调整，建立联动和协调程序，并把各部门职能分解、明确到个人，让各县政府在统筹经费、调动资源上负有主要责任。同时，让地方高职院校有一定的自主权，使学校能够打破体制束缚，面向市场和社会，自主进行专业设置、培养规格设置、教学目标设计、课程设置等，并使高职院校在进行培训前能充分根据市场对人才的需求来进行调整。

2.建立社会各有关方面的合作组织管理

新型职业农民培育的主体是农民，所以一切都要以农民为中心，以农民利益为出发点。在市场经济的背景下，高职院校新型职业农民的培育不应局限于高职院校和农民，其最终目的是促进农村经济的更好发展。政府、科研单位、学校、农民、企业及农业生产合作社应该共同合作，建立社会多方位的合作组织管理。政府部门要负责深入基层，了解培训的实际困难，并着力解决高职院校在培育中遇到的难题，积极统筹教育资源。企业和农村生产合作社在新型职业农民培育中，也要积极推进新型职业农民培育活动的顺利开展。学校和科研机构不仅要做好自己的工作，也要结合农民的需求提供有针对性的和有效的服务，同时落实政府计划和指导。农业技术推广和农民合作社等组织应与农民密切配合，有效地推进新型职业农民培育工作的开展。政府农业主管部门应当制定相应的合作组织规范，并组织实施，以便于及时获得参与新型职业农民培育学员的有关反馈。①

（二）完善资金投入机制

地方农民职业培训基本上属于扶贫培训，任务重、难度大，且财力薄弱，农民投入有限，因此，培训费用主要依靠国家出资。为了让地方新型职业农民培育的规模做大，使培训效果能达到预期，培训费用的来源应不断多元化，可以采用"优先安排扶贫资金、用人单位补贴一部分、培训单位照顾一部分、社会捐赠一部分"的方法，逐步构建政府统筹、培训单位和用人单位分担、社会资助的多元化培训资助机制。地方政府各部门应将新型职业农民培育资金纳入同级财政预算，设立专项培训资金，整合相关部门和渠道的培训资金；积极动员和组织社会各界力量参与新型职业农民培育工作，为新型职业农民培育提供资金支持，积极争取社会和国际组织的支持，同时让农民适当承担一部分培训费用。

（三）健全监督、考评机制

政府应加强对地方高职院校新型职业农民培育的管理和监督，健全和完善相关监督、考评机制。首先，政府有关部门要规范和监督高职院校新型职业农民培育工作，要对新型职业农民培育的设计进行严格把关，包括培训时间设置、培训课程安排、培训内容选择等方面，要保证高职院校新型职业农民培育能满足农民的培训需求。其次，建立良好的学员信息反馈和评价监督机制，做好培训结果反馈工作，并对培训评价结果进行分析，找出问题和解决方案，使高职院校新型职业农民培育各项工作逐渐完善，以不断提高新型职业农民培育工作的实效性，使培训效果能达到预期。再次，完善培训教师管理机制，完善教师选拔、考核和评价体系，不断提高教师的思想素质、能力素质和专业素质，保障新型职业农民培育的师资队伍水平。最后，政府有关部门应加强对培训实施情况的监管与考察，完善培训管理制度，确保培训纪律，这样才能保证新型职业农民培育成效的提高。

五、科学设计效果评估体系

新型职业农民培育效果评估体系是整个培育计划及运行的最后一个环节，它是应用科学的方法收集信息，按照规范程序，并结合培育目标和教师教学工作等任务，分析培训效果、价值的活动过程，实际上就是根据数据信息评价培训效益。它通过收集从培训输入到培训输出的大量信息，着重于农民在培训过程中及

① 李福海.新型城镇化中新型职业农民培育问题研究[J].乡村科技，2018（3）：13—14.

培训以后的效果，包括农民学习效果、培训反应、培训前后工作水平差异等；然后是培训本身效果，即评价分析培训成本、培训效益。

（一）培训评估的内容

新型职业农民培训评估的内容比较多，按照培训实施的流程对评估内容进行分类，详细内容如表6-1所示。

表6-1　新型职业农民培训评估的内容

培训实施流程	各阶段评估的内容
培训输入	培训需求整体评估 培训对象的年龄、文化程度、技能评估 培训对象的态度和行为评估 培训实施方案的评估
培训过程	培训准备工作的评估 培训内容、培训课程的评估 培训管理者和培训师资的评估 培训进度和阶段效果的评估 培训设施的评估
培训输出	培训计划完成情况的评估 培训效果、培训效益的综合评估 培训管理者的绩效评估 年度绩效考核培训评估 跟踪追访评估

（二）培训评估的流程

根据评估所得结论，对现有的培训内容材料及课程和讲师结构进行一定的改善和优化，然后按照培训流程一步一步地完成操作，进而达到评估的目的。评估的流程如图6-5所示。

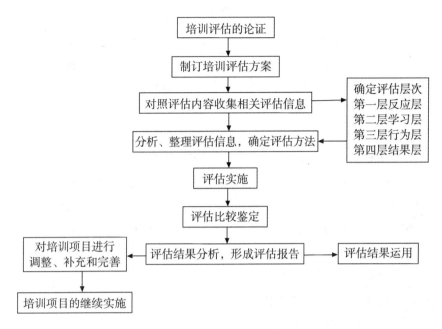

图 6-5　培训评估流程图

第一步：培训评估的论证。任何一个培训方案的实施，第一步都是对其进行论证，看其是否有评估的价值，投入产出比如何，只有投入小于产出时，才值得去做；另外，还要看培训是否具有可行性，要根据培训的目标，结合当地农民的实际情况，论证评估内容，评估整套实施方案是否可行。论证通过，即可确定培训评估。因此，评估论证非常关键，是决定培训是否实施的前提。

第二步：制订培训评估方案。这一时期的工作重心是把握评估的目标，并设计出科学、高效的数据标准；另外，也要对培训的具体工作进行合理的安排，如评估的地点、时间、人员、标准等；最后形成评估报告。因此，制订培训评估方案能够明确培训发展方向，为后面的培训工作提供有利的理论依据。

第三步：评估信息的收集、整理和分析。评估信息应该根据评估内容尽可能收集全面，不全面的话会直接影响分析的结果。在收集信息时，首先要明确信息收集渠道，最后要对收集到的培训全过程的所有信息进行分析、整理、归档。在这里需要特别强调的是，对评估信息的收集也是确定四个评估层次的有力依据。培训评估信息收集渠道如表 6-2 所示。

表6-2 培训评估信息收集渠道

评估内容	信息收集渠道
培训需求整体评估	项目决策者、培训管理者、农民
培训对象的年龄、文化程度、技能评估	培训管理者、农民、村干部
培训对象的态度和行为评估	—
培训实施方案的评估	计划的制订者、决策者、实施者、农民
培训准备工作的评估	培训教师、培训管理者、培训实施者
培训内容、培训课程的评估	培训现场、农民、培训实施者、决策者
培训管理者和培训师资的评估	培训教师、农民
培训进度和阶段效果的评估	培训现场、农民、培训实施者
培训设施的评估	培训现场、农民、培训实施者、培训管理者
培训计划完成情况的评估	—
培训效果、培训效益的综合评估	输入—过程—输出有关的信息
培训管理者的绩效评估	培训现场、农民

第四步：分析评估结果，撰写评估报告。该阶段主要是设计评估报告。评估报告分为三个方面：培训的整体情况，如时间、地点、内容、对象等；教学活动的成效，如对农民的最后培训成绩进行研究和探讨，不合格的需要重新培训；评估结论和预测，为下一步培训工作提供改善和完善的依据。

（三）培训评价体系的构建

早在20世纪80年代，培训效果评估理论研究就在国外兴起。公认的、比较有代表性的是美国学者柯克帕特里克在1959年建立的培训四级评估模型。他从培训结果、学习反馈、企业效益、工作行为四个方面进行培训效果评估，是最经典的培训效果评估理论模型，在企业的培训活动实践中应用最多。同时，该模型的提出标志着农民培训评估理论有了比较完善的体系。

本书研究就是引入了柯克帕特里克所构建的培训效果评估模型，来指导农民培训评估体系的构建，其将培训效果分为四个层层递进的层次，分别是反应层、学习层、行为层和结果层。这四个层次层层递进，量、质相结合，对整个培训过程进行了全面评估。第一层次，反应层。该层次是培训结束后，农民对培训内容、培训方式、培训时间、培训地点、培训课程、培训师资等的第一主观认识。第二层次，学习层。该层次主要是了解农民经过培训后，其知识、技能和行为态度方面是否有所改变与提高。第三层次，行为层。该层次主要是解释培训后，受训人员的行为是否发生了变化。第四层次，结果层。该层次主要是反映农民受训后，用量化的指标进行度量的效益是否得到了改善，具体内容如表6-3所示。

表6-3　农民培训效果评估指标体系

序号	层次名称	评价指标	评价方法
1	反应层	学员对培训内容和资料的满意度； 学员对培训方式、方法的满意度； 学员对师资授课水平的满意度	学员问卷调查
2	学习层	学员知识、原理提高程度； 学员技术、技能提高程度； 学员互动、启发能力提高程度	面试或笔试问卷调查
3	行为层	行政主管部门对培训结果的评价； 技术部门对培训结果的评价； 村民对学员培训效果的评价	问卷调查
4	结果层	产品质量提高幅度； 产品产量提高幅度； 经营效益提高幅度	典型调查 问卷调查

1. 反应层面

反应层面效果评估的主要任务就是对农民接纳培训项目的程度进行确认，包括对培训讲师、培训场地、培训课程、培训安排的满意度等。该层次一般在培训刚结束后，以问卷调查的形式，向农民搜集相关信息，以了解学员对培训项目的效果和有用性的反应。当采用问卷调查进行评估时，设计问卷是关键，而这里要用到一些硬性指标和软性指标。这些指标要包括培训内容的针对性、培训师资水平、培训场地是否达到要求和培训安排是否合理等。问卷指标评分，可以采取5分法（极好、很好、好、一般、差），或者百分评价法。

2. 学习层面

学习层面的评估主要是测量农民对理论知识、劳动技术和技能等方面的理解和掌握程度。评估学习层面的效果是非常重要的，因为没有学习层面的改变就很难产生行为层和结果层的改变。该层面主要采用面试、笔试、问卷调查、技术操练和技能模拟操作等方法，来测量受训人员在培训前和培训后对知识及技能的掌握程度。对知识与技能的考核，可以分别采取不同的办法。笔试是考核农民基础和专业知识最直接也是最有效的办法，而对一些操作技术和操作实践技能通常采用模拟操作的考核办法。通常情况下，学习层面采用两种测验法：一种是事前、事后测试，就是对农民在培训前与培训后进行测试与对比分析，找出培训前后的差距，其差距就反映了农民经过培训获得的新知识；另一种是控制实验法，该方法是将参与培训的人员与不参与培训的人员分为两组，参与培训的人员进入实验组，不参与培训的人员进入控制组，同时对这两组人员进行事前、事后测试，测试题目相同或相近，然后进行交叉对比分析，当分析的结果有显著差异时，说明培训效果是有效的，反之，则无效。

3. 行为层面

柯克帕特里克的培训效果评价模型中对行为层评估的解释为"培训后，受训人员的行为是否发生了变化"。农民接受培训后会引起其行为的哪些变化？变化程度有多少？行为层涉及的面比较广，从农民进入课堂到培训结束，都可以观察到农民的行为变化。因此，该层面不仅可以了解到培训过程的阶段性效果，还能直接反映培训内容的实效性与针对性。该层的具体指标包括行政主管部门对培训结果的评价、技术部门对培训结果的评价和村民对学员培训效果的评价；评估的内容有人际交往、实践操作能力、工作效率、工作态度、协作能力、出错情况等。评估方法通常有两种：一是目标评价法。采用目标评价法需要将培训结束后农民的实际劳动表现同培训前制定好的目标进行比较，但农民的实际劳动不是一下子就能表现出来的，需要一个投入生产的过程，所以在这一个过程中要做好跟踪记录，从农民开始投入生产过程管理及最后取得成绩都要全程跟踪记录，进行过程和目标考核，最后再与之前既定目标对比，效果明显则提高显著；反之，则不显著。二是反馈评价法，通过走访或问卷调查的形式对受训农民、领导、同事或家人进行调研来评估受训农民的变化。

4. 结果层面

结果层面的评估主要是从受训群体的角度来衡量培训后带来的效益，包括产品产量、产品质量、经营效益等内容。由于业绩、效果的提高不只是受培训这一个影响因子决定的，笔者只能宏观地找出一些关键的、可度量的指标来加以衡量，如获得产品的数量与质量、销售额、投资的成本与获得的家庭纯收入等，再与培训前进行对照，进而做出培训对受训群体的贡献判断。这里需要特别注意的是，在计算经济效益时，要先对培训的投入成本进行分析，然后通过翔实的、令人信服的数据计算培训的经济效益。

第七章　高职院校参与新型职业农民培育的典型案例

第一节　江苏农林职业技术学院新型职业农民培育

围绕新型农业经营人才的实际需求，江苏农林职业技术学院通过改革培养模式、优化培训理念、拓展服务路径等有效举措，创新了新型职业农民的培育方式，实现了培育、培训、服务的有机结合，壮大了建设现代农业的"三支力量"：加大在校生培养力度，培育现代农业建设的新生力量；积极开展家庭农场主和农民专业合作社带头人培训，培育现代农业建设的有生力量；引导广大农村青年和农业技术人员创新创业，培育现代农业建设的创新力量。

一、创新培养模式，培育现代农业建设的新生力量

江苏农林职业技术学院（本节以下简称学院）始终秉承"政校行企联动，产学研推并举"的办学理念，以培养服务现代农业的新型职业人才为己任，推动人才培养模式改革，提高学生的职业能力和创新创业能力。

（一）工学结合人才培养新模式

学院改变了传统的以理论教学为主的人才培养方式，依托校内外实训平台和产业平台，构建工学结合的人才培养新机制。学院先后投资 2.3 亿元，建设了江苏农博园和江苏茶博园两大校内生产实训平台，实行项目教学、课题研究、师生承包、工学交替；联合 160 多家高校、科研院所和农业龙头企业，牵头组建中国现代农业职业教育集团平台，开展综合实训、顶岗实习、创业孵化；通过江苏中江种业股份有限公司等产业推广平台，推进产教结合、学研结合、创新实践、成果转化。比如，作物生产专业根据生产季节和农事特点，变传统 6 学期为 8 个学

段，实施了"233"工学结合人才培养模式，即该模式第一学年分2个学段分别进行专业认知和社会实践，第二学年分3个学段分别进行技能实训、专题研讨和生产实训，第三学年分3个学段分别进行能力提升、工种考核和顶岗实习。

（二）理实一体项目化课程体系

学院根据不同专业的就业岗位群要求，确定项目课程，在课程内容设计上遵循实用、够用为度的原则，坚持把理论教学和技能训练有机结合。目前，学院共确立了126个课程项目，建成了3门国家级精品资源共享课程，3门国家级、8门省部级工学结合精品课程。比如，农业技术与管理专业（太仓班）课程体系是以新型职业农民生产技术和经营管理岗位技能为出发点，结合太仓市现代农业发展现状，将专业课设计成农业生产技术、装备技术、信息技术和管理技术四大模块，每个模块由3～5个项目课程组成。

（三）全程创业教育模式

学院把提升学生的创业意识和爱农意识作为重要目标，重点打造了风景园林、农学园艺、畜牧兽医、生物技术4大创业板块。一年级开设创业指导课培养创业意识，二年级突出技能培养和职业素养养成，三年级指导学生做好创业准备，将创业意识、创新精神、创业能力和职业操守培养贯穿人才培养全过程。创新实施了"新禾创业计划"，遴选了"新禾果园"等38个创业项目，供学生开展创业实践。其中，"新禾葡萄园"由学院拿出70多亩葡萄园提供给在校生进行创业，采取"零投入、总结算"的承包方式。学院补贴葡萄园的承包费用，解决了前期资金投入的问题，激发了学生的创业热情。创业教育的实施，极大地提高了学生的职业能力和创新创业能力。学院被江苏省教育厅授予"江苏省大学生创业教育示范校"和"江苏省大学生创业示范基地"称号。据统计，学院2013届毕业生毕业半年后平均自主创业率达4%，高于全国示范性高职院校平均数0.6个百分点。近年来，江苏省涌现出了以"全国农村青年致富带头人"郭翔和"中国青年涉农产业创业创富大赛"优秀奖获得者何立为代表的一大批青年创业典型。

二、优化培训方式，培育现代农业建设的有生力量

农村现有农业从业人员是现代农业建设的有生力量。多年来，学院依托专业、师资、基地和产业优势，积极开展农民培训工作，不断提升农业从业人员的职业能力。

（一）培训对象侧重新型农业经营主体

近年来，学院以新型农业经营主体为重点对象，着重培训四类人员：一是种养大户、家庭农场主，进一步提高其在规模化条件下的生产经营能力；二是农民

专业合作社牵头农户，提高其农业标准化生产水平及经营管理能力；三是农业龙头企业负责人，提升其企业管理水平和创新能力；四是社会化服务组织的骨干人员，不断提高其专业服务水平。2014年，学院共培训新型农业经营主体10337人，其中培训家庭农场主、种养大户2215人。

（二）培训方式突出技能实践

学院始终把实践技能作为农民培训的重点，把培训课堂移到田间地头、果林茶场、猪圈鸡舍、食用菌房、塑料大棚等学员熟悉的农业生产场所，让受训学员身临其境，通过直观的感受和直接的操作，获得技能的提升；同时，对已经具备一定生产经验的学员，学院加强了理论教学，实现了理实融合、教学做合一。

（三）培训手段重视现代信息技术的应用

现代信息技术是开展农民培训工作的重要手段之一。培训中，学院建立了网络教学平台，开发了90门网络课程供培训学员随时点播学习，利用网络和视频系统，开展远程田间病虫诊断，为农民提供生产指导。先进网络技术的应用，使农民培训取得了事半功倍的效果。

三、拓展服务路径，培育现代农业建设的创新力量

学院坚持"科技成果进企业，技术帮扶进农户"的服务理念，以优势的专业技术为依托，重视科技研发，积极推进成果转化和推广，努力拓宽服务途径，以新型农业经营主体为服务重点，以产业拉动、科技推动、企业带动和培训驱动等形式，开展科技服务工作，助推区域经济发展。

（一）重视产业引领

学院根据江苏各地现代农业特色优势产业发展需要，特别是新型农业经营主体的需求，利用自身技术、人才等优势，通过建立科技示范基地，引导相关产业发展，并提供科技咨询和人才培养等全程服务。近年来，学院研发并推广了草坪草、彩叶苗木、茶叶、种业、果蔬5个特色产业，有效带动了区域经济发展。学院帮扶的泗洪县，目前草莓种植面积已超过2000平方米，成为当地农民增收致富的重要产业。学院控股的江苏中江种业股份有限公司为全国首批、江苏省首家国家级"育繁推一体化"种业企业，并于2014年5月在"新三板"成功挂牌。该公司年推广农作物良种2万吨，已建立草坪、苗木示范基地约10.74平方千米，推广面积约133.3平方千米。

（二）开展技术推广

学院建立了"专家—基地—示范户—辐射带动户"的技术服务网络，成立了讲师团、科技特派员、专家工作站、科技服务队，以集中培训、现场观摩指导、

进村指导、网上"专家在线"和"科技富民热线电话"等多种方式进行服务，重点培训能帮助和带领农民走向市场的家庭农场主、专业合作组织带头人及农村生产技术骨干、科技致富能手等。学院先后与句容、溧阳、沭阳3县（市）签订了帮扶协议，累计示范1万多农户，示范面积约1330公顷。

（三）加强科技研发

学院根据现代农业发展的需求，结合科技帮扶工作中遇到的现实需求和技术问题，进行专题立项、开展研究，并加强科技研发机构和队伍建设，先后建成了1个院士工作站及江苏现代园艺工程技术中心、江苏省现代农业装备工程中心、江苏现代种业发展研究院、江苏茶业研究所、江苏草业研究所、江苏食用菌研究所等12个省部级科研平台。学院围绕服务地方主导产业，进行新品种的培育，目前已育成农作物品种36个，申报国家专利200多项，制定省级以上标准30多项，获得市级以上科技成果奖励40多项，有力促进了区域经济的发展。

四、关于新型职业农民培育的深层思考

（一）科学构建现代农业职业教育体系

建立现代农业职业教育体系，是促进农业现代化同步发展的制度性安排，对农业发展与农村建设具有重要意义。民以食为天，农业是国民经济的基础，要让农民认识到农业的重要性，培养对农业的兴趣；要分产业制定新型职业农民的培育模式，确定新型职业农民的资格认定标准，向专业化、国际化方向发展；要让农民职业化，让全社会像对待医生、律师、工程师一样，把农民视为专业人士；要通过完善现代农业职业教育体系，鼓励有条件的高职院校举办更高层次的人才教育，同时加强职业教育的国际交流合作，拓宽新型农业经营人才的国际化视野，以适应农业领域在国际市场竞争与合作中的需求。

（二）创新新型职业农民培育的内容和方式

实践技能是农民培训的重点。培训课堂通常设在田间地头、塑料大棚等学员熟悉的农业生产场所。对于已经具备一定生产经验的学员，要加强理论教学，力求理实融合、教学做合一。

在"互联网＋"时代，培训机构要积极探索互联网和农业职业教育紧密结合的新形式，有效利用互联网的优势，创新新型职业农民培训的方式、方法。信息技术是开展农民培训工作的重要手段和内容，因此，培训机构要努力完善网络教学平台，开发网络课程供培训学员随时点播学习；要积极建设县、乡（镇）、村三级远程教育设施；要把"手机农校"的学习形式引入农民教育培训工作中，方便农民接受交互式的技术培训、信息交流等。

（三）加大新农村建设的政策扶持力度

政府要加大对农业经营主体的政策扶持，通过制度确保新型职业农民有一个健康的从业环境，并能够依靠专业知识与技能获得较高的收入和尊重，让新型职业农民健康地成长和发展。

现有强农、惠农、富农政策要向新型职业农民倾斜，形成清晰、完善的扶持政策体系。同时，政府要加大政策和资金扶持力度，鼓励应届大学毕业生到农村就业、创业。政府可以成立新型职业农民扶持基金，对政府引导和大力扶持的农业产业化行业及规模化企业进行补贴或奖励；可以落实扶持政策，组织新型职业农民参加创业培训，提高其创业能力；可以建立新型职业农民创业园，组织新型职业农民入园，并落实场地、租金、税费减免等相关扶持政策，以切实解决当前农业劳动力短缺、农业生产后继乏人、农业科技成果难以转化等一系列突出问题。

第二节　江苏农牧科技职业学院新型职业农民培育

新型职业农民培育的关键在于高校和地方的合力协作。江苏农牧科技职业学院作为江苏省13所涉农高职院校之一，其新型职业农民培育工作一直紧跟地方经济发展，精细对接行业需求，屡次被江苏省农业农村厅表彰。该校的工作在一定程度上是江苏省新型职业农民培育的缩影。

一、学校情况

（一）办学条件

学校占地面积306.67公顷，校舍建筑面积57万平方米，形成了以凤凰路校区为主体、以畜牧科技园和中药科技园为两翼的"一主两翼"办学格局。学校拥有各类实验室、实训室200多个，建有多个校内、校外实训实习基地，图书馆藏书109.24万册，教学科研仪器设备总值2.5亿元。

（二）办学状况

学校设有动物科技学院、动物医学院、动物药学院等12个二级学院；围绕农牧产业链设置42个专业，其中国家级重点专业6个、省级品牌（骨干）特色专业11个、省重点专业群建设点4个；现面向全国26个省（市、自治区）招生，全日制在校生14000多人，继续教育在校生4000多人。

二、新型职业农民培育状况

学校专门制定了《新型职业农民培育发展"十三五"专项规划》。

一是实施"双百"工程。从全省农业教育（含江苏农牧科技职业学院）、科研和技术推广等部门遴选 100 名相关领域理论功底深厚、实践经验丰富的专家教授，吸纳 100 名地方农技人员、农民创业典型、优秀家庭农场主和企业技术人员、行业专家，共同组建学院新型职业农民培育师资库。

二是优化办学条件，改善继续教育办学环境。在现有基础上，努力建成能够实现现场录制，满足移动学习和在线培训的现代化办学条件的培训专用教室 1 ～ 2 个，完成中药科技园 100 人培训规模条件的建设工程，增加培训学员活动室的建设项目。

三是创新培育方式，加快实施"互联网＋"助力新型职业农民培育行动。加强新型职业农民培育体系建设，构建基于"互联网＋"的省、市级基层畜牧兽医技术人员培训的虚拟网络教学环境，研发此类项目基于智能终端的在线课堂、互动课堂、认证考试、跟踪服务的新型职业农民培育平台，实现新型职业农民培育的移动化、智能化。"十三五"期间，实现年平均到校培训 4 万人次，尝试开展在线培训项目，在保证培训人员数量提升的同时，努力打造新型职业农民社会培育品牌。

四是建设培育基地，加强创业孵化基地和参观学习培育基地两大基地建设。采用与企业或地方政府共建的方式，每年按照学员培训工种、创业项目、区域特色、产业发展等在江苏省内甚至在全国范围内建设 10 个基地，优先与国家级新型职业农民创业孵化基地、省级创业孵化基地和学院紧密型合作企业共建。

五是提升培育质量，稳定招生规模，服务地方经济发展和社会文化事业发展，为全省现代农业建设提供高端技术人才储备。到"十三五"末期，新增 2 ～ 3 个本、专科涉农专业，在盐城和宿迁两地增建 2 个校外教学点，保持成教学生规模稳定在 4000 人左右。

六是加强专业课程资源库建设，依托学院现有国家级精品课程、国家级精品共享课程、国家级宠物类专业教学资源库等资源，围绕畜牧兽医、宠物医学 2 个专业，开发多样化的模块式课程资源库，开设精品资源共享课程 5 门，建成了具有特色的、系列化的培训教材资源库。

三、具体措施

（一）服务乡村振兴，打造中、高职衔接教育品牌

以乡村振兴为目标，以中、高职衔接为抓手，围绕地方行业发展与农业主导

产业发展需要，以农民为中心，以职业能力提升为重点，多途径、多形式开展农民技能、学历双提升教育。在全国首创中、高职衔接培育新型职业农民模式，与地方农广校共育现代新型农业经营主体。2018 年，学校已经与盐城东台、苏州昆山农业农村局签订合作人才培养协议，培育新型职业农民 150 名，又与兴化市、盱眙市、滨海市等地达成合作意向，在拓宽培育范围的同时，对函授专业课程设计实施大刀阔斧的改革，积极落实"学分互认，经费统筹，弹性学制，农学结合"的人才培养方式，并组织教师编写授课教材，多举措提升人才培养质量。

（二）创新校企合作模式，实现人才培养与企业人才需求的精准对接

推进高校继续教育人才培养与农业行业企业人才需求的有效对接，强化与地方农广校和农业企业战略合作，搭建农业行业继续教育平台，共同制定企业人才培养需求规划、人才培养方案与培养标准；同时，合作开发数字化学习资源，推进优质课程资源开放共享，共建继续教育实践实训地，探索产学结合的应用型、技能型、复合型人才培养途径。

（三）推动课程体系改革，强化职业技能培养

学校以满足农业行业产业结构调整和学习者多样化的需求为基本原则，充分发挥自身专业特色优势，以提升从业人员岗位能力、职业道德和科学文化素养为重点，适时调整专业设置，及时更新教学内容，构建模块式课程体系。课程设置以专业知识体系为依托，在调研分析行业所需理论知识、专业知识、岗位知识、工作技能、业务能力、综合素质等基础上，将知识点整理、归纳，形成课程知识体系。

四、取得成效

（一）总体规模及培训模式

学校在 2018 年共计开展来校培训 84 期，到校培训人数 9125 人次，培训总人次达 4 万人，培训到账经费 1090 万元。江苏农牧科技职业学院建立了"一主多元"的培训体系，依托学校教学、师资和产学研基地等优质资源，全面开展继续教育现状调研和培训需求调研，针对不同类型、层次、岗位的培训学员发展实际，开发培训指南、研制培训课程、优化培训内容、创新培训模式、构建科学培训体系，提高培训的针对性和实效性，大力开发合作培训、创业培训、国际培训、社区教育等新型培训模式，积极拓展培训项目，并将培训合作向苏中其他区域延伸。

（二）培训主体

学校主要承接教育部、江苏省农业农村厅、区域农广校的各类培训，培训主体是新型职业农民，培训对象包含基层农技技术人才、现代生产型新型农业经营主体带头人、农产品经纪人、合作社负责人、青年家庭农场主、农产品质量安全

检测员、农产品电子商务人员、基层农技推广人员、家畜繁殖员等；2018 年还组织在校涉农大学毕业生 2600 人参加新型职业农民培育，积极培育"两懂一爱"的新型职业农民队伍。

（三）学生学习效果

科学的人才培养方案、现代化的教学手段、高水平的师资队伍、完备的教学管理制度有效地保障了教学质量。2018 年，学校共培训学员 9000 余人，总体满意度达 95% 以上。这些学员回到地方大多成为农业现代化的先行者，如"中共十八大"代表唐慧娟，全国五一劳动奖章获得者、全国动物疫病防治技能大赛冠军侯斌，等等。学校立足江苏省，辐射全国，大力开展新型职业农民培育和基层农技推广人员培训，培育出了数以万计的新型职业农民和基层农技骨干，使学员们的思想解放了，技术提升了，信心坚定了，成了振兴乡村的先行者和带领百姓致富的领头羊，如"家庭农场 + 合作社 + 电商模式"的践行者唐玮，返乡创业当岛主、农村沃土绽芳华的夏吉萍，勇做新时代的新型职业农民的夏思成，等等。显著的办学成效受到了社会的一致认可和广泛赞誉。学校在教育部评选的"全国社会服务贡献 50 强"中位列榜首，继续教育学院被省教育厅评为"江苏省教育工作先进集体"，连续 5 年被省农业农村厅评为"新型职业农民培育先进集体"。新华社、中央电视台、中国教育电视台、江苏教育电视台、江苏农业网、《人民日报》《农民日报》《新华日报》《江苏农村经济》《农家致富报》等中央和省级新闻媒体对学校报道了近 300 次，使其得到了社会的广泛认可。

五、质量保证

（一）制度建设

自开展新型职业农民培育工作以来，学校就制定并实施了《江苏农牧科技职业学院社会培训实施办法》《江苏农牧科技职业学院技能鉴定站管理办法》等制度章程，并随着国家和省政策的调整而重新修订相关制度，保障农民培育工作有章可依、有据可查、有迹可循。

（二）资源建设

在成人教育资源建设中，学校从微课视频、重点专业建设、精品网络共享课程建设、课题申报、教学成果申报等方面加强成人学历教育专业资源建设。

江苏农牧科技职业学院积极融入江苏农业现代化建设进程中，不断加强成人教育专业网络教学平台建设，加强网络教学资源库建设，共建设了 17 个微课程学习项目，以方便不同专业学生通过网络进行学习，有效提升了学生的学习效率和效果，解决了社会学员工作与学习的矛盾冲突，初步实现了信息化教学在成人高等教育中的应用。目前，学校着力推动宠物养护与训导、园林园艺 2 个函授专科专业建设，申报省级成人高等教育重点专业，建设完成 2 个专业 6 门课程的精品共享课，积极加大专业资源建设力度。由于成绩突出，2018 年，江苏农牧科技职业学院被评为"新型职业农民培育工作先进集体"，而且继续教育学院在学校考核中也连续 4 年被表彰为先进集体。

六、创新特色

（一）实践特色与模式创新

为贯彻落实 2018 年"中央一号文件"关于"支持新型职业农民通过弹性学制参加中高等农业职业教育"的要求，学校首创"中高职衔接"模式，培养熟悉农业、热爱农村，具备农业生产技术、经营管理等方面基本理论和技能的实用型、复合型、技能型人才。社会培训紧紧围绕江苏省率先实现"农业现代化"和农业产业转型升级的目标，依托学校教学、师资和产学研基地等优质资源，创新"三方互融，政校联动"培训机制，探索实施"三联动""四个一""五工程"等多种培训模式，并取得了一定实效，获得学校级、省级各类课题多项，继续教育教学成果分别获得学校级教学成果二等奖和全国职教协会教学成果一等奖。

（二）教育教学研究与成果等情况

加强培训师资队伍建设和现场教学点的建设，实施"双百工程"，从全省农业教育、科研和技术推广等部门遴选 100 名相关领域理论功底厚、实践经验丰富的专家教授，吸纳 100 名农民创业典型和地方行业专家，共同组建学校新型职业农民培育师资库；根据产业发展需求及培训方案，开发培训课程 40 余门，对优质课程实施全程录像，建设资源信息数据库，培训教师的多媒体课件——现代奶牛场挤奶技术、抗菌兽药合理使用、猪羊重大动物疫病防治技术等 4 个新型职业农民培训课件分别荣获 2018 年省农民培训优秀教学资源一等奖，培训教师无偿将材料提供给学员，用于指导生产和实践；培训教师参与江苏省农民培训系列教材编写，如主编《畜禽粪便无害化处理》《互联网 + 现代畜牧业》等教材 10 本，参编 14 本，这些教材为培训学员提供了规范的教程，提升了培训的质量。

七、面对新挑战的对策与建议

（一）发展对策

抓住历史发展机遇，服务国家战略，立足江苏省，服务西部地区，拓展国际资源；服务高端产业发展需求，优化专业设置，有针对性地开发教学资源，加大线上课程资源库建设力度，运用现代化教学手段做到全时空、全地域教学；增强成人学历教育办学的灵活性，因地制宜地采用合理的教学模式，继续加强学校优势专业建设，做到优势更明显；资源适当向社会需求旺盛专业倾斜，做好供给侧改革，补齐短板。

（二）政策建议

对农业类专科院校中年龄较大的函授学员（45 周岁以上），应在计算机和英语的统考上给予政策倾斜，鼓励其参加专科学习，提升农民素养。

紧跟国家政策方针，立足"乡村振兴""西部开发""中部崛起"等战略实施，紧跟职业农民职称评定试点工作，积极贯彻国务院办公厅印发的《职业技能提升行动方案（2019—2021 年）》，从配套资金、学员招收、办学灵活性方面给予农业类院校政策倾斜。

第三节　苏州农业职业技术学院专业链对接产业链

苏州农业职业技术学院（本节以下简称学院）是一所专业性的高等农业院校，其依托独有的区位优势、雄厚的办学实力和办学条件，面向区域经济，拓宽服务领域，大力发展面向现代农业发展的高等职业教育和成人教育；按照"专业链对接产业链"的专业建设思路，设立了园艺、园林、水产养殖、生态农业、食品生产与质量控制等 10 个专业群、38 个专业，其中涉农专业超过了一半；学院各类实验室、院内外实训基地和创业基地齐全，建有国家级职业技能鉴定站"农业 501 站"、林业行业特有工种职业技能鉴定站、各级各类职业技术鉴定点 18 个，设有国务院扶贫办劳动力转移培训示范基地和农业农村部苏州培训中心。

2014 年 6 月 20 日，"苏州农村改革与发展研究院"在学院揭牌成立，学院旨在将其建设成为江苏省"三农"领域颇具影响力的科研机构。截至 2015 年 12 月，学院共有江苏省工程技术研究开发中心 2 个，苏州市工程技术研究中心 1 个，江苏省现代农业产业技术创新团队 2 个，江苏省高校"青蓝工程"科技创新团队 2 个，校级科研创新团队 5 个。目前，学院有在校生近万人，教职员工 450 余人，其中高级职称人员 150 多人，硕士学位以上 182 人，省级以上各类高层次人才 30 人；有中央财政支持重点建设专业 3 个，省高校重点建设专业群 4 个，省级品牌特色专业 6 个，国家级、省级精品课程 11 门，国家级、省级精品教材 13 部。

学院积极探索灵活多样的新型职业农民培育模式，具体做法如下。

一是结合发展需要，开展普及性农业知识系列教育。学院开展了一系列普及性农业知识教育，以培训农业实用技能为重点，提高科学技术的转化率，着力提高创业、就业劳动力素质。学院每年利用办学资源举办数十期创业型农民培训班，如"相城区新型职业农民（蔬菜）培训班""吴江区家庭农场主培训班""惠山区农民创业培训班""吴江区渔民创业培训班"等。学院根据当地农民的需求提供培训服务，力求把参与培训的农民打造成符合农业现代化发展要求的职业农民。

二是依托为农服务项目，开展现场教学培训模式。学院依托院县科技服务、挂县强农服务工程、园区结对服务等项目，选择种养大户、涉农企业和农民专业技术合作组织为示范基地，由学校组织相关专业的专家教授牵头，以中青年教师为主的科技服务小组直接深入基层生产一线，实现了"高校＋基地＋农户"的农民培训模式。2009年以来，苏州农业职业技术学院通过产学合作，已建立了30支科技为农服务团队，打造了一个科技为农服务平台，科研成果和社会服务成效显著。为满足苏州市不同农业示范园区的需求，学院形成了园艺花卉、特种果树、园林工程等多项标志性的科研成果。比如，学院和东山设施蔬菜示范工程园成立了结对的服务团队——东山镇设施蔬菜科技团队，为工程院引进了近20个野生、半野生品种；在和相城区花城的结对项目中，师生们将自己的科研成果应用于实践，帮助花城建起了"宿根花卉品种资源圃"，推广应用宿根花卉80多种、种植花卉12万多株、面积3700多平方米。"授人以鱼不如授人以渔"，学院不仅将新品种、新技术带到农村，还结合相关示范园区的需求，深入基层，开展培训服务。

三是政、行、企、校紧密合作，建立互利共赢的长效机制。2012年，在省教育厅、省农委，苏州市市委、市政府的共同领导与支持下，"江苏现代农业职教集团"（以下简称集团）建立。集团由政府、行业、企业和学院共同组成，成立了理事会，下设专业群分理事会。集团在地方政府及行业、企业的共同支持下，旨在探索"人才共育、过程共管、成果共享、责任共担"的合作办学体制，充分发挥各方在经费、技术、师资、基地、产业等方面的优势。

2013—2015年，学院和太仓市市政府联合开展"青年职业农民定向培养工程"，旨在为太仓市培养一批农业高素质、技能实用型人才。参加联合定向培养的学生和太仓市市政府签订合同，毕业后服从政府的统一调配，到基层农村、合作农场和农业园区等地从事农业生产、技术服务、经营管理等工作，工资待遇与所在村（社区）副职干部相当，培养学费由太仓市市政府资助。现代职业农民的定向培养模式，有效破解了当前农职院校招生难、就业难和基层农村人才短缺的现实困境。

参考文献

[1] 王国良 . 中国西部贫困地区人才发展战略 : 西部地区国家扶贫开发工作重点县人才现状、问题和对策 [M]. 北京 : 中国财经出版社 , 2004.

[2] 沈琼 , 夏林艳 . 新型职业农民培训读本 [M]. 北京 : 中国农业出版社 , 2018.

[3] 戴均良 , 刘保全 , 邹逸麟 , 等 . 中国古今地名大词典（下）[M]. 上海 : 上海辞书出版社 , 2010.

[4] 何建斌 , 高荣耀 , 张会敏 . 农民教育理论与实践探索 [M]. 北京 : 中国农业出版社 , 2005.

[5] 易红郡 , 谭建平 . 新型职业农民与农民工的教育培训 [M]. 长沙 : 湖南人民出版社 , 2009.

[6] 王雪 . 现代培训管理 [M]. 北京 : 中共中央党校出版社 , 2018.

[7] 李文学 . 新型职业农民须具有四大特质 [J]. 农村新技术 , 2013(3): 1.

[8] 王秀华 . 新型职业农民教育管理探索 [J]. 管理世界 , 2012(4): 179-180.

[9] 崔丽娟 . 新型职业农民的概念解读及其培育机制 [J]. 河南科技学院学报 , 2017, 37(8): 5-8.

[10] 田君 . 新型职业农民培育存在的问题与路径研究 [J]. 河南农业 , 2018(32): 51-52.

[11] 王仙之 , 桑宁霞 . 新型职业农民培育 : 现状、问题与策略 [J]. 中国成人教育 , 2018(24): 169-172.

[12] 欧阳忠明 . 新型职业农民如何实现职业化？[J]. 职业教育研究 , 2018(12): 1.

[13] 王素清 . 农民培训面临的问题及解决路径 [J]. 农业技术与装备 , 2014(6): 56-57.

[14] 周利兵 . 论多方主体协同推进农民工职业培训 : 基于社会治理的视角 [J]. 长白学刊 , 2016(1): 118-125.

[15] 董瑞昶 , 赵丹 . 失地农民参与新型职业农民培训的问题与对策 : 基于陕西省杨陵示范区的调查 [J]. 职业技术教育 , 2018, 39(33): 48-51.

[16] 雷求江，胡位彪．农业职校院校实施新型职业农民精准培训研究与对策：以江西省通用技术工程学校新型职业农民培训为例 [J]．农家参谋，2018(20): 15.

[17] 沈彤，赵丹．农村留守妇女参与新型职业农民培训的问题、原因与对策 [J]．中国成人教育，2019(19): 87–91.

[18] 程斐，石兆良．偃师市新型职业农民培育模式探讨 [J]．河南农业，2017(6): 13.

[19] 吕雅辉，张润清，张亮，等．新型职业农民培育"阳晨模式"研究 [J]．农业经济问题，2018(11): 38–49.

[20] 赵帮宏，张亮，张润清．我国新型职业农民培训模式的选择 [J]．高等农业教育，2013(4): 107–112.

[21] 仲剑．关于构建新型职业农民培训模式的选择 [J]．农技服务，2016(16): 192.

[22] 智利红．洛阳市新型职业农民培训模式选择 [J]．河南农业，2017(3): 17–18.

[23] 郭耿玉．农科教统筹视域下的新型职业农民培训模式与对策研究 [J]．职教论坛，2018(12): 87–91.

[24] 孙秀红．农民田间学校模式在新型职业农民培育中的应用探析 [J]．南方农业，2018(12): 146–147.

[25] 朱月华，喻玉明，邹海明．新型职业农民培育模式的构建与实践 [J]．浙江工贸职业技术学院学报，2016(2): 46–50.

[26] 蔡云凤，闫志利．中外新型职业农民培育模式比较研究 [J]．教育探索，2014(3): 154–157.

[27] 赵艳艳，姚秋菊，原玉香，等．推动新型职业农民培育的思考与实践 [J]．农业科技管理，2015, 34(2): 59–61.

[28] 卢冬丽，李红．日本农民职业教育的特点及启示 [J]．长春教育学院学报，2013, 29(15): 133–134.

[29] 史洁．美国职业农民的培训教育体系研究 [J]．世界农业，2014(12): 169–172.

[30] 王立宾，肖少华，韩秀莲．美国农民职业培训体系的特点及启示 [J]．中国成人教育，2016(4): 118–121.

[31] 张雅光．法国农民培训与证书制度 [J]．中国职业技术教育，2008(3): 27–28.

[32] 赵庆海，费利群．国外乡村建设实践对我国的启示 [J]．城市问题，2007(2): 51–55.

[33] 吕莉敏，石伟平．新型职业农民培育的高等职业教育责任与策略 [J]．中国职业技术教育，2018(26): 12–19.

[34] 彭国甫．武陵山片区农业现代化发展对策研究：以湖南省怀化市为例 [J]．农村工作通讯，2015(22): 30–32.

[35] 勤耕，常青，豫农. 世界杂交水稻之父和农业保险：人保湖南分公司为"863"项目保险侧记 [J]. 中国保险，1996(8): 12–14.

[36] 张新民，秦春红. "农民荒"与新生代农民培育 [J]. 中国人力资源开发，2012(10): 76–79.

[37] 戴莉萍，李明. 基于农民需求的职业教育城乡一体化路径探究 [J]. 继续教育研究，2018(3): 45–49.

[38] 许译心，沈亚强. 新型城镇化背景下农村职业教育发展再审视 [J]. 教育与职业，2015(27): 14–18.

[39] 农业部办公厅关于新型职业农民培育试点工作的指导意见 [J]. 农民科技培训，2013(8): 10–11.

[40] 吕莉敏. 乡村振兴背景下新型职业农民培育策略研究 [J]. 职教论坛，2018(10): 38–42.

[41] 姜海军. 新型职业农民培育存在的问题及对策建议：以江苏省淮安市为例 [J]. 当代继续教育，2017, 35(5): 12–17.

[42] 贾德民. 高职院校参与新型职业农民培育的研究 [J]. 辽宁高职学报，2017, 19(2): 1–3.

[43] 王留标. 培育新型职业农民需从五方面着力 [J]. 农村工作通讯，2016(2): 53–55.

[44] 李灵娥. 农业现代化视域下新型职业农民培养研究 [J]. 科技视界，2017(5): 93–94.

[45] 何国伟. 高职院校培育新型职业农民之困境及路径选择 [J]. 成人教育，2016, 36(11): 52–56.

[46] 李福海. 新型城镇化中新型职业农民培育问题研究 [J]. 乡村科技，2018(3): 13–14.

[47] 郭晓茹. 新型城镇化进程中的新型职业农民培育研究 [D]. 福州：福建农林大学，2015.

[48] 国明艳. 寿光市新型职业农民培训主体协同机制研究 [D]. 咸阳：西北农林科技大学，2014.

[49] 熊嘉芝. 湘西州现代农业与生态环境协调发展研究 [D]. 吉首：吉首大学，2019.

[50] 黄喜林. 大湘西地区农业保险发展研究 [D]. 吉首：吉首大学，2017.

[51] 杜向阳. 驻马店市新型职业农民培育问题研究 [D]. 郑州：河南农业大学，2018.

[52] 丁亚楠. 新型职业农民培育研究 [D]. 杭州：浙江工业大学，2017.

[53] 裴少维. 黑龙江省新型职业农民培训策略研究 [D]. 大庆：东北石油大学，2018.

[54] 朱丽杰. 欠发达地区新型职业农民培育问题研究 [D]. 南昌：江西农业大学，2017.